子ども若者の権利と政策 3

子ども若者の権利と学び・学校

末冨 芳 編著

末冨 芳
秋田喜代美
宮本みち子
監修

明石書店

巻頭言

ついにわが国でも、子ども若者の権利を基盤としたこども政策、若者政策が展開されていく段階に入った。２０２２（令和４）年６月、子どもの権利を位置づけた国内法であるこども基本法が成立し、２０２３年４月に施行された。

ここに至る道は長く、平坦ではなかった。子どもの権利条約（児童の権利条約）は、１９８９年国連総会において採択され、１９９０年に発効した。日本は１９９４年に批准している。

ここから２０２２年のこども基本法の成立に至るまで、およそ30年、子どもの権利条約批准の年に生まれた子どもたちが、成長し、社会を担う世代になるまでの時間を要した。この30年は、わが国の政治・行政をはじめとする大人たちが、子ども若者がおかれる厳しい実態を知り、改善に取り組む中で、子どもの権利の重要性を理解し、国内法に位置づける必要性を共通認識とするために要した時間でもあった。

こども基本法が存在する日本においては、子ども若者が自身の権利を知り、政策や実践の中で、子ども若者の最善の利益の実現や、子ども若者の意見表明や参画の権利などの諸権利を、着実に丁寧に実現していくことこそが、重要となる。

なによりも、子ども若者自身が、幸せな今を生き、成長していくために、大人たちは、子ども若者の声を聴き、声なき声にも寄り添い、対話を重ねながら、ともに進んでいかなければならない。

本シリーズは、子ども若者自身の権利を尊重した実践、子ども政策、若者政策をどのように進めるべきか、いま（現在）の状況を整理するとともに、これから（今後）の取り組みの充実を展望することを目的とする。子ども若者の権利、こども基本法に込められた理念や願い、それらを子ども若者とどのように実現していくか、当事者、実践者、研究者や政治・行政のアクターによる論稿をまじえることで、日々の実践の中にあっても、子ども若者や関わる大人たちが「共通のビジョン」を持ちながら進んでいくための、手がかりとなれば幸いである。

保育・教育・福祉や司法、労働、医療等の分野で子ども若者と関わる大人たち、子ども若者自身など、子ども若者の権利をこの国・社会において実現するために、ともに道を進んでくださる方々に届くことが、編著者一同の願いである。

2023年7月

末冨　芳
秋田喜代美
宮本みち子

子ども若者の権利と政策

3

子ども若者の権利と学び・学校

――目次

第II部　専門職による支援と連携

第Ⅰ部
子どもの権利とその保障

第1章

子どもの権利を守り・最善の利益をもたらす「『生きる』教育」

子どもの権利を守る学校運営・カリキュラムとは

木村幹彦

1 はじめに――「『生きる』教育」はなぜ生まれたのか

私は、独自の教育プログラム「『生きる』教育」で注目を集めた大阪市立生野南小学校（2022年4月より田島南小中一貫校に統合）に2011年度に赴任して教頭として6年間、転勤して1年で戻り、2018年度から校長として4年間勤めた。その前の3年間、2008年度からは、進学先の田島中学校で教頭を務めていたので、かれこれ13年間の関わりである。「『生きる』教育」とは、「子どもたちにとって一番身近であり、心の傷に直結しやすいテーマを授業の舞台にのせ、社会問題としてとらえなおす。示された『人生の困難』を解決するために必要な知識を習得し、友達と真剣に話し合うことで、安全な価値観を育む。授業の力で子どもたち相互にエンパワメントを生み出し、個のレジリエンスへとつなげることをめざす」（西澤他 2022）教育である。

まさに子どもの権利の基盤ともいえる「安全・安心」を保障する教育である。「『生きる』教育」は、現在、田島小中一貫校で、9年間のプラグラムとしてさらなる進化を続けており、毎年の公開授業には、全国から多くの参加者を集めている。

その広がりは、2019年度、時事通信社教育奨励賞優良賞を受賞したことから始まった。そして、2022年度には、大阪市が推進している「性・生教育」の授業を実践している小学校として注目を集めた。マスコミで報道されたり、文部科学省からは「生命（いのち）の安全教育」の参考にということでヒアリングを受けたりして、それまで蓄積していた指導案をすべて提供した。

この取り組みが注目を集めたのは、次の二つの視点からだと考える。一つ目は、「いじめ」「子ども虐待」「性

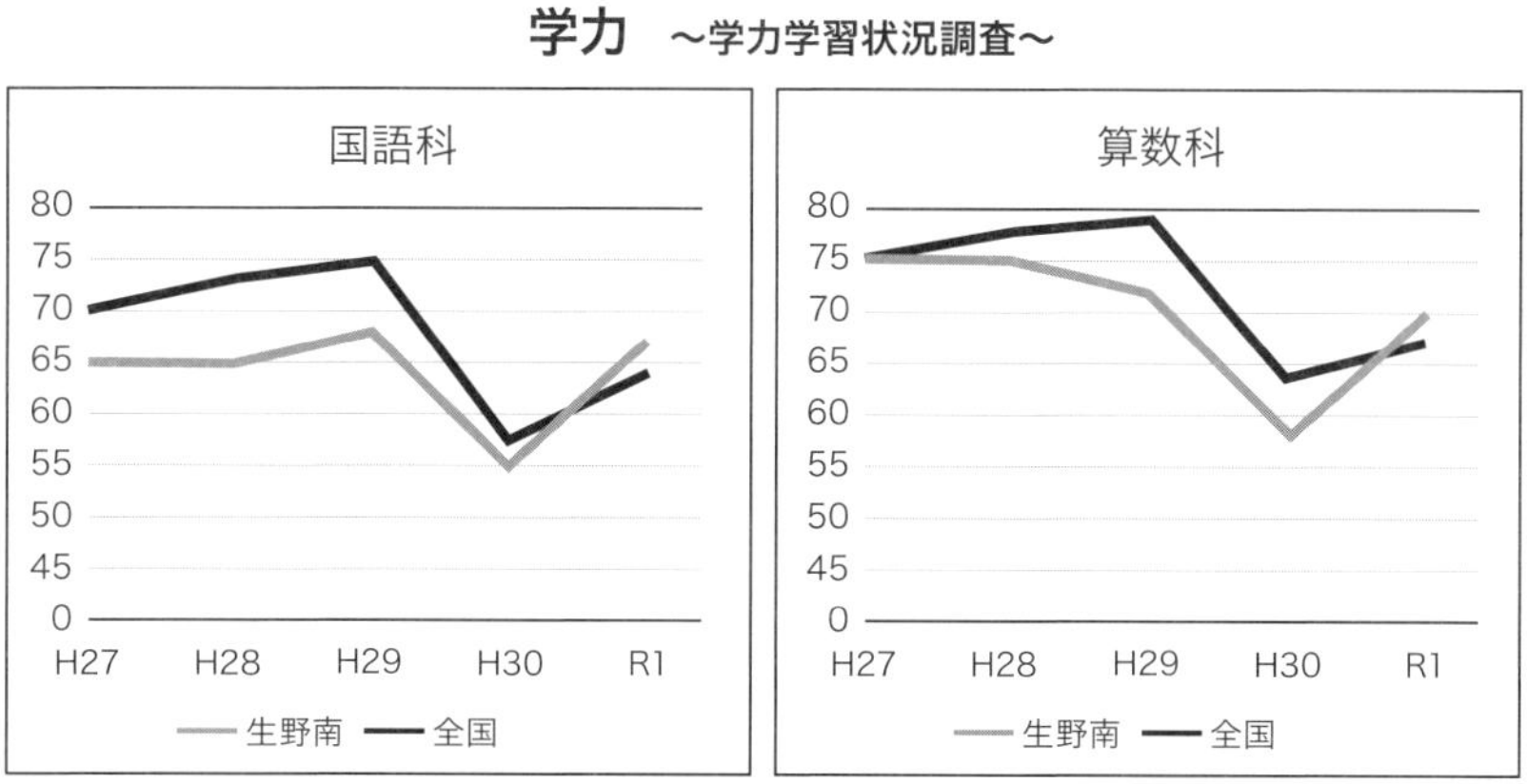

図表1-1　全国学力・学習状況調査
出所：小野他（2024）p.13

暴力」「DV（ドメスティックバイオレンス）」の予防教育としての視点。二つ目は、「国語科を中心とした学力向上」（図表1－1）と「自己肯定感をあげる」取り組みとしての視点である。

実は、学校の「荒れ」のために、子どもたちの権利が十分に保障されていなかった生野南小学校であったからこそ、「『生きる』教育」としている授業やこれを成立させるために欠くことのできなかった「生活指導」「国語科教育」等で、先進的な取り組みが作り出された。本章では、「『生きる』教育」によって子どもたちの権利がどのように保障されていったのか。また、アタッチメント理論やトラウマ理解がどのように関係しているのかも含め、私の立場から述べさせていただく。

2　子どもの実態とカリキュラムの変遷

かつて生野南小学校は、荒れる子どもたちの実態があった。そして、その現実に追われ、子どもたちのために、学校に何ができるのかを暗闇の中で、手探りで探しているという状態だった。古いしきたりにとらわれず、純粋に子どもの目線、保護者の目線に立って、対立構造をつくらないきめ細かな生活指導を進めることに多くの力を費やしていた。

そうして、わかったことが、自分の思いを伝えることができる子どもを育てることが第一だということだった。そのためには、子どもたちが、言葉で思いが伝わり、うなずきや相槌《あいづち》をしてもらいながら受け止められる経験を重ねることが必要である。このことを踏まえ、学校として育成を目指していた「進んで学ぶ」「認め合い助け合う」「安全に暮らす」子ども像に子どもたちをどう近づけるかを模索していた。

そこで、２０１４年度から国語科指導の工夫、研究を始めた。キーワードやセンテンスにサイドラインを引き、ワークシートに自分の意見を書く。自分の意見を持ち、グループで交流して自分の意見が認められる。全体で交流して他者の意見にも耳を傾け、自分の意見が磨かれていった。

そして、２０１５年度からはそれらを他教科にも広め、伝え合う場を増やした。子どもたちの規範意識や人権意識を高める指導にも力を注いだ。規範意識、人権意識、授業適応感は、徐々に上がってきた。しかし、なかなか上がらない「自己肯定感（自尊感情）」を育むことを目指した。

２０１６年度、国語科における研究を柱にしつつ、「学力向上」「生活指導」「人権教育」の関連性をさらに重視し、子どもたちが活き活きと楽しんで考えや思いを伝え合うことができる安全・安心な居場所、活躍の場としての学校づくりを進めた。

２０１７年度、国語科で「伝え合う」ことを「対話」に焦点化し、「物語文」だけでなく「説明文」でも著者の思いや願いを読み取る「心を育てる国語教育」を実践した。そして、自己肯定感の低さの根底にあるアタッチメント理論に着目し、「自分」「赤ちゃん」「子ども」「異性・同性への関心」「親子関係」等、子どもたちにとって一番身近にありながら、心の傷に直結しやすいテーマで「『生きる』教育」(いのちの学習)を実践した。

「『生きる』教育」とは、生野南小学校で「自己肯定感や自尊感情を揺さぶるような保健教育」や「性教育」としていた「性に関する指導」を従来の狭義の概念(二次性徴の発現や生殖機能の成熟等の科学的知識)から広義の概念(生命尊重、望ましい人間関係とコミュニケーション能力、自他の個性尊重を付加)であるとわかりやすくするために名付けた呼称である。これは、いわゆる欧米型の「性教育」を意味し、近年、日本では包括的性教育(セクシャリティ教育)といわれているものも含まれる。

大阪府教育委員会は、2018度末に学校での取り組みの参考となるよう「性に関する指導」参考冊子を作成した。ここには、学習指導要領や文部科学省がこれまでに示した考え方を整理し、各学校における「性に関する指導」は広義の意味でとらえることが重要として効果的に行うための工夫例も記載してある。また、大阪市は、2018年度より子どもの貧困対策推進計画の中で小・中、市立高校における「性・生教育」(性に関する指導)の推進を大阪市教育委員会の役割とした。特に中学校段階では年間3時間程度の授業を実施するとし、2019度の実施率は100%と公表した。

2018度、国語科で一語一語、言葉と言葉との関わりを考えながら、文章の奥にある「人の心」をしっかりとらえる「心を育てる国語教育」を進め、先生と子どもが一緒になって、どのような言葉で命や自然の大切さが語られているのか解き明かしていった。

3　子どもの権利を守り切る緻密な生活指導

2011年度、生野南小学校は激しい暴言暴力、器物破損、授業離脱、教師への反抗、あげく、「今までに教師何人辞めさせたった」と豪語する児童がいるような状況だった。

実際、新学期早々他校から着任し、5年生の担任を受け持ったベテラン教員が、1週間で辞めてしまった。理由は、「校区内の児童養護施設から来ている児童の集団が、教室内で暴力を伴う激しいいじめをしているが、施設内での人間関係から起こっていて、全く指導が入らない」とのことだった。このようなことが、全校的に起きているというのが現状だった。

そんな中、一番の驚きは、校区内の児童養護施設から通っている5年生が他児に暴力をふるい、教頭の私の注意を振り切って逃げた時だった。校舎裏の塀を乗り越えたりしながら学校2周分ほど逃げ回ったその子は突然、地面に頭を擦りつけて、土下座して謝ったのだ。

地面に土下座して、教員に謝る小学生が他の学校にいるだろうか。この子はいったいどのような過酷な人生を歩んできたのだろうか。これは当時の学校の「荒れ」が、並大抵の「荒れ」ではないなと強く思わせるエピソードの一つである。

当時、児童の規律違反や窃盗、器物破損、暴力行為が連続的、多発的に起きる状態となり、制止しきれない、また、指導しきれない状態になっていた。教員集団と、児童集団の力関係が逆転してしまったため、内容も過激になり、加わる児童も多人数になっていた。そして、全校児童の1割を占める、児童養護施設に在籍する心傷ついた児童のうち複数名が激しく暴れまわることが、他の児童にも影響し、制止・指導が極めて困難な状態になっていた。

さらにこの状態が続き、他の子どもがそれらの行為を見てしまうことにより、そのような不適切な行為を学んでしまった。そして、その不適切な行為の学びが連鎖していき、さらには、力のある子どもがより弱い子どもにそのような不適切な行為を強要するようになり、その強要すらが、学びとなって連鎖していった。

このような負の連鎖が学級・学校全体に蔓延《まんえん》し、暴力行為や弱いものいじめをする子どもに教員の制止や指導はますます入らなくなっていった。学級崩壊を超え、学校崩壊という状況になっていた。

そうなると、子どもたちは、自らの身を守るために子どもたちの力関係ピラミッドの中で、より上位にはい上がろうともがき苦しむ。また、保護者もわが子が下位におかれないために、「やられたらやり返せ」と子どもを叱咤激励せざるを得なくなってしまう。また、中には、より力のある子どもに取り入って、子分のようにふるまいながら、力の弱い子に威張りちらしたり、暴力をふるうことによって自分の身を守ろうとしたりする子どもも現れてくる。そんな時、このような構造をかえりみず、保護者を非難したり、子分のようにふるまう子どもだけを叱ったりしても彼らの心に響くわけがなかった。

そして、最後には教員までもがこの負のスパイラルに巻き込まれていった。教員自身が、苦しみながら自分も力関係ピラミッドの上位にはい上がろうとして次のような行動をとってしまっていた。

1　強い子どもに迎合、むしろ利用して教員が他の子どもを指導する。

2　弱い子どもがやったことは見て見ぬふり。弱い子どもにだけ、厳しい指導をしてしまい、自分の威厳を保とうとする。

3　被害の訴えがあると加害の児童を指導しないといけないが、指導しきれないとわかっているので、つい、見て見ぬふりをして、弱い子どもたちに泣き寝入りを強いる。

4　悪口を言ったからという理由で、激しく暴力をふるわれた弱い立場の子にどちらも悪いからお互い謝りなさいと被害者に謝罪させるような指導をする。

5　「喧嘩両成敗」という言葉で、著しくバランスを欠く指導をし、偽りの仲間づくりのために、個人の尊厳を犠牲にする。

このように弱い子どもを犠牲にしてその場で終わらせるような指導を教員が続けると、強い子どもが味をしめて、弱い子どもに執拗に嫌がらせをして、一言でも言い返したら激しく暴行して、「お互い謝る」に持ち込むようになった。さらにこのようなことを指導しきれないと、加害児童が言い返しややり返しがなくても、「こいつから先に殴ってきた」「こいつから先に死ねと言ってきた」と嘘の主張をして、一方的な暴力をまかり通らせるようになってきた。これでは、被害児童が全く救済されない。

この段階で加害児童の保護者に協力を求めてもわが子をいじめの加害者にしたくない保護者は、自己保身に走り「うちの子は嘘をつかない」「被害児童から先に殴ってきたのではないか」等の主張をし、被害児童は救済されるどころか、さらに傷つく。これでは、教員がいじめを受けた児童の二次被害に加担しているのと同じことになる。しかし、これらの状態が、まさに当時の生野南小学校の姿であり、子どもたち側から見ると学校は、安全・安心どころか、教員から守ってもらえるという愛情すら感じることができない場所になってしまっていた。

そこで、まず始めた子どもたちへの支援は、対人関係、特に暴力のトラブルに対し、「泣き寝入り」と「喧嘩両成敗」を排除し、個々に的確な指導をしていくことだった。それは、被害の訴えがなくても、加害的な行為に介入して弱い立場の子どもを守り、執拗な嫌がらせに我慢しきれずやり返してしまった子どもを責めずに守ることだった。

さらに「デコピンしようは、決闘罪」「かかってこいでも傷害罪」「わざとじゃなくても過失到傷罪・未必の故意」ということをわかりやすく教え、暴力類似行為を徹底して指導することだった。

その中で一番重要視したのが、一つひとつの事案に対し徹底した聞き取り、事実を裏付ける具体物の確保、正確な事実把握であり、これを基に正しい判定と指導をすることだった。

加害・被害をはっきりさせて、まず被害児童の「安全・安心」を最優先し、そのうえで加害児童にはしかるべき指導をした。事実を見誤らないように細心の注意を払いながら事案に関わるすべての児童について聞き取りをし、時系列に沿った状況を明らかにして適切な個別指導、保護者連絡、必要な場合は全体指導へと進めていった。

さらに、〔いじめ防止対策推進法〕第2条「当該行為の対象となった児童生徒が心身の苦痛を感じているものをいう」と〔大阪市いじめ対策基本方針〕の「いじめを受けた子どもの救済と尊厳を最優先する」の理念に基づいて、次の三点を実践した。

一つ目は、初動のスピードである。まず、児童のＳＯＳや問題行動などの情報がすぐに入ってくる教職員の連携を日頃からつくっておき、そのうえで、いじめや問題行動が起こった場合、まず被害児童の救護（身体に対する有形力がある場合は必ず養護教諭が見る。↓被害を受けたということを前提に、確実に医療につなぐ必要なしと判断できる場合以外は、医療機関へ。↑後に被害児童の保護者に対して、受診不要とした判断の説明が必要なので）と保護、周りの児童への威圧や被害者への否定的な情報拡散を防ぐことを最優先とした。

二つ目は、正確な実態把握である。聞き取りは個別で行い、被害児童を先にした。時系列や物理的な具体物の確保など、詳細を細かく聞き取り、明らかになった事実を手だてに両者の被害加害度合いの認識にズレのない状態で指導をした。

三つ目は、望ましい行動の指導である。加害児童には、人格を否定するのではなく、児童自身に自分の行いが周りにいる友達に与える影響を考えさせ、相手の立場に立たせるということに重点をおいた。そして、自らの行為を振り返らせた後、「今からどうする?」「これからどうする?」と問いかけ、取るべき次の行動も自らが考えるように促した。

このように指導を進める一方で、加害児童が謝りたいと言えば、被害児童の同意により場を設定するが、無理に謝らせたり、無理に謝罪を受け入れさせたりはしなかった。本人の意思に基づかない謝罪や、謝罪の受け入れは、二次被害となる。このような場合は、被害者保護の観点から、加害児童を「学校安心ルール」(図表1－2)に基づいて別室指導・学習とした。

「安全安心ルール」とは、大阪市教育振興計画(2016年3月変更)に掲げられた「子どもが安心して成長できる安全な社会の実現」で、いじめ・問題行動に毅然と対応するため、問題行動の重篤度と学校等の措置を一対一で対応させたものである。児童と保護者に、何をしたらどのような対処になるか示しておく点で意義が大きい。ただし、機械的に当てはめるのではなく、個別・別室指導についても初めは、教室前の廊下で、次は職員室前で、そして、別室で10分、15分と段階を踏んだ。また、「大阪市のルールに基づいてやっている」「他の子の教育を受ける権利を守るためやむを得ずやっている」と、罰ではないことを強調し、本人と保護者に納得感を持たせるこ

（田島中学校区）「学校安心ルール」（生野南小学校版）

<基本的な考え方>
○学校安心ルールは、あらかじめルールを明示することにより、子どもたちがしてはいけないことを自覚したうえで、自らを律することができるよう促すことを目的として作成したものです。
○子どもたちには日頃より、基本的な約束に示されたことがらを心がけることを伝え、ひとりひとりがルールを守ることの大切さや相手のことを考えることができる、「より良い社会（学校）」をめざしています。
○第1～3段階の基本となるものは、『体罰・暴力行為を許さない開かれた学校づくりのために』の「児童生徒の問題行動への対応に関する指針」によるものです。

対応／段階	学習の時に	他の子に対して	先生に対して	その他のルールとして	学校等が行うことができる対策
基本的な約束事	・嘘をつかない　・ルールを守る　・人に親切にする　・勉強する				
第1段階	・授業時間におくれる	・からかう、ひやかす ・無視する ・物をかってに使う	・指導を素直に聞かない ・指導を無視する ・からかう、ひやかす	・物を大切にしない ・自分の机等に落書きする ・学校の物をかってに使う	・その場で注意 ・場合によっては家庭連絡 ・個別指導 ・自己を振り返る活動
第2段階	・授業のじゃまをする ・授業に関係のない話をする ・授業をさぼり校内でたむろする	・仲間はずれにする ・悪口、かげ口を言う ・こわがるようなことをしたり言ったりする	・指導に対して反抗する ・挑発的な態度をとる ・バカにしたようなことを言う	・学校の物をこわす ・夜中に出歩き徘徊する ・カードやゲーム等で賭けごとをする	・その場で注意 ・家庭連絡 ・複数の教職員による個別指導 ・数日間の自己を振り返る活動
第3段階	・授業中、故意に妨害をする ・テストのじゃまやカンニングを繰り返す ・学校をさぼり校外にたむろする	・いやがることを無理やりさせる ・暴力をふるう（プロレス技をかけるなども） ・物を故意にこわしたり、すてたりする	・指導に対して激しく反抗する ・こわがるようなことをしたり言ったりする ・押す、突き飛ばす、ぶつかるなどの暴力をふるう	万引きやバイクの無免許運転・飲酒・喫煙など法律に違反するようなこと	・家庭連絡 ・一定期間の別室における個別指導および学習指導 ・関係諸機関（警察・こども相談センター）と連携し、学校内で指導を行う。 ・状況によっては個別指導教室を活用した指導
	第3段階よりも重いと思われる事象や違法行為（窃盗や傷害・恐喝行為など）については、学校は教育委員会事務局の担当指導主事と連携し、対応について協議する。				

<ルール表作成上の留意点>
※この（田島中学校区）「学校安心ルール」の内容は、教育振興基本計画に示している学校の安心・安全のためのスタンダードモデルをもとに学校の実情に応じて作成したものです。
※学校は児童生徒ひとりひとりの状況等も十分にふまえ、対応について判断します。
※「学校等が行うことができる対応」については、あくまでも例示であり、学校の判断で対応することがあります。
※「個別指導教室」とは、生活指導サポートセンター内に設置した教室であり、経験豊富な元校長先生等がいっそう丁寧な立ち直り支援を行う場所です。

図表1-2　学校安心ルール
出所：生野南小学校ホームページ「学校いじめ防止基本方針」

「暴力」の減少 【要医療件数の推移】

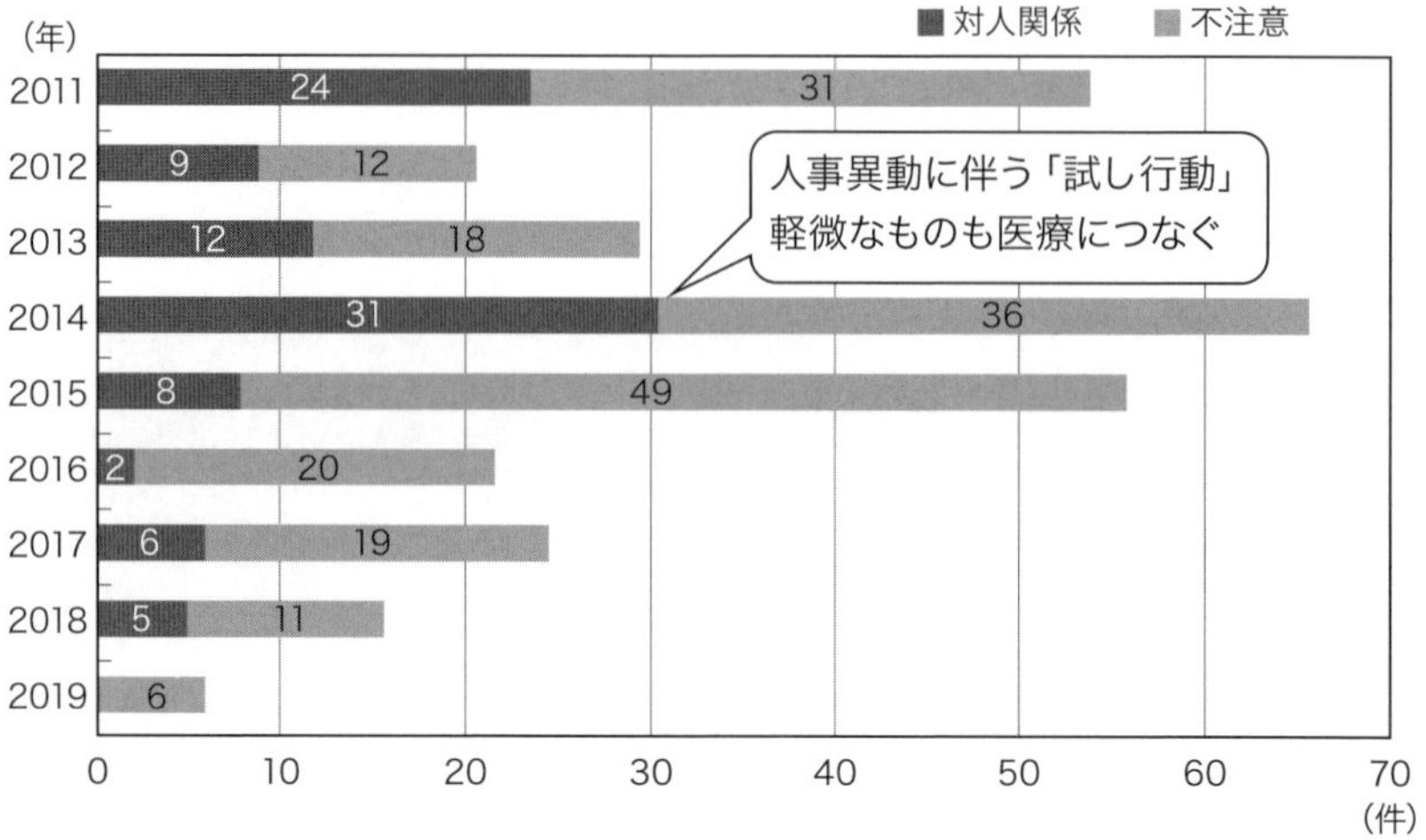

図表1-3　要医療件数の推移

出所：小野他（2024）p.12

とを重視した。

このようにまずは、一人ひとりの児童の「人権」を徹底して守ろうとしたことが、子どもたちに教員からの愛情を感じさせ、子どもたちの心の傷の癒しになったのではないかと考える。また、これらの取り組みを進めるために、子どもたちの心の傷に寄り添い、新たな心の傷をつくらないようにしてきたことが効果を生んだ。

後にトラウマやアタッチメントについての理論を職員で共有したことで、これらの指導方法が強化された。

その結果、加害の立場の子どもも正しい学びへと導くことができる児童支援体制の基盤ができ、暴力行為の減少（図表1－3）につながったと考えている。

4 心を育てる国語科教育

(1)「物語文」の授業研究(2014~2016)——伝えたいことを伝えたい人に

愛着障害の一つに、「共感性に乏しい」とあり、大脳の前頭葉にある「他人の気持ちをくむ」という場所が年相応に育ちにくいことが明らかにされている(友田 2017)。校内に飛び交う暴言・暴力を何とか食い止めたい、正しい言葉を教えたい。その一心でスタートした国語科研究は、子どもたちが授業の中で「相手の立場に立つ」ことを期待し、まず物語教材を扱った。組織研究ではあったが、校内の実態からさまざまな対応に疲弊しきった中であっても、「あの子らに、この教材はこんな風に授業したい!」と湧き上がる授業者の思いを授業づくりの柱とし、それを叶える研究体制を構築した。「人を想う子を育てたい」という全教職員の願いが、個性あふれる読解方法を生み出し、自分の思いを伝え合うことに怯えていた子どもたちへの、あの手この手の支援となっていった。

(2)「説明文」の授業研究(2017~2019)——対話がもたらす深い読み・深い学び

3年間で培ったさまざまな読解方法や伝え合う力が、説明文の読み取りでも通用するのか。2017年度は挑戦の年となった。しかし、子どもと教材がもたらす化学反応は、授業者の力によりさらに進化し続け、2018年度には読み取り方法の系統を作成することができた。授業者の個性はそのままに、視点を絞ってつなげることで明らかになった読解の基礎領域の「ことば」にこだわる読解方法は、２０１９年度の比較読み領域にも活かされ、子どもたちは読み手・書き手、両方の立場から文章と向き合うことができるようになった。

(3)「ことば」が可能にしたこととは

６年間積み重ねてきた国語科の授業研究が子どもたちにもたらしたことははかり知れない。かつて、子どもたちにとっての「ことば」とは、人を傷つけたり、自分が否定されたりする凶器にもなっていた。暴言を吐くか何も話さずに心を閉ざす…そのどちらかであった。そんな価値観を根底から変えていくために、物語の世界にみんなで旅立ち、ありとあらゆる読解方法を用い、「伝えたいこと」で子どもたちの心がいっぱいになるようにした。そして、それを「伝えたい人」に「正しいことば」で伝える。「ことば」は、心地よい距離感を保つことや、孤独から解放されることを可能にし、喜びを分かち合う術《すべ》となった。

安心して力いっぱい学習する楽しさを知った子どもたちは、説明文という難解な文章を、こちらの想像をはるかに超える勢いで読み取っていく。そんな、「しかけ」をつくる授業者のアイディアにはいつも、子どもたちを思う「心」があった。文章構成を紐解く中で、「動物」「植物」「昆虫」「海の生き物」そして「人間」が『生きる』ための方法をとらえ、分かち合う。また、文章を比較し、一言一句に立ち止まることで、読み手・書き手の両方からそれぞれの意図にせまり、そのどちらにも相手を思う「心」があることに気づく。物語文だからこそ論理的に、説明文だからこそ創造的に。それが、緻密な授業研究の積み重ねから見出した答えだった。

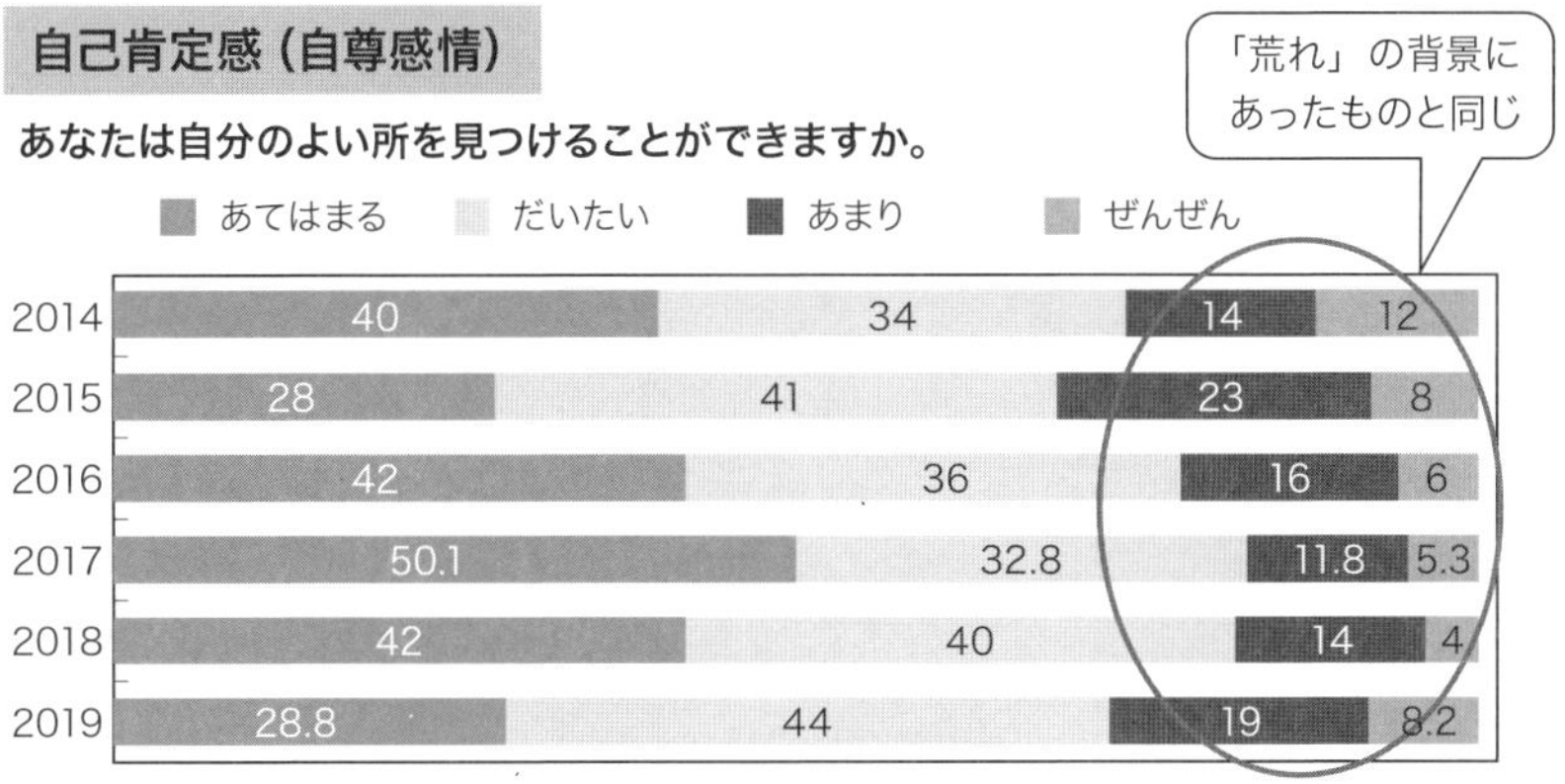

図表1-4　自己肯定感の推移

出所：生野南小学校ホームページ「本校の研究（がんばる先生等）」R2.11.29 日本子ども虐待防止学会発表資料1

5　負の連鎖を断ち切る「『生きる』教育」

(1) 愛着課題へのアプローチ——子どもたちの「過去」「現在」「未来」と向き合う

「あなたは自分の良い所を見つけ、誇りに思うことができますか？」（図表1－4）この問いに否定的に答え続ける約3割の児童の背景には、必ず「家族関係」や「生い立ち」に課題があり、それは、かつて校内で暴れていた児童が抱えていたものと全く同じだった。歯止めがきかない凄《すさ》まじい暴力や隷属的な友人関係、大人への試し行動、そしてところどころ空白の過去や無気力状態である等、荒れた言動の一つひとつが愛着障害やトラウマに起因する症状に限りなく似ていることに、専門知識を習得してきた中で気づいた。この、愛着課題にこそ、切り込まなければ本当の解決はないと考え、児童が抱える「背景」をアタッチメント理論により分析し、過去・現在・未来という三つの視点から、校内におけるアプローチを以下のように確立した。

【過去】専門知識の習得を踏まえたうえで児童の生い立ちと向き合い、教職員全員が（児童にトラウマがある可能性を前提とする）トラウマインフォームドの視点を持つこと。

【現在】「学校が楽しい！」と『今』を輝かせること。

【未来】負の連鎖を断ち切る一助となるような、治療的教育と予防教育の役割を果たす『授業』を系統立ててつくること。

以上に基づいて実践するにあたり、最優先事項は「現在」にある。「今が輝いていれば、過去も許せる」と山梨県立大学西澤哲教授の言葉にあるように、学校生活を、まず安全・安心、そして楽しいものとし、そこから過去や未来を一緒に眺めるために、必要なのがトラウマケアや（社会的養護児童が前向きに生きていくために、生い立ちや家族関係の整理を促す）ライフストーリーワークといった専門的な知識の習得と考えた。

(2)『生きる』教育」――アタッチメントと『授業』

「『生きる』教育」においては、支配的な負の連鎖を断ち切ることを視野に入れ、授業をつくる際には、予防教育と治療的教育（図表1－5）の側面を持ち、効果的な流れで学習ができるように授業を構成した。

1年生で、「安全・安心・清潔」の定義や性の距離感を知り、2年生から3年間をかけて「自己」と向き合い自分史を紡ぐ。5・6年生では「人」と「人」とのつながり方を客観的に見つめ、「心の傷の治療法」について

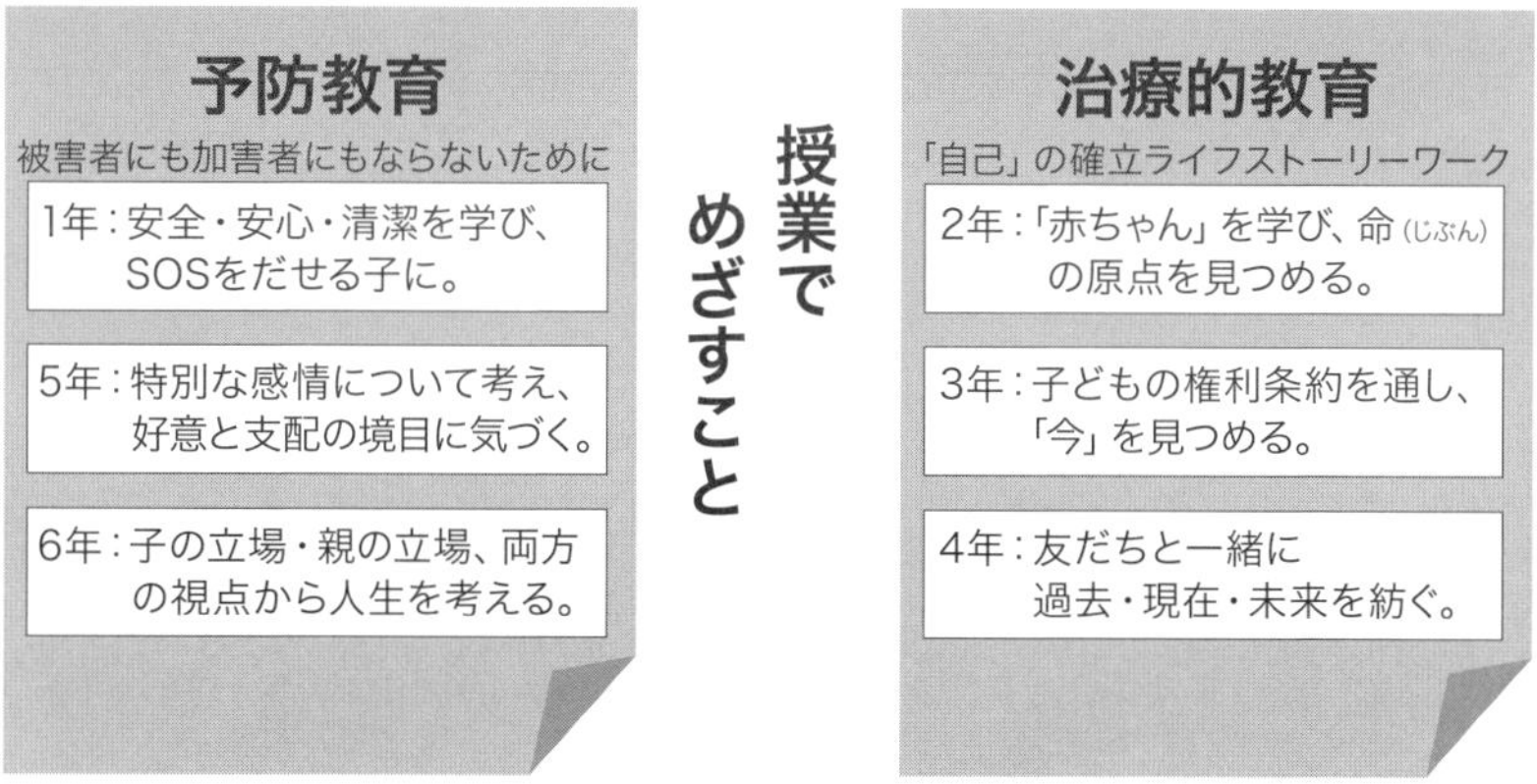
予防教育
被害者にも加害者にもならないために
1年：安全・安心・清潔を学び、SOSをだせる子に。
5年：特別な感情について考え、好意と支配の境目に気づく。
6年：子の立場・親の立場、両方の視点から人生を考える。
授業でめざすこと
治療的教育
「自己」の確立ライフストーリーワーク
2年：「赤ちゃん」を学び、命（じぶん）の原点を見つめる。
3年：子どもの権利条約を通し、「今」を見つめる。
4年：友だちと一緒に過去・現在・未来を紡ぐ。

図表1-5　予防教育と治療的教育

出所：生野南小学校ホームページ「本校の研究（がんばる先生等）」令和元年度 大阪市教育フォーラム発表（理論）

考えることをゴールとし、困難を乗り越え頑張ってきた人生を、授業の中で分かち合えるような実践を目指し、検討を重ねた。

各学年の授業は次の通りである。

●1年「たいせつな　こころと　体　～プライベートゾーン～」

1　教材から「危険」「不安」「清潔」に気づき、それらを「安全」「安心」「清潔」へと導く過程で「プライベートゾーン」の約束を見出し、気持ちよく生活することのよさを学ぶ。

2　実際の生活場面を想定した事例を通し、性的・心的距離感について加害・被害の視点から正しく判断するとともに、たくさんの人から守られるべき大切な「自分」であることを知る。

●2年「みんな　むかしは　赤ちゃんだった」

1　安心できる『きょり』の測定をすることで、友達との違いに気づき、クラスのルールづくりとともに、家族や先生、近所の人など、対象が変わった場合の適した

『きょり』も考える。

2 妊婦体験や「いのちのふれあい授業」を通し、赤ちゃんやお母さん、妊婦さんと話をしたり、『抱っこ』をしたりすることで、命の源について考え、その重さとあたたかさを知る。

3 産まれてから1歳になるまでの成長を、さまざまな教材を通して学び、そこにたくさんの『抱っこ』があることを知る。自身のルーツの起源にふれる本時をライフストーリーワークのスタートとする。

●3年「子どもの権利条約って知ってる?」

1 世界中の子どもたちが、安全に自由に生きていくために守られている40条の権利があることを知り、「生きる権利」「育つ権利」「守られる権利」「参加する権利」に分類する。

2 18歳になったらできることを知り、「子ども」とは何か改めて考える。「子ども」である自分が、絶対に譲れない権利を選び、交流することで価値観や考え方の違いを認め合う。

3 権利が守られていない世界の子どもたちに目を向けたり、身近な事例について考えたりすることで、「守られていない」権利を見つけ、そんな時何ができるかを話し合う。

4 自身の生活における「守られていない」権利について振り返り、それらの一つひとつには、明確な対処法があることを理解する。「子ども」の自分たちに「今」できることを考える。

●4年「10歳のハローワーク　~ライフストーリーワークの視点から~」

1 社会科で出会う「仕事」の他にも、世の中にはさまざまな職業があることを知り、さらに知識を広げる。履歴書づくりや面接を通して、対話の中から自分や友達の「今」と向き合う。

2 自分が将来就きたい職業に関する情報などをもとに「未来予想図」を描き、夢をかなえるために、自分に

3　必要な力について考え、学級で「ほしい力」オークションゲームをする。
3　自分の生い立ちを振り返り、保護者や施設の先生に尋ねたり、写真を整理したりするなどして自分史10年を記録し、「未来予想図」とつなげる（※綿密な事前打ち合わせが必要）。

●5年「愛？　それとも支配？　～パートナーシップの視点から～」
1　アニメのキャラクターを手がかりに、「夫婦」「友達」「恋人」「兄弟」など、特別なパートナーを見つけることができるようにし、「友達」と「恋人」の違いについて話し合う。
2　スマホによる「つながり」について考え、SNSにおける危険やLINEの中のコミュニケーションについて話し合い、ボタン一つでインターネットの世界に立つ意味を考える。
3　特別なパートナーとの「おでかけプラン」を班で作成することで、良い関係性に必要なことを見出す。数年後、悪化した関係性から支配的言動と対処法を見つけ、言語化する。
4　恋愛の素晴らしい点や危険な点を学んだうえで、現在の友達や、これから出会うさまざまな人と、良いパートナーシップを築ける自分になるために「今」できることを考え、話し合う。

●6年「家庭について考えよう　～結婚・子育て・親子関係～」
1　自分たちでつくった「結婚の法律」と実際の憲法や民法とのギャップを捉えたり、世界の結婚制度や日本の家長制度などに触れたりすることで、夫婦の関係性について考える。
2　ミルクの作り方、おむつの替え方、沐浴《もくよく》の仕方などの実技と、「いのちのふれ合い授業」による体験により、育児についての理解を深め、「命をまるごと引き受ける責任」を学ぶ。
3　ここまでの学習を活かし、住みたい家の間取りを手がかりに「未来の家庭」を描く。幸せを自ら生み出す力があることを知り、それぞれに持つ「幸せの形」の違いを尊重する。

4　親子関係が悪化した場合の「親」と「子」を客観的に捉え、「子」が抱く特別な傷に視点を当てる。人は人で治療され、どちら側にもなり得ることを理解し、その方法を考える。

6　アタッチメント理論とトラウマ理解に基づいた教育

大阪市の文書で私が初めて見た「アタッチメント（愛着）理論」についての記述は、２０１７（平成29）年３月に出された「大阪市教育振興基本計画――改革の第２ステージ」の幼児教育関連個所での記載である。そして、その抜粋文書が、２０１８（平成30）年５月に大阪市立各小学校に配付された「就学前教育カリキュラム改訂版（案）」に転載されていた。この改訂版には、「新生児から56日頃まで」に知・徳・体の三つの視点からの教育的意図を持った働きかけについて記載されており、改訂前の「新生児から３か月頃まで」に比べて進んだなと感じた。

アタッチメント理論とトラウマ理解に基づいた教育について、次のように考える。

大人は子どもが生まれた時からすぐに教育的に「やるべきこと」がある。このことを子どもの側から見ると、それを、①「してもらってきた」、②「してもらえなかった」、③「逆のことをされてきた」の３通りに分かれる。教師の側から考えると、②の子どもにはアタッチメント理論が、③の子どもにはトラウマ理解が当然必要になってくる。このことを踏まえ、生野南小学校での取り組みを振り返ってみたい。

アメリカ合衆国では1869年に設立された、ニューヨークファウンドリングという児童福祉団体が、2008年から、「モット ヘブン アカデミー」というチャータースクール（公設民営学校）を立ち上げ、トラウマインフォームド・エデュケーションを実践している。

この学校の子どもたちの3分の2は児童福祉サービスを受けており、3分の1がニューヨークの最貧困地区（ブロンクス）に住んでいる子どもたちだ。ここでは、トラウマをかかえた子どもたちが、同じ困難を乗り越えようとしている子どもたちといっしょに学べる環境や授業をつくり成果をあげている。

生野南小学校の生活指導は、こんなことを全く知らずに始まり、その流れは、①長年の生活指導の実践の中で、経験的に効果があったやり方を取り入れた。②効果のあった実践にトラウマやアタッチメントに関する理論的根拠があることが、後にわかってきた。③広義の「性教育」（性・生教育）がアタッチメントと深く関わること、また、アタッチメントがトラウマからの防波堤となることがわかってきたことから生活指導はもとより、「『生きる』教育」に、それらの知見を取り入れ、学習プログラムを充実させてきた。

校内で、アタッチメントやトラウマが作用する影響を正しく理解したうえで子どもたちを指導していくということを共通理解し、それに沿った指導内容を実践していくことを目指した。さらには、児童自身がトラウマについて理解できるような授業づくりを目指した。

トラウマ理解に基づいた生活指導から効果のあった実践を具体的に述べると、

1　対人暴力・暴言には、行為の振り返りをさせて、今からどうするかを自分の言葉で言わせる。そして、被害者への謝罪へ向かわせるが、強制はしない。ただし、謝罪の意思がない場合は、被害者保護の観点から、加害児童を「学校安心ルール（生野南小学校版）」（大阪市教育委員会がスタンダード版を提示）に基づき別室学習（学年を問わず実施）にする。また、被害者（保護者）が加害児童やその保護者に法的措置（刑事告訴や損害賠償請求）をとる可能性があることを伝える。

2 器物破損には、可能な限り本人に原状復帰させるが、本人だけでそれが難しい場合には、保護者の協力を得る。

3 掃除をさぼる等のルール違反には、悪意と決めつけず、忘れていたという前提にしてやり直せば責めない。

となる、児童を指導するにあたって、いきなり怒鳴りつけるような指導では、それが、トラウマとなったり、トラウマを抱えている子どもにおいてはフラッシュバックを起したり、逆効果となる可能性が高い。実際、苦痛やストレスを極力与えずに指導したほうが、効果があるとわかったので、「怒鳴らない」「身体に触らない」「話は短くする」「罰を与えない」を基本とした。

7 保護者や卒業生の声

実際に生野南小学校に子どもを通わせていた保護者や卒業生からは、次のような声をいただいた。

『廃校になる小学校に感謝』【大井雅美】

小学校6年生の三男が2月下旬にコロナ患者の濃厚接触者になり、2日間、自宅でリモート授業を受けた。授業はもちろん、朝礼、休み時間、給食もパソコンの画面越しに写るクラスメートと一緒に過ごした。自室から楽しそうな声が聞こえてきた。親としてはリモート授業は不安だったが、息子の姿に心が和んだ。

現在20歳になる、ともに全盲の双子の兄たちもこの小学校で学んだ。いつも友達が傍らにいてさりげなく見守りながら支援してくれた。学校とは単なる学習の場ではなく、そこで過ごす全ての時間が子どもたちにとっての学びの場になるのだと思った。

この小学校は障害や国籍、背景など、抱えているものは違っても、一人ひとりが大切な存在なんだと子どもたちに教えてくれた。しかし、3月末で閉校となってしまう。感謝の言葉は尽きない。（朝日新聞 2022.3.20）

『自分の子も一人の人間』母の気付き

助けを求める力を育む――。それも、「生きる」教育の目標の一つだ。影響を受けるのは子どもだけではない。

保護者の【鐘田昭子】さんは、授業参観などで子どもの権利について知り、目を見開かされたという。『親は子どもを自分のもの、自分の思う通りに動くものと考えがちだが、自分の子も一人の人間として見ないといけないと改めて気づいた』と鐘田さん。『自己主張が強い次男を抑えつけてきたが、この子にも発言する権利があると考え、話を聞こうと思うようになった』。それぞれの子どもは個性があり、違うということを『生きる』教育で気づかされたと振り返る。

その次男の【耀（らいと）】さんは今、市立田島中学校の3年生。『権利があることを初めて知り、守られているんだと思った』と振り返る。『生きる』教育を受け、心がけているのは、他人の人生を自分の考えで決めないこと。『道徳の授業はフィクションだけど、「生きる」教育はノンフィクションで、ズキッと心に迫ってくる。「生きる」教育は、生きるうえで絶対必要な人生の教育だと思う』（朝日新聞デジタル 2023.11.24）

8　子どもの権利を子ども自らが守るために

かつて勤めたある中学校では、運動場をバイクで走ったり、教室や廊下、教員の目の前で喫煙したり、生徒の組織的な暴力や恐喝が横行していた。彼らは、今の個々人の幸福を追求し、自分勝手に行動していた。

一方、生徒会役員らは、学校生活（3年間）での、生徒全員の幸福を追求し、全校集会と生徒会新聞で、生徒や教員に働きかけ、自分たち生徒の自由を求めて行動していた。そして、皆が楽しくなれる行事を企画実行し、不合理な校則の改正を求め、「より良い学校をつくるためのアンケート」で、「あなたは、いじめている人を見た時、『やめたり』と言いましたか？」と問いかけ、「いじめ」を減らす努力をしていた。

生野南小学校においても、個々の人権を尊重する緻密な生活指導が、いじめを減らし安全・安心をもたらした。その過程で、被害者と傍観者を団結させ、いじめられた子どもの自信回復を図り、「○○くん、痛いからやめて」と大声で言うというような自衛手段も身につけさせた。子どもたちは、自らの選択に自信と責任を持つようになり、学校の中で安心して自由に発言し、行動することができるようになった。そして、学校生活全般がより自由で、楽しく、活気のあるものとなった。

国語科を中心にすべての教科・領域で子どもたちに良質の授業を提供できるように教員らが努力を続けたこと

で、伝え合う力をつけさせ、学習意欲を向上させた。子どもたちにとっては、自ら学び、獲得した学力は、他者からほめられる理由となり、承認欲求が満たされるとともに、将来に向けた、豊かさを予感させた。子どもたちは、礼節をわきまえるようになった。学校では、衣食ではなく、「学力足りて礼節を知る」である。

さらに、「『生きる』教育」が、人としてあるべき生き方を教え、すべての人の尊厳が平等に尊重されることを教えた。これらの自分と他者の権利を守るべく、子どもたちの心には、平和の砦が築かれた。

おわりに

子どもの実態とカリキュラムの変遷については、前述した通りである。「『生きる』教育」は、子どもの実態に応じて、毎年、手が加えられ、生活・総合の時間を中心に実施した。国語科研究は、結果的に8年間続いた。生活指導は、その指導件数が激減した。

教職員も安全・安心が保障されて初めて、自由に発言し、行動することができる。生野南小学校の教職員は、毎年、新たな課題に向かい、自由に意見を出し合い、迷った時には、どちらが子どもたちにとって、よりメリットがあるかという視点で結論を出し、すぐさま実行していた。子どもたちのためならと、大きな改革や急な変更にも躊躇なく取り組んでいた。

管理職としては、教職員の安全・安心が揺るがないよう、新たにつくられた授業や取り組みに法的な問題点や外部から指摘されるようなことがないか、外部組織との連携がうまくできているかを気にかけていた。

私が見てきた13年間だけでも私を含め5人の校長と4人の教頭、多くの教職員、そしてご指導賜った多くの方々、保護者、地域の皆様が関わってきて今日に至った。「生活指導」「国語科教育」「『生きる』教育」からすべての教育活動にわたって、子どもたちの過去に思いを馳《は》せ、今と向き合い、未来を輝かせるために関わっていただいた皆様に深く感謝する。

私は、生野南小学校が閉校した後、異動先の南市岡小学校でもこの取り組みを始め、今年は、全学級で南市岡版「『生きる』教育」の授業を保護者にも公開した。「生活指導」「国語科教育」も同様に進めている。すべての学校で、子どもたちの安全・安心が保障され、子どもたちの権利が守られることを願ってやまない。

引用・参考文献――――

友田明美（2017）『子どもの脳を傷つける親たち』ＮＨＫ出版新書
朝日新聞（2022）連載「声」
朝日新聞デジタル（2023）連載「『生きる』教育」
西澤哲・西岡加名恵監修、小野太恵子・木村幹彦・塩見貴志編（2022）『『「生きる」教育――自己肯定感を育み、自分と相手を大切にする方法を学ぶ』（生野南小学校教育実践シリーズ第1巻）日本標準
田村泰宏・西岡加名恵編、小野太恵子・木村幹彦著（2023）『心を育てる国語科教育――スモールステップで育てる「ことばの力」』（生野南小学校教育実践シリーズ第2巻）日本標準
小野太恵子・木村幹彦・西岡加名恵編著（2024）『子どもたちの「今」を輝かせる学校づくり――トラウマ・インフォームド・エデュケーション』（生野南小学校教育実践シリーズ第3巻）日本標準
西岡加名恵監修、小野太恵子他編著（2024）『『「生きる」教育」全学習指導案集』（生野南小学校教育実践シリーズ第4巻）日本標準

Column

子どもの権利を学校で学ぶ

佐藤修司

一般的に、附属学校の使命と性格は、次代の教師を育てる実習校、大学と共同した先端的な研究校、他校に示唆を与えるモデル校、自校および他校の教師の成長に資する研修校などにあります。同時に、本校は、子どもの権利を中心にして、保護者、住民（秋田市・県民）、教職員、すべての者の権利が相互に尊重され、実現される学校を目指しています。権利が結果的に実現されているかは、みんなが学校の、そして自分の人生の主人公になり得ているか、学びがい、働きがい、生きがいを感じられているか、さらにいえば自己肯定感（自分らしくいられる）や自己効力感（自分は成し遂げられる）、自己有用感（自分は必要とされている）を持てているかによって測られるのだと思います。

附属学校といえば、エリート校を想像する人も多いと思いますが、本校においては学力等の差も大きく、支援を必要とする子どももいて、支援員の配置が欠かせません。他校と同様に、小学校高学年あたりに成長発達上の課題が強く表れており、クラスが落ち着かないことも起こりがちです。保護者は全体的に教育意識が高いものの、それ故にこそ保護者間、保護者－担任間のトラブルも起きがちです。現在は保護者間も、子ども間もＳＮＳを通じて虚実ない交ぜの情報が瞬時に拡散し、激情に流され、支配されることもあります。

その際のトラブルの解決の鍵は子どもの権利、最善の利益の尊重に基盤を置いた信頼関係の構築にあります。モデル校とは、理想形、完成形を意味するのではなく、課題を見極め、地道な努力をたゆまずに続ける現在進行形であることにこそ意味があるのでしょう。

本校は学校教育目標として伝統的に「自律」を掲げていて、現在の研究主題を「自律した学習者を育てる」としています。自律した学習者とは自分自身の学びを省察し、自らの設定した目標に向けて必要な学習内容や方法を決定できる学習者のことをいいます。教師は学習者目線で子どもの姿を見取り、その見取りに基づいて子どもの学びを意味づけることに重点を置いて研究協議を行い、教師自身の省察力を磨くように努めています。学校生活の大半を占める授業においてこそ、子どもたち自身が互いに聴き合い、尋ね合い、学び合うことを通じて、すべての子どもの学習権が保障されなければなりません。

毎年の「はとの子学習発表会」(校歌や校章に平和の象徴としての鳩が用いられている)では、朗読や合唱、身体表現などの表現活動を通じて、子どもたちが「本当の自分」を発見することを目指しています。子どもたちは他者の視点を経験し、柔軟さを得て、他者の視点に開かれるとともに、自らの声を聴き自己を理解することで、深く豊かな人間理解につながります。すなわち新しい世界へと導き出され、導き入れられる経験が得られるのです。

本校の「はとの子の約束」の一つに、登校から朝の会までグラウンドを使用できない、というルールがあるのですが、6年生が疑問を出しました。学級での提案、協議では、時間を守れるか、ケガやけんかなどのトラブルが起きないかといった心配が出たことから、6年生自身がお試し期間を設けて、状況を調べ、学年での意見調整、児童会の代表委員会での提案と審議、プレゼン資料の作成、管理職への説明を経て、グラウンド使用可というルール改正に至りました。自分たちのことは自分たちで決めるという民主主義の精神が日常化し、子どもたちが権利行使・擁護の主体として成長していくことが目標です。

教育活動全体を通じて、自己指導能力を育むべく、自他を大切にする心を育てるアサーショントレーニング、マナーやルールを自分たちでつくるスモールタウンづくりにも取り組んでいます。道徳や規範を「教え込む」ことによってではなく、意見表明などの権利を日常的に行使する経験を重ね、また、自分の権利が大事にされると同時に、他者の権利を大事にする経験を積み重ねることによってこそ、内側からシティズンシップ（市民精神）が磨かれていきます。学校も会社も含め、誰かが犠牲になる社会、沈黙する社会では子どもは未来への希望を持てません。子どもの権利は、大人の権利のありようを映し出す鏡のようなものです。教師や親などの大人がいかに Win-Lose 型の権力主体（ないし客体）を脱して、Win-Win 型の真の権利（かつ責任）主体となれるかどうかも子どもの権利実現の鍵となります。

第2章

学校内外の経験から考える不登校支援

子どもの権利を守るために大切なこと

池田隆史

はじめに

私は元公立中学校教員で、現在はＮＰＯ法人カタリバに所属している。不登校状態の子どもとは学級担任として、また、校内の教育相談担当として関わってきた。また、私自身も精神疾患により休職し、「学校（職場）に行くことができない」という経験をした。不登校生徒との出会い、自分自身の経験、休職中に学校外で子どもへの関わりをしているさまざまな人や団体との出会いが、私の教育を考える視点やキャリア形成に大きな影響を与えてきた。

２０１４年にカタリバに転職後、岩手県大槌町での復興支援に従事後、２０１５年からは島根県雲南市教育委員会と官民協働の形態で教育支援センター「おんせんキャンパス」を運営している。学校の現場経験、学校外での経験を活かし、チームメンバーとさまざまな葛藤を繰り返しながら、子どもを中心に据えた支援、学校や保護者、地域機関との協働に挑戦している。これらの経験を踏まえながら、不登校支援において子どもたちの権利を守るために我々支援者がどのような基本的な考え方を持つ必要があるのか、それに基づき何ができるのか、について考察していく。

1　不登校と現状と捉え方

(1) 不登校数の現状と定義

文部科学省の調査[1]によると、近年、日本の小中学校での不登校児童・生徒の数が増加し、特に長期欠席者についての関心が高まっている。2022（令和4）年度のデータでは、長期欠席者数が約46万人、そのうち不登校によるものが約30万人と過去最多を記録している。

不登校の定義は、「何らかの心理的、情緒的、身体的、または社会的要因により、年間30日以上欠席した生徒のうち、病気や経済的理由を除いた者」とされている。1970年代半ばから長期欠席者数は徐々に増加し、1990年代から2000年代初頭にかけて急増した。その後、高止まり傾向が続き、2015年頃からは再び急増している。

(2) 不登校を考える時に注意すること

私自身、「不登校」を考える際に注意している点が三点ある。一つ目は、定義の「年間30日以上の欠席」という日数だけに着目していては、実態の把握にはつながりにくいことである。年間30日程度欠席している子どももいれば、年間100日程度欠席している子ども、年間200日程度欠席している子ども、自らオルタナティブな教育環境を求め在籍の学校は欠席していても毎日学びにつながっている子どもも存在している。また、その背景や困り感などは、学校を休み始める前にどのような学校生活を送っていたか、休んでいる間にどのようなサポートを受け、どのような環境下にあるのか、休んだことによる結果、どのような影響が出ているのかは当然ながら一人ひとり違うことを理解しておく必要がある。

二つ目は、「年間30日以上の欠席を超えていなければいいのか」という点である。2018年の日本財団「不登校傾向の実態調査」▼2では、全中学生の約1割、不登校中学生の約3倍が「不登校傾向」にあると推計された。また、認定NPOカタリバが2023年に行った独自調査▼3において、不登校傾向の児童生徒の人数は2018年より増加していると考えられる。このように、不登校状態に至る前の段階でも課題が大きいと認識を持つ必要がある。

三つ目は、「不登校」の捉え方は過去から現在まで変化しており、その変遷の知識がないと、その時々に教育を受けてきた自身の経験から認識にバイアスがかかることが懸念されることである。長期欠席者の捉え方は、1960年代初め（昭和30年代半ば）に「学校恐怖症」と呼ばれていたものから始まり、その後、「登校拒否」という認識へと移行し、1980（昭和60）年代までは神経症的な要因によるものと見られていたとされる。1992（平成4）年文部科学省初等中等教育局の通知では「不登校」という用語が使われ始め、「どの子にも起こりうる」という視点が強調された。2003（平成15）年文部科学省初等中等教育局の通知において、不登校児童・生徒の状況把握と個別の状況に応じた適切な支援の重要性が指摘された▼4。2016（平成28）年に「義務教育の段階における普通教育に相当する教育の機会の確保等に関する法律」（教育機会確保法）▼5が成立し、校外の教育プログラムや代替教育機関を含めた多様な教育手段の活用を促進することや、関係機関との連携によるネットワークの構築による包括的な支援の重要性が強調された。

このような変遷から、現在は不登校が多様な要因による結果であり、「問題行動」として単純に判断してはならないという認識に基づき、不登校の背景には複雑な要因が絡み合っており、それに対する理解深化と多角的な対応の必要性が指摘されている。

(3) 不登校の支援にこそ大切な「子どもの人権・権利」の保護と「子どもを尊重する」

不登校の捉え方は、先述したように変遷してきた。しかし、現在でも「登校拒否」という言葉が使われたり、「不登校を治すためにはどうするか」といった発言があるなど、状態像と定義されているものが、個人の病的な疾患のように表現される場面に出くわすことがある。不登校の子どもは「不登校状態にある子ども」であり、100人いたら100通りの要因や背景により学校に行きたくとも行くことができない、または自ら学校に行かないことを選択している子どもなど個々によって、すべて違うということを共通認識としていくことが大切であると考える。

これまで不登校児童生徒の増加にともない、教育行政はスクールカウンセラーやスクールソーシャルワーカーの派遣、民間ではフリースクールや学校外の居場所の設置などを拡大してきた。各市町村の教育委員会での施策や学校内でも日々の対応の工夫などの実践もみられる。しかし、これらの施策にもかかわらず、不登校の子どもたちの数は増加し、メンタルヘルスの問題も拡大している。2023年には、文部科学省が学びの多様化を目指すCOCOLOプラン▼6がスタートし、これまでの施策の強化や学びの多様化学校を増設、学校内の居場所づくりの推進という方向性を示しているが、これらの施策が真に効果的になるための前提が何かを見直す必要があるのではないかと思う。そして、その前提となるべきは「子どもの人権・権利」の保護と「子どもを尊重する」ということだと考える。

2 「子どもを人として観ているか？」

(1) 「子どもの人権・権利」「子どもを尊重する」ことにつながる問い

教員時代に精神疾患を患い休職をした経験は、私にとって大きな転機であった。この期間中、学校外で子どもや若者に関わるさまざまな立場の人々と出会う機会があった。ボランティア活動や市民活動に参加し、フリースクール、障害者福祉施設、青少年プラザなど、子どもたちのことを真剣に考え、地道な活動をしている人々の存在を知った。また、教育の視点、教員としての視点以外で、子どもを見ることや自身を振り返る重要性を学んだ。

特に印象深いことの一つとして、フリースクールの主宰の方から問われた次のことである。

「人をモノとして観ていますか？　人を人として観ていますか？」

私はこの問いに、答えることができなかった。その方から教えていただいたことは、「人をモノとして観る」とは、「便利な道具」として利用すること、「邪魔者」として排除すること、そして「無関心」として無視することの三つの形があるということである。

（2）学校現場を振り返る

教員としての立場では、子どもをモノとして観ていたのではないかと自問した。自分にとって都合の良いように子どもたちを管理し、主従関係を築き、コントロールしていた。例えば、校則についてである。集団生活の中で自他の人権を尊重する精神や態度を育むために規則やルールの存在は重要であるし、校内の生徒指導における一つの共通認識として、学校独自に設定されることが肯定的な面もあると思う。ただ、これらの校則が、時として「社会における理不尽な経験」として正当化され、子どもたちに押し付けられることがあることや、ルール違反に対する一律の罰としての「部活動への参加禁止」や「放課後の補習」は、子どもたちの成長を促すよりも、教師の集団管理を容易にするための手段として機能している。ルールを守れなかった子どもたちへの罰や行動の制限、抵抗する子どもたちの排除は、実質的に子どもをモノとして扱う行為であり、その権利を脅かす側面が大きいと思われる。

また、宿題に関連したこともある。私が学級担任していた子どもの一例として、家庭学習ノート（宿題）の提出ができず、毎日のように放課後の補習に参加しなければならない状況であった。このため、音楽が好きで吹奏楽部に所属していたにもかかわらず、部活動に参加できない日々が続いていた。教育相談を繰り返すうちに、子どもは、夕方から夜にかけて家庭の事情で小さな弟の世話や食事の準備を行う役割があること、宿題に取り組む時間が深夜になり、疲れて眠ってしまうことが多かったことなどがわかった。おんせんキャンパスで関わった子どもも、学校の宿題に悩みを持っていた。宿題を終わらせないと昼休みに遊んではいけないというきまりがあることから、毎日深夜2時をすぎるまで宿題に取り組んでいたという。その結果、朝起きることが難しくなり、遅刻が増え、徐々に学校に行けなくなった。おんせんキャンパスにつながり、スタッフと施設や家庭訪問で過ごすことを通して、宿題をやることの辛さ、特に、書字に困難さがあることがわかってきた。

これらの事例から、家庭状況や子どもの生活状況、発達の特性を理解せず、一律の宿題を課すことやルール、罰を行うことが、子どもにとっての最善の利益を尊重していない場合があることを自覚すべきである。子どもの行動だけをみて、不登校傾向や状態にある子どもたちに対して、「怠けている」「宿題を出さないから登校しづらくなっている」といった評価を行うことがある。このような教育現場の対応は、子どもの権利や個々のニーズを十分に理解し、尊重しているとは言えない状況であると思う。

(3) 大人同士はどうか?

「人をモノとして観ていないか?」という問いは、教員間や保護者に対しても考えるべきことだと思う。繰り返しになるが、私自身、教員として指導力がないと思われたくない、職員として一枚岩で生徒指導を行うことが重要で、綻びを生み出してはならないという価値観を持っていた。学校内では、同一歩調を取るべきという雰囲気が存在し、先生方の多様性についての認識は不足していた。

教師一人ひとりは、個々の経験や教育観、子ども観が異なり、子どもとの関わり方における強みや弱みも異なる。ある教師は強い指導が得意である一方で、他の教師は子どもに寄り添い、じっくり話を聴くことが得意であるといった違いがある。多様な子どもたちとの関わりの中で、先生方の多様性を活かせば、子どもの背景や状況を観察し理解する視点が増え、また、最適な支援や指導を選択する可能性が高まるはずである。

しかし、実際には、特定の教育観や指導方法に固執し、マニュアル化された対応を行うことが推奨される雰囲気が校内に存在していた。また、保護者に対しても、一定の価値観を一般化し、学校側にとって不都合な保護者を教育力がない、クレーマーであるとして捉える傾向が少なからずあった。

(4)「人をモノとして観る」ことの影響

「人をモノとして観る」ことが学校内で常態化すると、以下のような影響が及ぶと考える。

教員は規則やルールを守れない、あるいは一定の価値観に沿っていない子どもを見つけ出そうとする。その結果、子どもへの観察は管理的な側面に大きく偏り、学校内では注意や強い指導が求められる場面が増える。子どもたちは教員のそのような眼差しを意識し、自らの行動や意見を表現することを避けるようになる。また、子ども同士もお互いに規則やルールを守っているか、学校内で評価される行動をしているかどうかを監視するような力学が働く。こういったことは、おんせんキャンパスで関わる子どもたちからしばしば聞こえる以下のような声に通じている。

- 周りの人が怒られる姿を見たり、その内容を聞くことで辛い気持ちになり、学校に行きたくなくなる
- 学校や教室に入る際に漠然とした不安を感じる
- 常に誰かに見られている気がする
- 自分のしていることがみんなと違い指摘されるのではないかという危機感がある

3 「子どもを人として観るとは？」

(1) ソーシャルワークの視点と不登校支援

「人を人として観ること」を考えるうえで、私がもう一つ参考にしているのはソーシャルワークの基本と原則である。「相談援助」▼7によれば、「ソーシャルワークにおける相談業務の基本は個人の尊重です。人の価値を尊重するとは、クライエントの利益をまず優先することを意味します」とされている。また、学校教育が教育に、医学が病理に焦点を当てるように、各専門領域には異なる焦点がある。しかし、「ソーシャルワークはこれらすべてを含めた生活に焦点を当て、人と環境の影響に注目する」とある。

教員時代の私は、「学力保証」や「学校への動機づけ」、「登校に必要な力」を考えることに焦点を当てていた。しかし、ソーシャルワークの基本、原則を学ぶことで、「子どもを尊重する」「子どもの感情や考えを受け入れる」「子どもが自己決定できるように伴走する」といった新たな観点が生まれた。不登校状態に至る背景や要因は多様であり、子どもを取り巻く環境や関係性に働きかけることが不可欠である。そのために、子どもの最善の利益を考える際、周囲の大人がそれぞれの強みを生かしつつ協力し、連携をとることが求められる。また、子どもにとっての最善は、状況や環境、条件によって常に変化するため、長期的なサポート体制の構築が必要である。

（2）おんせんキャンパスでの実践

おんせんキャンパスは島根県雲南市の教育支援センターで２０１５年の開設以降、年々利用者が増加し、近年では雲南市内の不登校児童生徒の約50％と関わりを持っている。施設での受け入れの他、家庭、学校、地域施設などでのアウトリーチ支援を実施している。また、ご家族への支援や学校のサポート事業も行っている（詳しくはおんせんキャンパスＨＰを参照）▼8 おんせんキャンパスでは、利用者一人ひとりに合わせた支援の多様性を重視し、１００人いれば１００通りの支援方法があるという考えのもと運営している。

また、不登校状態の子どもに限らず、不登校傾向の子どもも利用ができる。そのため、柔軟な枠組みづくりを意識している。例えば、ルールはできる限り少なくするように心がけ、「何のためか」「誰のためか」をスタッフ内で対話するようにしている。緩やかな枠組みの中では、スタッフやチーム全体が迷いながら判断し、行動する場面が多い。教育的視点とソーシャルワーク的な視点の間の葛藤、関係者間の考えのすれ違い、価値観のズレなどである。こういった中で、子どもの利益を最優先に行動するために、「何を大切にするか」を明確にしたうえで、スタッフ同士での対話や個々の状況判断を通じて、その時の最善を尽くすことを重視している。

（3）行動指針

子どもや保護者、学校の先生などのステークホルダーとの関わりや支援プログラムづくりなどにおける、判断や意思決定の軸となる行動指針をスタッフとの対話を通して作成した。

①安心・安全な場をつくる：一人人ひとりの背景の理解と個性を尊重します。子どもに応じて声かけや言葉遣い、関わり方を工夫します。校地内の整理整頓と安全管理に努めます。

②自信につなげる：子どもたちの興味や関心、強みを生かします。一人ひとりに応じたスモールステップを意識して活動を作り、子どもたちの努力や成長の過程を大切にします。

③共に一歩踏み出す：子どものやってみたいを応援し、チャレンジの場や機会をつくります。子どもの可能性を信じ、寄り添い、励まします。

おんせんキャンパスの元利用者で現在は社会人のHさんは私たちに大きな影響を与えてくれた。Hさんは「中学校で不登校になってから、高校に行っても、いずれ働くことになっても辛い日々なんだろうなって思っていました。でもおんせんキャンパスのスタッフと関わり、スタッフの皆さんが毎日楽しそうに仕事をしている姿を見て、働くって楽しいことなのかもと思うようになりました。なので、高校に行っても自分から楽しもうと生徒会役員に挑戦しました。就職活動でも自分の思いを大切にして選択することができたと思います」と語った。このことから、私たちスタッフの働き方や姿勢が、子どもや関係者に大きな影響を与えるという認識を深めた。そのため、私たちの前述の行動指針に加え以下の三点を意識している。

④楽しんでいる姿や背中を見せること
⑤笑顔で挨拶し感謝を伝えること
⑥隣に相手がいると仮定して話をすること

⑥については、オープンダイアローグ[9]という精神疾患や統合失調症の回復を図る手法を参考にした。この手法では「その人がいないところでは、その人の話をしない」という原則があり、家族や医師、心理士と当事者がその場で対話を進めることが特徴である。

スタッフのSさんは、学校や関係機関とのケース会議では特にこのことを大切にしていると話す。「ケース会議の時、保護者の方や子どもの悪いところを指摘し合うことって多いと思うんです。この話を聞いていたら、保護者の方は怒るだろうなとか、子どもは誰も信用しなくなっちゃうと思ったりします。なので、まずは自分から保護者さんや子どもさんが聞いていたとしても嫌な気持ちにならないように、話題の出し方や表現の仕方、伝え方には気をつけています」

私自身、教師同士や支援者同士の会話や会議の中で、相手のことを考えながらも、時には「この会話を本人が聞いたら嫌な気持ちになるだろう」と思うことがあった。子どもを中心に考え、尊重することは、例えばケース会議に子どもが同席した際、子どもが自分は大切に思われていると感じられるようにすることであると思う。子どもを含め関わるすべての人を尊重し、理解しようとする努力を続けること、そのための具体的な行動を取ること、試行錯誤を子ども、保護者、学校の先生と続けていくことこそ、不登校支援の原点として守り続けたい。

注――――

1　文部科学省「令和4年度児童生徒の問題行動・不登校等生徒指導上の諸課題に関する調査結果」https://www.mext.go.jp/content/20231004-mxt_jidou01-100002753_1.pdf

2 日本財団「不登校傾向にある子どもの実態調査」（２０１８年）https://www.nippon-foundation.or.jp/app/uploads/2019/01/new_inf_201811212_01.pdf

3 認定ＮＰＯカタリバ「不登校に関する子どもと保護者向けの実態調査」（２０２３年）

4 中央教育審議会「初等中等教育分科会（第61回）議事録・配付資料」（２０１４年）https://www.mext.go.jp/b_menu/shingi/chukyo/chukyo3/siryo/__icsFiles/afieldfile/2014/08/04/1216985_003.pdf

5 文部科学省「義務教育の段階における普通教育に相当する教育の機会の確保等に関する法律」（平成28年法律第105号）https://www.mext.go.jp/a_menu/shotou/seitoshidou/1380960.htm

6 文部科学省「誰一人取り残されない学びの保障に向けた不登校対策」（２０２３年）https://www.mext.go.jp/content/20230418-mxt_jidou02-000028870-cc.pdf

7 山下英三郎（2006）『相談援助』学苑社

8 雲南市教育支援センター　おんせんキャンパス　https://city-unnan-onsencampus.jp/

9 斎藤環著・訳（2015）『オープンダイアローグとは何か』医学書院

第3章

多様な子どもの権利を保障するためのインクルーシブ教育

野口晃菜

はじめに

「インクルーシブ教育」という言葉には、「障害のある子どもと障害のない子どもが共に学ぶこと」というイメージがあるが、インクルーシブ教育は障害のある子どものみに限った話ではなく、すべての子どもの権利を保障するためのものである。本章では子どもの権利の観点を踏まえ、インクルーシブ教育の定義を確認し、日本における現状と課題について整理する。

1 インクルーシブ教育とは

(1) インクルーシブ教育の定義

インクルーシブ教育の定義について、筆者はユネスコの「インクルージョンへのガイドライン」(2005)▼1を参考にし、以下のように定義をしている。

インクルーシブ教育とは、多様な子どもたちがいることを前提とし、その多様な子どもたち(排除されやすい子どもたちを含む)の教育を受ける権利を地域の学校で保障するために、教育システムそのものを改革していくプロセス。

一つ目のポイントは、「子どもたちは多様であることを前提とする」ことである。子どもたちは多様であることは当たり前であるが、現在の学校は多様な子どもがいることが前提となっていない。例えば、学校の建物は車椅子ユーザーや視覚障害などのある子どもが通うことを前提とした設計になっていない。授業のあり方は全員が同じペースで同じ内容を同じ方法で学ぶ形が多く、そこに多様な学び方をする子どもがいることは前提になっていない。「多様な子ども」の中には障害のある子どもも含まれるが、その他のマイノリティ性のある子ども、例えば両親と暮らしていない子ども、虐待を受けている子ども、外国にルーツのある子ども、生まれた時の性別と現在の性別アイデンティティが異なる子ども、異性愛者ではない子ども、ヤングケアラーの子どもなども含まれる。しかし、例えば学校では自らの生い立ちについて両親にインタビューをする教育活動があったり、家族に感謝を伝えるような行事が未だに多くあったり、家族と暮らしていない子どもや虐待を受けている子どもがいること、家族との関係性が良好ではない子どもがいることを踏まえていない。その結果、学校における教育活動が子どもにとっての二次加害になっているケースも多い。その他にも「男子」と「女子」のいずれかの性別にアイデンティティを持つ子どもや、日本国籍を持ち日本語が第一言語である子どもたちなど、マジョリティが中心となっている。インクルーシブ教育の対象は「すべての」子どもであるが、特に排除されやすいマイノリティ性のある子どもがいることを前提とすることがまず大切なポイントである。

二つ目のポイントは、多様な子どもたちが教育を受ける権利を地域の学校で保障することである。インクルーシブ教育においては、「自己の生活する地域の学校で学ぶ」ことと、「学びにアクセスする」ことの両方を実現する必要がある。詳細については後述するが、日本の制度においては、障害のある子どもの学びの場について最終的に決定をするのは教育委員会であり、地域の学校に通いたくても通えない子どもたちがいる。障害がなければ当たり前に家の近くの学校で学ぶことができるにもかかわらず、障害のある子どもについてはそれが保障されていない。遠方の特別支援学校にバスで通学をしたり、場合によっては寄宿舎で生活したりする必要がある子どももいる。

また、地域の学校に通学していたとしても、その子に必要な支援が得られていないケースもある。例えば、読み書きに障害がある子どもは通常の学級で学んでいることが多いが、授業が教科書を読み、ノートに書くことが前提となっているスタイルのため、その子は学ぶことができない。このように、障害のある子どもとない子どもが同じ場に在籍をしていたとしても、その子が学びにアクセスできていない状況もインクルーシブではない。

三つ目のポイントは、インクルーシブ教育は、教育システム自体を改革するプロセスである。一人ひとりの教師や子ども、保護者の努力によって、現行の教育システムに多様な子どもたちを適応させることではなく、多様な子どもたちに合わせて教育システムそのものを変革することが求められる。「ここまでいけばインクルーシブ教育を達成した」というゴールがあるわけではなく、常に子どもの多様性に応えるシステムをつくり続けるプロセスそのものがインクルーシブ教育である。

(2) 障害者権利条約におけるインクルーシブ教育

①障害者権利条約におけるインクルーシブ教育

日本においてインクルーシブ教育システムが構築されるきっかけとなったのは、日本が2007年に署名し、

２０１４年に批准した「障害者の権利に関する条約」（以下、権利条約）である。本条約においてはインクルーシブ教育の方針が示されている。第24条には「１　締約国は、教育についての障害者の権利を認める。締約国は、この権利を差別なしに、かつ、機会の均等を基礎として実現するため、障害者を包容するあらゆる段階の教育制度（inclusive education system）及び生涯学習を確保する」（括弧・傍線筆者）と、インクルーシブ教育システムを確保することが明記されている。また、そのために「(a)障害者が障害に基づいて一般的な教育制度（general education system）から排除されないこと及び障害のある児童が障害に基づいて無償のかつ義務的な初等教育から又は中等教育から排除されないこと。(b)障害者が、他の者との平等を基礎として、自己の生活する地域社会において、障害者を包容し、質が高く、かつ、無償の初等教育を享受することができること及び中等教育を享受することができること、(c)個人に必要とされる合理的配慮が提供されること」（括弧・傍線筆者）などの記載があり、障害を理由に障害のある子どもがgeneral education systemから排除をされないこと、そして自己の生活する地域において教育をうけること、さらに個人に必要な合理的配慮が提供されることとの方針が示されている。

権利条約のインクルーシブ教育の解釈がより具体的に示されている一般的意見第４号においては、以下の通り、「インテグレーション（統合）」と「インクルージョン」の違いを明確に認識すべきであるとしている。

統合は、障害のある人は既存の主流の教育機関の標準化された要件に適合できるという理解の下に、彼らをそのような機関に配置するプロセスである。インクルージョンには、対象となる年齢層のすべての生徒に、公正な参加型の学習体験と、彼らのニーズと選好に最も合致した環境を提供することに貢献するというビジョンを伴った、障壁を克服するための教育内容、指導方法、アプローチ、組織体制及び方略の変更と修正を具体化した制度改革のプロセスが含まれる。たとえば組織、カリキュラム及び指導・学習方略などの構造的な変更を伴わずに障害のある生徒を通常学級に配置することは、インクルージョンにならない▼2。（傍線筆者）

既存の学校教育システムを変革しないまま、障害のある子どもを通常の学級に配置し、学校教育システムに適応させるのは「統合」であり、インクルーシブ教育ではない。権利条約におけるインクルーシブ教育においても、前述したユネスコの定義と同様に、通常の学校そのものを多様な子どもがいることを前提に変革をすることを必須としており、自己の生活する地域の学校において合理的配慮を提供するべきという方針である。

②子どもの権利とインクルーシブ教育

国連の子どもの権利委員会と障害者権利委員会は、２０２２年３月に障害のある子どもの権利について共同声明を出している。インクルーシブ教育については以下のように記述されている（傍線著者）。

9．委員会は、質の高いインクルーシブ教育には、同じ一般的な教育システム（same general education system）において、すべての子どもが平等な条件で教育を受け、教育システムをそれぞれの子どもの多様な教育要件、能力、可能性、選好に適応させることが必要であることを強調する。委員会はまた、質の高いインクルーシブ教育を受ける権利は、主流教育制度（mainstream education system）と特別／分離教育制度という二つの教育制度を維持することとは両立しないことを再確認する。早期介入、利用しやすい学習環境、個別支援は、インクルーシブ教育を確保するために、教育課程のすべての段階で提供されなければならない。委員会は締約国に対し、すべての障害のある子どもたちが、合理的配慮の否定を含む差別を受けることなく、平等な機会に基づいて教育を受ける権利を実現できることを保証するよう強く求める▼3。

本共同声明においても、インクルーシブ教育は、general education system▼4を障害のある子どもも含む子どもの多様性に適応させる必要性があると明記されている。そのためには、主流の教育システムと特別な教育システムの二つの制度を維持するのではなく、一つの教育システムにおいて、必要な合理的配慮や個別支援が提供される必要がある。

インクルーシブ教育は「共に学ぶ」という手段ではなく、すべての子どもが差別を受けることなく、教育を受ける権利を保障するためのシステムなのである。言い換えると、すべての子どもの教育を受ける権利を保障するためには、インクルーシブ教育は必須である。

(3) なぜインクルーシブ教育が必要か

前述の通り、マイノリティ性のある子どもも含め、すべての子どもが教育を受ける当たり前の権利を保障するために、インクルーシブ教育は必要である。本来であれば教育を受ける権利は誰にでも等しくあるはずだが、障害などのマイノリティ性があるがゆえに自宅近隣の学校に行く権利が保障されていない状態、また、自宅近隣の学校に在籍したとしても、他の子が当たり前に得ている教育を受ける権利が保障されていない状態があり、これをなくす必要がある。

インクルーシブ教育が必要なもう一つの理由は、多様な人がいることを前提とした差別のないインクルーシブな社会をつくるためである。障害のある人と日常的に接する機会がなかったり、自らの生活している場所がマイノリティ性のある人がいることを前提とせずに設計されたりする、排除が起こっている環境で育った子どもは大人になるとどうなるだろうか。

障害のある人の施設を建設することに地域住民が反対する「施設コンフリクト」の研究をしている野村恭代氏の調査結果によると、日本は、精神障害者施設・事業所が自宅の隣に建設されることに賛成する人は22・6％であり、「どちらともいえない」が45・1％、「反対」が32・3％であったという。他国と比べると、例えば賛成する人はスウェーデンで44・6％、アメリカで45・4％、中国で28・7％、インドで61・6％と日本が一番低い▼5。さらに、障害のある人との関わりについての調査では、日本においては障害のある人と関わったことがない人が51・9％と多い。「差別はダメ」と学校で学ぶにもかかわらず、障害のある人の施設が自宅の隣に建設されることに反対するのは、障害のある人と日常的に接する機会がなかったからではないだろうか。あるいは、障害のある人と共に過ごす機会があったとしても、必要な合理的配慮が提供されず、障害のある人が排除されている状態や不可視化されている状態を目の当たりにしていたら、排除することが当たり前になってしまうかもしれない。

社会の建物や商品、制度、文化などは学校同様、マジョリティを中心につくられている。その理由には、そもそもマイノリティ当事者が意思決定をする立場にいないことや、今意思決定をする立場にいる人がマイノリティ性のある人がいることを想定していないことにあるであろう。差別をしているつもりがなくとも、商品をつくる時、制度をつくる時、番組をつくる時に、マイノリティ性のある人が利用者や消費者にいることは想定されづらい。本来は同じ地域に障害のある人が住んでいるにもかかわらず、学ぶ場が分けられていることにより、日常的に接する機会がなければ、利用者や消費者に障害のある人がいることが想定できないのは当然であろう。さらに、障害のある人もない人も社会においては共に働き、共に地域で過ごすことを考えると、子どもの時から日常的に接する機会は必須であろう。

インクルーシブ教育はすべての子どもの教育を受ける権利を保障するために必要であるとともに、差別のないインクルーシブな社会をつくるためにも必要である。

(4) 子どもの合理的配慮の意見表明権

インクルーシブ教育には合理的配慮の提供が必須である。「合理的配慮（reasonable accommodation）」の提供とは、「障害のある人から『社会の中にあるバリア（障壁）を取り除くために何らかの対応が必要』との意思が伝えられた時に、行政機関等や事業者が、負担が重すぎない範囲で必要かつ合理的な対応を行うこと」[6]である。「社会の中にあるバリア」とは、社会が非障害者を中心にできているがゆえに生じる社会的障壁を指す。西倉（2016）によると、社会的障壁とは、建築構造や法律の不備だけでなく、非障害者を中心に形成された社会の支配的価値観や慣習行動なども含む幅広い概念である[7]。例えば車椅子ユーザーがいることを前提につくられていない建物における段差や、視覚障害のある人が使うことが前提となっていない公共トイレの洗浄センサーなどの物理的な障壁もあれば、障害を理由に地域の学校に通えないなどの制度的な障壁、聴覚障害のある人がいることが前提となっておらず契約の解約が電話でしかできないなどの慣行や文化、そして「障害のある人はかわいそう」などといった偏見や無知などの観念の障壁、など社会的障壁にはありとあらゆる障壁が含まれる。個々の障害の状態や程度によってもどのくらい障壁があるかは異なる。

このような社会的障壁を解消するための仕組みが「合理的配慮」である。合理的配慮は社会的障壁が生じている障害のある人の権利である。例えば手話が第一言語の人は、手話で話す人が利用することが前提となっていない役所の窓口において、情報の伝達が困難であるという社会的障壁が生じる。この社会的障壁を解消するために、役所の窓口において手話通訳が必要であるという合理的配慮の意思表明が本人からあった時に、窓口は合理的配慮の提供をしなければならない。もし意思表明のあった合理的配慮が行政機関や事業者にとって過度な負担である場合は、その理由を説明し、代替案を検討する必要がある。例えば手話通訳をすぐに用意することが困難である場合、役所には手話通訳者が常駐しておらず、現段階では事前派遣が必要であることを伝え、手話通訳の代わりに筆談や音声認識が可能である、などの代替案を伝える。

ポイントは、合理的配慮を拒否することは差別にあたるということである。過度な負担である場合は前述のように代替案を検討する必要があり、過重な負担であるという合理的な説明なしに合理的配慮をただ拒否することは差別となる。日本においては２０１６年に施行された障害者差別解消法において合理的配慮の提供が行政機関には義務づけられ、２０２４年4月からは改正法により、民間事業者にも義務づけられた。

学校においても合理的配慮の提供は義務づけられている。前述の通り、学校も非障害者を中心につくられているため、さまざまな社会的障壁が存在する。社会的障壁を解消するために、子どもには合理的配慮の意思表明をする権利があるが、そのような権利があること自体を子どもも保護者も知らない場合が少なくない。また、子どもであり、さらに障害がある場合は、その子自身の意見がないがしろにされてしまうことが少なくない。

インクルーシブ教育においては、障害のある子どもの合理的配慮の意思表明権があることを踏まえ、子どもの声を聞き、一人ひとりにとっての学校における社会的障壁を解消し続ける必要がある。

2 日本のインクルーシブ教育の現状と課題

(1) 日本におけるインクルーシブ教育システム

日本の学校教育では、障害のある子どもと障害のない子どもが別の場で学ぶ形で発展してきた。子どもの障害の程度によって、特別支援学校、特別支援学級、そして通級による指導と場が分かれており、それぞれに応じて、教師の数や学ぶ内容が異なる。2007年には特殊教育から特別支援教育へと移行し、通級による指導を利用していない、通常の学級における特別な教育的支援を必要とする児童生徒に対しても特別な支援の対象となった。現行制度においては、特別支援教育は特別な場のみで実施するものではなく、通常の学級を含めすべての教育の場で実施するものであるが、通常の教育課程とは異なる教育内容を学ぶ、特別の教育課程を編成するためには、通級による指導の利用や特別支援学級に在籍する必要がある。

その後2014年の権利条約への批准を契機とし、日本は現在インクルーシブ教育システムの構築を目指している。2012年に文部科学省が発表した報告「共生社会の形成に向けたインクルーシブ教育システム構築のための特別支援教育の推進」[8](以下、2012報告)において、日本が目指すインクルーシブ教育システムの方針が示されている。本報告においては、インクルーシブ教育システムの定義として、権利条約の第24条を踏まえて「人間の多様性の尊重等の強化、障害者が精神的及び身体的な能力等を可能な最大限度まで発達させ、自由な社会に効果的に参加することを可能とするとの目的の下、障害のある者と障害のない者が共に学ぶ仕組みであり、障害のある者が「general education system」（署名時仮訳：教育制度一般）から排除されないこと、自己の生活する地域において初等中等教育の機会が与えられること、個人に必要な『合理的配慮』が提供される等が必要とされている」と定義がされている。

「General education system」は、「general education」が「通常の教育」と訳されるように、「通常の教育システム」と訳し、その中に特別支援学校は含まれないと解釈することもできる。一方で、外務省は本訳について、「条約第24条に規定する『general education system（教育制度一般）』の内容については、各国の教育行政により提供される公教育であること、また、特別支援学校等での教育も含まれるとの認識が条約の交渉過程において共有されていると理解している。したがって、『general education system』には特別支援学校が含まれると解される」との説明がなされており▼9、日本のインクルーシブ教育システムには特別支援学校も含まれていることを明示している。つまり、インクルーシブ教育システムは、原則誰もが通常の学校や通常の学級に在籍をするのではなく、共に学ぶことを目指しつつ、一方で特別支援学校などの特別な場を維持する形で、一人ひとりの教育的ニーズに応じた場を選択するという方針である。多様な学びの場を用意して、子どもの教育的ニーズに応えることができる場を選択することとされており、学ぶ場の決定については、保護者の意向を最大限尊重したうえで最終的に決定するのは教育委員会である。

このように、日本におけるインクルーシブ教育システムはこれまでの特別支援学校や特別支援学級を維持しつつ、障害のない子どもと障害のある子どもが可能な限り共に学ぶことを目指している。別の場で学んでいても「可能な限り共に学ぶ」を実現するために、「交流および共同学習」を実施することとなっている。交流及び共同学習では、特別支援学級や特別支援学校に通う障害のある子どもや地域の障害のある人と、通常の学級に在籍する障害のない子どもが共に学んだり交流をしたりする機会を教育課程の中に設ける。学習指導要領にも位置づけられ、どの学校でも実施することとされている。文部科学省が作成した「交流及び共同学習ガイド」においては、「幼稚園、小学校、中学校、義務教育学校、高等学校、中等教育学校及び特別支援学校等が行う、障害のある子供と障害のない子供、あるいは地域の障害のある人とが触れ合い、共に活動する交流及び共同学習は、障害のある子供にとっても、障害のない子供にとっても、経験を深め、社会性を養い、豊かな人間性を育むとともに、お互いを尊重し合う大切さを学ぶ機会となるなど、大きな意義を有するもの」と説明がされている。

２０１２報告においては、前述の方針の他に、通常の学級も含め、どの学びの場においても障害のある子どもがいることを前提とした基礎的環境整備と、必要に応じた合理的配慮を提供することや、教員の専門性を向上させることなどについても示されている。

以上のように、日本におけるインクルーシブ教育システムは、多様な学びの場を維持しつつ、共生社会の形成に向けて、「交流及び共同学習」をもって障害のある子どもと障害のない子どもが可能な限り共に学ぶことを目指している。

(2) 日本のインクルーシブ教育の現状と課題

①特別支援学校・特別支援学級在籍者数の増加

権利条約の批准を経て、共生社会の形成に向け、インクルーシブ教育システムを構築することで、障害のある子どもと障害のない子どもが可能な限り共に学ぶことを目指してきた一方で、特別支援学校や特別支援学級に在籍する児童生徒は年々増加し続けている。在籍者が増加した要因について文部科学省は「特別支援教育に関する保護者等の理解や認識の深まり」▼10であると説明している。一方で、保護者が地域の学校を望んでいるにもかかわらず、障害を理由に地域の通常の学校に通うことが拒否され、両親が県を訴訟したケースがある▼11。当該児童は、別の自治体に引っ越し、現在は地域の学校に通っている。このように、本人・保護者が地域の学校への在籍を望んでいたとしても、教育委員会が特別支援学校と判断したケースもあることに鑑みると、一概に「保護者の理解の深まり」だけが増加の要因ではないことが伺える。

熊地ら（2012）は全国の知的障害特別支援学校の45％に発達障害児が在籍していることを明らかにし、その要因としては、3分の1が学業不振・学習困難であり、学校生活での対人関係の不適応や不登校・引きこもり・いじめを合わせたものが3割を超えていたと報告している▼12。地域の学校において困難さが継続した結果、特別支援学校に在籍となったケースもあることがうかがえる。年々増加している不登校の子どもの要因についても、中学生本人への調査結果によると、「勉強がわからない」や「友達とうまくいかない」などの回答が約半数あり▼13、地域の学校において学習面や対人面で困難さがあった結果、不登校状態にある子どもが多く存在していることがわかる。さらに、令和4年に文部科学省「通常の学級に在籍する特別な教育的支援を必要とする児童生徒に関する調査結果」において、知的発達に遅れはないものの、学習面または行動面で著しい困難を示すとされた児童生徒は、小中学校に8・8％いることが報告されている▼14。

これらに鑑みると、特別支援学校、特別支援学級の在籍者数の増加や、不登校状態の子どもの増加の背景には、通常の学級において学習面や行動面における困難さがあると判断される子どもが増加していることがわかる。この状況は、通常の学級において学習面や行動面について十分な支援を受けることができていない、とも捉えられる。一般的意見第4号のインクルーシブ教育の定義を踏まえると、現在の通常の学級にはこのような困難さのある多様な子どもたちがいることを踏まえ、通常の学級における「組織、カリキュラム及び指導・学習方略などの構造的な変更」をしていく必要があるのではないだろうか。

さらに、現在のインクルーシブ教育システムにおいては、通常の学級に在籍する場合は、通常の教育課程に基づき学ぶ必要がある。通常の学級においても教育内容を変えずに合理的配慮を受けることは可能であるが、個々のニーズに応じた特別の教育課程を編成するためには、通級による指導の利用や特別支援学級に在籍する必要がある。例えば知的障害のある子どもについては、知的障害特別支援学級において、その子に合わせた教科の目標や手立てを設定し、個々のニーズに合った内容を学ぶことができる。一方で、知的障害のある子どもが通常の学級に在籍する場合は、通常の学級の子どもと同じ内容を学ばなければならない構造になっている。さらに、特別支援学級においては子どもの数は1クラスあたり8人、特別支援学校においては1クラスあたり上限6名で平均3名である（小中学部）。特別支援学級や特別支援学校に在籍したら、教師1人あたりの子どもの数は少なく、さらに個々のニーズに応じた教育内容を学べる一方、通常の学級に在籍したら教師1人あたりの子どもの人数は35～40人と多く、個々のニーズに応じた教育内容を学べない場合、保護者は通常の学級は選択しづらいのは当然ではないだろうか。このような構造も特別支援学校や特別支援学級の在籍者数の増加にはあるのではないだろうか。子どもや保護者からすると、「地域の学校の通常の学級に在籍することを選択してもよいが、個々のニーズに応じた内容は学べない、また、教師の数も少ないから支援が行き届かない」という状態は、選択肢があるようでない。子どもの権利の観点から見ても、地域の学校・通常の学級に在籍する権利と、自分に必要な学びを得る権利がトレードオフになってしまう状況は改善しなければならない。

②限定的な交流及び共同学習

特別支援学校や特別支援学級に在籍する児童生徒が増加している一方、日本の方針では「交流及び共同学習」の実施を通して「可能な限り共に学ぶ」ことを目指すことで、共生社会の形成につながるとしているが、どの程度交流及び共同学習は実施されているのだろうか。２０１７年の交流および共同学習に関する文部科学省の調査結果▼15によると、特別支援学校と通常の学校で学校間交流をしている学校は２〜３割、居住地校交流をしている学校は小中学校で２〜４割、高校では４％のみが実施している。さらに、学校間交流をしている学校の交流の回数は、年２〜３回のみが一番多い。また、特別支援学級と通常の学級の交流および共同学習の状況としては、小中学校において実施している学校が８割であったが、実施していない学校も２割あった。特別支援学校と交流している小中高校は半数にも満たない状況、そして頻度としても年に２〜３回のみという状況は非常に限定的である。このような限定的な交流及び共同学習では、共生社会の形成は難しいのではないだろうか。地域社会の中で、多様な人が共に働き、共に過ごすためには、子どもの頃から日常的に関わることが必要なのではないだろうか。

このように、現在の日本のインクルーシブ教育システムは、「可能な限り共に学ぶ」ことを目指している一方、特別支援学校や特別支援学級の在籍者数が増加し続けており、交流及び共同学習の機会も限定的である。その背景には、地域の学校・通常の学級と特別支援学級・特別支援学校では学べる内容や人的資源が異なる構造があり、子どもが地域の学校・通常の学級に在籍する権利とその子に必要な学びを得る権利がトレードオフになってしまっている状況がある。

(3) 国連からの勧告

2022年9月に日本政府は権利条約について国連から勧告を受けた。勧告の内容を以下に一部抜粋する(傍線著者)。

(a)国の教育政策、法律及び行政上の取り決めの中で、分離特別教育を終わらせることを目的とし、障害のある子どもがインクルーシブ教育を受ける権利を認識すること。また、特定の目標、期間及び十分な予算を伴い、あらゆる教育レベルにおいてすべての障害のある児童/生徒が合理的配慮及び必要とする個別化された支援を提供されることを確保するために、質の高いインクルーシブ教育に関する国の行動計画を採択すること。

(b)すべての障害のある子どもに対して通常の学校へのアクセシビリティを確保すること。また、通常の学校による、障害のある児童/生徒の通常の学校への通学拒否が禁止されていることを確保するための「非拒否」条項及び政策を策定すること、及び特別学級に関する政府の通知を撤回すること。

(c)すべての障害のある子どもに対して、個別の教育要件に見合う合理的配慮を保障し、インクルーシブ教育を確保すること。

(d)通常の学校の教員及び教員以外の教育職員に、インクルーシブ教育に関する研修を確保し、障害の人権モデルに関する意識を向上させること。

障害のある子どものインクルーシブ教育を受ける権利を保障するために予算を伴う国家計画を策定することや、

障害のある子どもが通常の学校に在籍することを拒否できない政策を策定することが含まれており、現状の日本のインクルーシブ教育システムを大きく改善していく必要があることが示唆されている。

この勧告に対して、当時の永岡文部科学大臣は、「これまでの文部科学省では、このインクルーシブ教育システムの実現に向け、障害のある子供と障害のない子供が可能な限り共に過ごす条件整備と、一人ひとりの教育的ニーズに応じた学びの場の整備を両輪として取り組んできた」とし、「現在は多様な学びの場において行われます特別支援教育を中止することは考えてはないが、勧告の趣旨も踏まえて、通級による指導の担当教員の基礎定数化の着実な実施などを通じて、インクルーシブ教育システムの推進に努める」と会見にて発言しており、これまでの日本のインクルーシブ教育システムの方針は変えないとしている。

(4) 今後の方向性

国連から勧告を受けた年に開催され、筆者も委員として参加した文部科学省「通常の学級における障害のある児童生徒の支援の在り方に関する検討会議」の報告(２０２３年３月)においては、今後のインクルーシブ教育システムの方向性が大きく四点示されている。一点目は校内支援体制の充実、二点目は通級による指導の充実、三点目は特別支援学校のセンター的機能の充実、そして四点目がインクルーシブな学校運営モデルの創設である。

一点目の校内支援体制については、通常の学級において多様な子どもがいることを前提とした授業づくりや学級経営をすることが求められ、「通常の学級の中でできうる方策を十分に検討した上で、自立活動など特別の教育課程が編成できる通級による指導や特別支援学級の必要性を検討していくという段階的な検討のプロセスが大切である」と記述されている。通常の学級そのものを多様な子どもがいることを前提としたものに変革していくことが求められている。

また、四点目の「インクルーシブな学校運営モデルの創設」においては、前記にあげた課題の解決にもつながる新たな取り組みについて示されている。このモデルにおいては「障害のある児童生徒と障害のない児童生徒が交流及び共同学習を発展的に進め、一緒に教育を受ける状況と、柔軟な教育課程および指導体制の実現を目指し、特別支援学校を含めた2校以上で連携しそれぞれの学校が有する教育効果を高めあいながら取り組もうとする教育委員会及び学校をモデル事業として支援することにより、一つの新たな可能性を示すべき」と記載されている。「地域の学校に通う権利」と「個々のニーズに応じた内容を学ぶ権利」を両立させるためには、通常の学級においても柔軟に個々のニーズに応じたカリキュラム編成を可能にしたり、通常の学級における指導体制を見直したりする必要がある。「インクルーシブな学校運営モデル」においては、特別支援学校と地域の小中高等学校のいずれかを共に運営することにより、教職員や子どもたちが柔軟に学校間を行き来することを通して、障害のある子どもとない子どもが共に学ぶために必要な教育課程のあり方や指導体制を明らかにすることができる。また、「特別支援学校でしか得られない」とされてきた支援を通常の学校でも当たり前に得ることができるための方法も明らかになることを期待したい。

おわりに

以上、インクルーシブ教育の定義の確認、日本におけるインクルーシブ教育システムの現状と課題、さらに今後の方針について整理をしてきた。

インクルーシブ教育は障害のある子どもも含めたすべての子どもの権利を保障するため、そして差別のないインクルーシブな社会を形成するために必要である。現行の日本のインクルーシブ教育システムは構造的に地域の学校に行く権利と個々のニーズに応じて学ぶ権利がトレードオフになっており、結果、特別支援学級や特別支援学校などを選ばざるを得ない状況がある。交流および共同学習の実施校や頻度も少なく、年に数回特別支援学校と通常の学校の子どもたちが交流するのみでは、日本が目指している「共生社会の形成」は難しい。「インクルーシブな学校運営モデル」により、障害のある子どもと障害のない子どもが共に学ぶための知見が蓄積され、全国に広まることが期待される。

また、冒頭に記載した通り、インクルーシブ教育では障害のある子どものみでなく、さまざまなマイノリティ性のある子どもがいることを前提として通常の教育システムに変革していくことが求められる。「通常の学級」の枠組みに乗れない「特別支援教育対象の子ども」や「不登校状態の子ども」であれば「個々のニーズに応じた支援が得られる」のではなく、どの子であっても個々のニーズに応じた支援が得られるように通常の学級自体の学級経営や授業づくりのあり方を変えていかなければならない。「個別最適な学びと協働的な学び」が推進される中で、多くの公立学校がこれまでの伝統的な「誰もが同じペースで同じ内容を同じ方法で学ぶ」授業スタイルから脱却しつつある。現行の制度内でできること、現行の制度を超えないとできないことを整理し、制度改革というマクロな視点と現場でできる実践の積み重ねというミクロな視点の両方でインクルーシブ教育を推進していきたい。

いずれの課題を解決していくうえで最も重要な点は、子ども自身の意見を反映することである。マイノリティ性のある子どものみでなく、すべての子どもがどのようになにを学びたいか、学校はどうあったらいいか、意見表明をする権利を持っている。自分自身が学ぶ場はどのような場であったらいいのか、多様な子どもたちが自らの意見を表明し、対話をしながら学校という場のありようを検討する機会をつくっていくことこそが、インクルーシブな社会にもつながるのではないだろうか。

注――

1 UNESCO(2005)Guidelines for inclusion: ensuring access to education for all. https://unesdoc.unesco.org/ark:/48223/pf0000140224（２０２３年12月18日参照）
2 仮訳：石川ミカ・日本障害者リハビリテーション協会、監訳：長瀬修（2016）「障害者権利委員会　インクルーシブ教育を受ける権利に関する一般的意見第４号」ＤＩＮＦホームページより
3 UN Committee on the Rights of the Child and Committee on the Rights of Children with Disabilities(2022)Joint Statement The rights of children with disabilities.
4 General education system の訳については69頁に解説をしている。ここにおいては原語のままとする。
5 野口晃菜（2021）「『差別はよくないけれど、障害者施設建設には反対』――『施設コンフリクト』をどう乗り越えるか。」Yahooニュース　https://news.yahoo.co.jp/expert/articles/413a5e2005eb83941409627 6ace1ea3f63d94dec
6 内閣府（2023）「障害者差別解消法に基づく基本方針の改定」https://www.cao.go.jp/press/new_wave/20230331_00008.html
7 西倉実季（2016）「合理的配慮をめぐるジレンマ」川島聡・飯野由里子・西倉実季・星加良司『合理的配慮――対話を開く、対話が拓く』有斐閣
8 文部科学省（2012）「共生社会の形成に向けたインクルーシブ教育システム構築のための特別支援教育の推進（報告）」
9 文部科学省（2010）「特別支援教育の在り方に関する特別委員会（第５回）配付資料」https://www.mext.go.jp/b_menu/shingi/chukyo/chukyo3/044/attach/1298633.htm
10 文部科学省（2023）「通常の学級に在籍する障害のある児童生徒への支援の在り方に関する検討会議」報告

11　川崎障害児就学訴訟
12　熊地需・佐藤圭吾・斎藤孝・武田篤（2012）「特別支援学校に在籍する知的発達に遅れのない発達障害児の現状と課題――全国知的障害特別支援学校のアンケート調査から」『秋田大学教育文化学部研究紀要』67、pp.9-22
13　日本財団（2018）「不登校傾向にある子どもの実態調査」
14　文部科学省（2022）「通常の学級に在籍する特別な教育的支援を必要とする児童生徒に関する調査結果（令和4年）について」
15　文部科学省（2017）「障害のある児童生徒との交流及び共同学習等実施状況調査結果」

第4章

「外国籍児童生徒」から「外国ルーツの子ども」の支援へ

「こども基本法」を実質的なものとするために

清水睦美

1 はじめに——こども基本法の意義

国籍が日本ではない外国籍児童生徒の教育を受ける権利は、長らく保障されてこなかった。根拠は日本国憲法第26条であり、条文の主語が「国民」となっていることから、国籍が日本であるものに対する保障であると解釈されてきたからである。こうした解釈のもと、最も不利益を被ったのは在日朝鮮人である。1952年4月のサンフランシスコ講和条約の発効に伴い、選択の余地なく日本国籍を喪失することになった在日朝鮮人には、就学義務が適用されなくなった。こうした状況が多少なりとも改善されたのが1965年で、「日韓法的地位協定」の締結により、日本国籍者が享受する権利に準じる権利を保障するべく「妥当な考慮を払う」ことが約束されることになる。そして、その後の30年、この約束を根拠として、外国籍児童生徒が日本の学校に通うことになったのである。かれらの教育を受ける権利が「恩恵」と言われる所以は、ここにある。

こうした状況から法的に脱したのは1994年「子ども（児童）の権利条約」の署名である。その第2条には「締約国は、その管轄の下にある児童に対し、児童又はその父母若しくは法定保護者の人種、皮膚の色、性、言語、宗教、政治的意見その他の意見、国民的、種族的若しくは社会的出身、財産、心身障害、出生又は他の地位にかかわらず、いかなる差別もなしにこの条約に定める権利を尊重し、及び確保する。」（政府訳）とあることから、これまでの外国籍児童生徒の教育を受ける権利の保障の不十分さを問い直す契機を持つものであった。しかし、残念ながら、本条約の発効による教育関係の法改正は必要ないというのが当時の政府見解であった▼1。そして、国籍が日本ではない外国籍児童生徒の教育を受ける権利は、国内法に位置づけられないまま、その後再び

30年近くが過ぎようとしていたのである。

しかし、2022年状況は大きく変わった。それは、こども家庭庁の設置にあわせて「こども基本法」が公布されたことである。注目すべきは、その第1条に「次代の社会を担う全てのこども」を対象とすることが明記され、第3条の基本理念には、冒頭に「全てのこども」を掲げる条文が、次に示すように4項目並んだのである（傍線は筆者）。

①全てのこどもについて、個人として尊重され、その基本的人権が保障されるとともに、差別的取扱いを受けることがないようにすること。（第3条第1号）

②全てのこどもについて、適切に養育されること、その生活を保障されること、愛され保護されること、その健やかな成長及び発達並びにその自立が図られることその他の福祉に係る権利が等しく保障されるとともに、教育基本法の精神にのっとり教育を受ける機会が等しく与えられること。（第3条第2号）

③全てのこどもについて、その年齢及び発達の程度に応じて、自己に直接関係する全ての事項に関して意見を表明する機会及び多様な社会的活動に参画する機会が確保されること。（第3条第3号）

④全てのこどもについて、その年齢及び発達の程度に応じて、その意見が尊重され、その最善の利益が優先して考慮されること。（第3条第4号）

こうして戦後の長きにわたり、国内法に法的根拠を求めることの難しかった外国籍児童生徒の教育を受ける権利は、新しいステージでの検討を始めることができることになったわけである。しかし、法律ができたからといって、すぐに何かが変わるわけではなく、この条文を手がかりに、私たちは外国籍児童生徒にかかわるさまざまな課題を問い直し、こども基本法が目指すところに現実を近づけていかなければならない。

以下では、今後の展開を見通すために、「こども基本法」成立以前において、どのような排除の歴史があったのかを検討し、そうした中で外国籍児童生徒が、どのように周辺化されてきたかを明らかにしていく。それを通して「外国籍児童生徒」の問題が、国籍による問題に限定されているわけではなく、「外国ルーツの子ども」として対象化していくことの必要性、それに伴う支援のあり方を提示してみたい。

2 外国籍児童生徒の排除の歴史

本節では、制度的排除と「能力」理解による排除の二つの観点から、外国籍児童生徒の排除が重層的に積み上げられてきていることを確認したい。

(1) 制度的排除——教育を受ける権利の保障の問題

広く知られているとおり、小・中学校段階での就学義務が外国籍に適用されていないことを受けて、外国籍児童生徒の不就学の問題は深刻である（佐久間 2006）。なぜならば、前述のように、外国籍児童生徒の教育を受ける権利が「恩恵」であることを根拠に、日本国籍児童生徒の義務教育対応とは異なり、「規律に従わなければ退学する」といった趣旨の誓約書を書かされたりしてきているからである。筆者自身も、1999年3月に神奈川県内のある中学校でフィールドワークの依頼をした際に、当時の校長より「皆さんも法令に関してはご存じだと思いますが、日本の学校には、外国籍生徒を受け入れる義務は法律上ありませんから、学校の方針に従えない生徒については、ご遠慮いただいて結構だと考えています」と言われ大変驚いたことがあるが（清水 2006, p.3）、「恩恵」とされていることは、実際の現場で、このような形になって表れていたのである。

こうした実態を重く受け止めたのは、南米系の外国人居住者の多い13自治体で組織された外国人都市集住会議であり、２００１年に外国人の子どもの不就学の深刻な実態を調査し、それに基づいた提言をし、以後も継続的に実態と向きあう施策の検討が行われてきている▼2。

このような動きを受けて、文部科学省も２００７年に「初等中等教育における外国人児童生徒教育の充実のための検討会」を設置し動き出した。翌年提出された「外国人児童生徒教育の充実方策について（報告）」では、「国際人権規約」等の規定を踏まえて、外国籍児童生徒の「教育を受ける権利」を保障していく方針が明確に提示された。さらに、適切な就学支援を行うために必要不可欠な要件として、かれらの就学状況について、継続的に把握する必要性も提示された（文部科学省 2008）。しかし、残念ながら、その後の継続的な状況把握は行われなかった。

このような停滞状況が動いたのは、それからおよそ10年後の２０１９年５月である。文科省は「外国人の子供の就学状況調査」を行い、就学していない可能性がある、または就学状況が確認できない学齢相当の子どもの数が１万９４７１人にのぼることを明らかにしたのである（文部科学省 2020）。この調査が行われた背景には、「義務教育の段階における普通教育に相当する機会の確保等に関する法律」（略称：教育機会確保法）の２０１６年成立が大きい。というのも、本法律の基本理念の第三条４項には、以下の条文が盛り込まれたからである（傍線筆者）。

義務教育の段階における普通教育に相当する教育を十分に受けていない者の意思を十分に尊重しつつ、その年齢又は国籍その他の置かれている事情にかかわりなく、その能力に応じた教育を受ける機会が確保されるようにするとともに、その者が、その教育を通じて、社会において自立的に生きる基礎を培い、豊かな人生を送ることができるよう、その教育水準の維持向上が図られるようにすること。

加えて、２０２０年８月11日には、日本学術会議地域研究委員会の多文化共生分科会が「外国人の子どもの教育を受ける権利と修学の保障――公立学校の「入口」から「出口」まで」という提言をまとめ、外国籍児童生徒の教育を受ける権利の保障が十分でないことを明らかにしていったのである。こうして迎えたのが、冒頭でも示した２０２２年６月の「こども基本法」の成立である。長らく「制度的排除」によって、「恩恵」とされてきた外国籍児童生徒の教育を受ける権利が、日本国籍の児童生徒と同様に認められることになったわけである。

しかしながら、これをもってかれらをめぐる問題が解決するわけではない。なぜならば、教育を受ける権利の保障の入口の扉は開いたとしても、その先ですぐに、日本の学校教育における「能力」理解による排除の問題が立ちはだかるからである。

（2）「能力」理解による排除――「能力に応じて」の意味するところ

この問題を検討するにあたり、日本国憲法において教育を受ける権利を保障しているとされる第26条をあらためて確認してみたい。

すべて国民は、法律の定めるところにより、その能力に応じて、ひとしく教育を受ける権利を有する。

ここで問題としたいのは、「その能力に応じて」という部分である。なぜならば、文言に従えば、「ひとしく教育を受ける権利を有する」のは、「能力に応じて」を前提とすることになるわけであるから、その「能力」がどのように把握されているのかを検討することは極めて重要であると考えるからである。

この条文と日本社会および学校教育における「能力」のとらえられ方を検討した本田（2020）によれば、教育の領域での人間の「望ましさ」に関する考え方は、「垂直的序列化」と「水平的画一化」という独特な組み合わせを特徴とするシステム構造のもとで普及拡大を遂げてきたという。「垂直的序列化」とは、相対的で一元的な「能力」に基づく選抜・選別・格付けを意味し、それは「能力」の絶対水準の高度化と上位への圧縮をもたらしつつ、その水準がどれほど上昇しようとも下位に位置づけられる層を生み出すシステムとして機能してきたという。また「水平的画一化」は、特定のふるまい方や考え方を全体に要請する圧力を意味し、それは、特定のふるまい方や考え方に対して1か0かの二値の性質を要請する性質ゆえに、少しでも1とならない存在に対して、それを0とみなして否定的に扱う力学を生み出してきたという。

この組み合わせにおいて、特に「能力」概念との関係が深いのが「垂直的序列化」である。その詳しい議論の過程は本田（2020, pp.89-124）に譲り、結論だけ引き取れば、１９６０年代には「学力」に関するテストによって習得度を測り、それを「能力」とみなす趨勢《すうせい》ができあがっていたという。中でも１９５６年から１９６６年まで文部省が実施した悉皆《しっかい》の「全国学力調査」は、当時の教職員組合の反対運動も相まって、日本社会に強烈なインパクトを与え、学力調査で好成績をあげるための準備教育や不正がひろがり、「テスト教育体制」とでも呼べる事態になっていったという。その先でこうした体制に拍車をかけたのが、高校普通科の拡充で、高校入試難易度と高卒後の進路（特に難関大学への進学率）に基づく「輪切り構造」である。そして、これを支えたのが、教育産業が実施する事前の模擬試験等の「入試偏差値」による合否予測である。さらに、１９７９年に導入された大学入試共通一次によってもそこに拍車がかかり、現在へと続く状況が生み出されたという。つまり、本項の冒頭の問いに立ち返れば、教育を受ける権利を保障する第26条に掲げられる「その能力に応じて」の解釈は、学力テストによって習得度を測り、それを「能力」とみなして、それに「応じて」いくことが学校教育における能力観の支配的な文脈になったと言えよう。

では、こうした解釈を、外国籍児童生徒の置かれた状況にひきつけた場合には、どのような結果をもたらすことになるのだろうか。まずは、「学力テスト」は、歴史的にみても「日本語」以外の言語が積極的に準備されてはこなかったわけであるから、そこには暗黙の前提として「（日本語による）学力テスト」が前提とされたと言えるだろう。次に、その修得度を測って、それを「能力」とみなすというわけであるから、日本語の使用が未熟であれば、能力がないとみなされるだろうことは容易に推察される。こうした仮説を提示すれば、「まさかそんな安易な解釈はしないだろう」と思われるかもしれない。しかしながら、実際には、この解釈どおりのことが、教育現場では支配的である。もう少し具体的に示そう。

学校に外国籍児童生徒が転入してくることになった場合、その子の状況把握に際して聞き取られるのは、日本語をどの程度使えるかということがほとんど唯一であり、それ以外のことが聞き取られることはあまりない。出身国はどこなのか、そこでどの程度教育を受けてきたのか、母語は何であるのか、親とのコミュニケーション言語は何であるのか等々、後に詳しく述べるが、かれらの教育を受ける権利を保障しようとするのであれば、聞き取るべき項目は相当量に及ぶのにもかかわらず、それが行われている教育現場は少ない[3]。ということは、裏を返せば、日本語を話せず理解できないことが学業上の最大の問題であり、十分な日本語能力を身につけることが学習活動にアクセスする要件で、それが問題を解決する唯一の方途だと考えられているということである。

確かに、それは「『(日本語による) 学力テスト』によって習得度を測り、それを『能力』とみなす」という前提から導き出される当然の帰結ではあろう。しかし、こうした場では、子どもたちが日本語以外に身につけている母語や母語能力は、無視されるか、否定的な評価しか与えられない。場合によっては、母語を話すことは日本語を話せないことを意味し、「家でも日本語を話すようにしてください」といった指導が、学校教員から保護者になされる場合も少なくない。このような教育方針は、母語能力を基礎としてその上に日本語能力を養成するのではなく、母語を除去して母語を日本語に置き換えることになっているのであり、「補償的言語教育」(太田 2000, pp.165-189) として長きにわたり批判されてきている。しかし、こうした批判が、教育現場に大きな影響を及ぼすことにはなっていない。

それどころか、近年際立ってきているのが、外国籍児童生徒が「発達障害」というカテゴリーに多く取り込まれるという問題である (金 2020)。この問題性は、既に清水・児島・家上 (2010, 2012) で指摘しているとおりであるが、「『(日本語による) 学力テスト』によって習得度を測り、それを『能力』とみなす」という文脈は、(後に詳しく述べる)「複数言語環境下」で育つ子どもたちの多くが経験する一時的であるかもしれないセミリンガル状態を、かれらの「能力」として固定化して排除することになっているのである[4]。これが稀なケースでないことは、2019年8月31日に毎日新聞が報じた「特別支援学級在籍率　外国籍児童生徒は通常の2倍　日本語できず知的障害と判断か」からもわかる▼5。

以上、本節では、制度的排除と「能力」理解による排除の二つの観点から、外国籍児童生徒の排除が重層的に積み上げられてきていることを確認してきた。これによって明らかになったことは、「こども基本法」によって、国籍による制度的排除がなくなったとしても、その先で、「『(日本語による) 学力テスト』によって習得度を測り、それを『能力』とみなす」という「能力」理解によってかれらは排除されることになっているということである。とすれば、私たちが対峙しなければならないのは、日本社会を規定している固定化された「能力」理解である。次節では、このような固定化された「能力」理解が、そもそもそれを共有しない子どもたちに何をもたらしているのかを明らかにしていきたい。

3　複数言語環境・複数文化環境のもとで育つ外国ルーツの子どもたちの固有性

本稿では、これまで「制度的排除」の問題を意識的に取り扱うために、対象を「外国籍児童生徒」として呼んで対象化してきた。しかしながら、冒頭で述べたように「こども基本法」の公布により「次代の社会を担うすべてのこども」が対象となり、事実上、国籍による区別は行われなくなったということになれば、「外国籍児童生徒」の課題は、「国籍」にこだわることなく、「外国ルーツの子ども」の課題として再設定される必要があるだろう。なぜならば、帰化や国際結婚等によって仮に国籍が日本であったとしても、親世代が日本とは異なる言語や文化に準拠して生活しているもとで成長する子どもたちは、「外国籍児童生徒」と同様の課題を抱えることになるからである。

本節では、「外国籍児童生徒」という呼び名から「国籍」の前提を外すことで、より広く「外国ルーツの子ども」として対象化して、かれらが日本社会で抱える／抱えさせられる課題を検討していきたい。

(1) 複数言語環境をめぐる問題

外国ルーツの子どもの環境として、日本ルーツの子どもと大きく異なるのは、かれらが複数言語環境下で成長していくということである。具体的には、学校で使われる言語は日本語、家庭で使われる言語は親の第一言語となり、学校と家庭で異なる言語を使いながら、(もう少し状況に則した表現をするならば)学校と家庭で異なる言語を使い分けながら、生活しているということである。さらに、両親が国際結婚である場合には、家庭で使われる言語が一つとは限らないから、家庭では二つの言語が混じりあっているような場合もある。あるいは、親世代がそもそも複数言語を混ぜて使用(ミキシング)をしている場合(例えば、フィリピン出身の親は、公用語であるフィリピノ語と英語をさまざまに組み合わせて使用する等)もあり、家庭で使われる言語が、確立した体系を持つ一つの言語に限られているわけでもないのである。

他方、日本の学校は、家庭での言語が日本語ではない子どもたちを想定したカリキュラム編成にはなっていないし、外国ルーツの子どもに関する配慮や支援も、複数言語環境を想定したものになっていない。日本の学校が想定しているのは、日本語モノリンガルな生活環境なのであり、翻れば、それが日本の学校教育にアクセスするための前提条件になっているのである。こうした前提条件は、前節で明らかにした「『(日本語による)学力テスト』によって習得度を測り、それを『能力』とみなす」という「能力」理解を前提としていれば、当然の帰結かもしれない。

ただし、さらにやっかいなのは、「（日本語による）学力テスト」が、「（やさしい日本語による）学力テスト」とすることを許さない、よりハードルを上げるような前提に上書きされていることである。ましこ（2020）によれば、「（日本語による）学力」を測定するテストの背景にあるのは、「記述式でなければ学力は十分に判定できない」という理解に基づき、漢字表記で、鉛筆書き、何も参照せずに再現できるということが重要視されてきているというのである。確かに、漢字の「とめ・はね・はらい」が教科書と異なることで正答と認められなかったり、解答の趣旨が完全に理解できていても歴史的名辞を肉筆で書きだせなければ誤答として減点されたりなど、こうした類いの事例は、日本ルーツの子どもであっても経験として枚挙に暇がない。このように、「（日本語による）学力テスト」は、日本語を第一言語とするものにとっても、文化資本の多寡が大きく影響する結果になっており、「垂直的序列化」を機能させる要因となっているのである。

このような学校教育の支配的な文脈は、複数言語環境下におかれることにより日本語習得に時間がかかる外国ルーツの子どもに対して、「まずは日本語」「まずは漢字」といった対応として表れてくる。外国ルーツの子どもの学習支援の経験がある人であれば、漢字ドリルを手本にただひたすら漢字を書く子どもを見かけた経験が必ずあるだろう。こうした状況に違和感を覚え「この漢字、読める？」とたずねると大抵は元気に「〇〇！」と答える。そこに「意味は？」と尋ねると、「知らない！」とこれまたはっきり答える。「意味がわからないと、使えないよ？」といったことを尋ねれば「いいの。宿題が終われば」と返ってくることがほとんどであろう。そう、外国ルーツの子どもたちは、漢字の意味の修得が簡単でないこと、たとえそれを頑張ってやったとしても評価されることはない（できて当たり前のことであるから）等々を、普段の学校での経験からいやというほど理解しているのである。だから、とりあえず「宿題終わっていないって叱られないために、ひたすら書く」のである。日本の学校では、書いてさえあれば、それがわかっていようがいまいが、そのことを問題とする教師は極めて少ない。中身はともかく、形だけ終わっていることが、日本の学校では大事なのだとかれらは理解しているのである。だから、外国ルーツの子どもは、とても「わかったふり」がうまいのである。ただし、こうした「ふり」は、「（日本語による）学力テスト」によって習得度が測られる場面で、暴露されることになる。こうした際に、日本の学校の教師たちから聞かれるのは、「やっぱり、わかっていなかったのね」「わかっているふりをしているから」といった類いのリアクションで、そうなることは教師たちにわかっていたはずなのに、そうした結果を招いたのは、外国ルーツの子どもの責任であるという理解なのである。

このように複数言語環境下にある外国ルーツの子どもは、日本ルーツの子どもでも難易度の高いと感じる書記日本語の獲得（漢字表記で鉛筆書き、何も参照せずに再現できる）を求められ、適応できなければ、能力が低いとみなされているのである。そこには、日本の学校教育固有の「垂直的序列化」が働いており、「（日本語による）学力テスト」を、「（やさしい日本語による）学力テスト」に変更することを認めるような文脈は生起してこない。そもそも複数言語環境下で育つ子どもは、モノリンガル環境下で育つ場合と比較して、それぞれの言語獲得に時間がかかるのが当然である。しかし、そうした環境下の子どもに対して、異なる評価軸を持ち出すゆるやかさは、日本の学校にはないのである。

（2）複数文化環境をめぐる問題

外国ルーツの子どもが置かれる固有の環境要因としてもう一つ指摘できるのは、かれらは、複数文化環境下で生活しているということである。このことは、先の複数言語環境と密接に関連してはいるものの、相対的に独立した環境ととらえる必要がある。なぜならば、外国ルーツの子どもの中には、第二世代、第三世代ともなれば日本生まれの子どもも多く、幼少期から日本語に触れていることから、日本語を話すことや聞くことの技能はある程度身につけていて、いわゆる「社会生活言語」が使えるために、教科の学習を除けば、日本の学校に適応しているように見えるからである。しかし、かれらの家庭生活は、親世代が獲得している文化を背景として整えられているわけだから、日本の学校生活での「当たり前」は、かれらの家庭生活での「当たり前」とはズレている。外国ルーツの子どもは、このようなズレに伴う違和感を日常的に持っているわけだが、それをすくい上げるまなざしを日本の学校教育はほとんど持ち合わせていない。

こうした状況のもと、学校での「当たり前」と家庭での「当たり前」が異なっている外国ルーツの子どもは、そこから生じるさまざまなトラブルや葛藤に日々直面している。「粘土箱」を「弁当箱」と聞き間違えて、翌日親に作ってもらったお弁当を持っていってクラスのみんなに笑われたこと、親に渡しても読めない日本語のお便りの処理に困り、帰りに教室のごみ箱に捨てて帰ること（それが見つかって先生に叱られるが、親が読めないことを訴えても、対応してくれるわけではないこと）、クラス替えで1組から2組に替わったことを親に話したら突然たたかれたこと（後に親はクラス順が成績順と思っていて成績が下がったと勘違いしているとわかったが、それを伝えても「それはいいわけでしょ」と取り合ってもらえなかったこと）などなど、挙げだせば切りがなく、かれらの日常はトラブルや葛藤に満ちている。

このようなトラブルや葛藤は、異文化接触の場においては当然起こることである。そして、こうしたトラブルや葛藤は、異文化経験という文脈においては好意的に受けとめられるもので、それによって私たちは文化の多様性を知ることになる。しかしながら、日本の学校は、先にも述べた「垂直的序列化」という状況にあるため、上位の順位を効率よく獲得することが常に求められている。つまり、「垂直的序列化」という状況のもとでは、トラブルや葛藤は避けるべき（避けられるべき）要素なのである。

では、外国ルーツの子どもが、これを避けられるのかといえば、それは極めて困難である。なぜなら、葛藤やトラブルが、複数文化環境下から導かれる必然的な帰結であるから、避けようにも避けられないのである。そうした中でかれらが身につけていくのが、自らのルーツを否定的に捉えることである。「外国人でなければ、こんなことにはならない」「日本人になりたい…」等々である。こうして、外国ルーツの子どもは「自らのルーツを否定し、日本（日本人）をリスペクトとする」という心性に導かれるようになる。そして、このようなかれらの意識は、日本の学校では好意的に受け取られる。なぜなら、かれらが日本の学校に適応しようとして頑張るからである。まさに、これが先に触れた「水平的画一化」（＝特定のふるまい方や考え方を全体に要請する圧力）という状況であろう。

しかしながら、かれらが頑張ったからといって、トラブルや葛藤がなくなるわけではないから、実際にはこのトラブルや葛藤を見えにくくするような態度を身につけていくといったほうが正確である。前節の複数言語環境下でも触れたが、かれらの「わかったふり」は、学習指導に限ったことではなく、かれらの生活場面でも頻繁に見られることなのである。そして、生活面での「わかったふり」がうまく機能しなくなれば、かれらは学校への登校をしぶるようになっていく。

先にも示したように、2019年の「外国人の子供の就学状況調査」において2万人近い子どもが不就学になっているわけだが、学校に在籍していても登校できていない不登校児童生徒（2022年度調査で30万人近く）の中に外国籍児童生徒、もしくは外国ルーツの子どもが、どの程度の割合になっているかは明らかになっていないものの、日本ルーツの子どもと比較して高い割合になることは想像にかたくない。

他方、「自らのルーツを否定し、日本（日本人）をリスペクトする」という意識は、家庭での親子関係を一層複雑なものに導くことになる。なぜならば、「外国人でなければ…」という仮定は、親世代の否定であるから、それが親世代への抵抗や反発となり、家庭での親子のトラブルや葛藤を大きくする。難関大学への進学を手にした先で奨学金申請をしなければならなくなった時、その書類を「読めない」と訴えた親に対し「おまえ、親だろう」と怒鳴ったという経験を、とても苦しく語る外国籍青年に会ったことがあるが、その経験は、単なる親世代への抵抗や反発を超えた、子世代の複雑な葛藤を感じさせる。親もつらい。子もつらい。しかし、このつらさは親子で共有できるものではなく、親子はこのつらさによって隔てられているのである。ましてや、母国を離れた親世代の頑張りの結果として日本での今の生活があることを理解する子世代は、「外国人でなければ…」という形で親世代を否定することは、なかなか選択できる態度ではない。

(3) 低まる自己肯定感から導かれるアイデンティティの揺れ

このようにみてくると、外国ルーツの子どもが「頑張っても頑張ってもうまくいかない」と感じるのは、第一に、複数言語環境下で生活しているにもかかわらず、そうした環境で身につけたことへの配慮が何もないまま、

「（日本語による）学力テスト」に少しでも対応するために、「まずは日本語」「まずは漢字」といった対応を求められることに原因がある。そして、第二に、そこに重なるようにしてある複数文化環境下での生活に伴うトラブルや葛藤について、これもまた配慮されることなく、日本社会にスムーズに適応することを求められていることにも原因がある。こうした経験の積み重ねの中で、かれらは「外国にルーツがあること」というより、「日本にルーツがないこと」あるいは「ルーツが日本だけにないこと」を否定するようになる。言い換えれば、（それを意識しているかどうかは置いておくとしても）日本社会では「（純粋なネイティブ）日本人」であることが最も価値があることとして位置づけられているのである。

とはいえ、外国ルーツの子どもが「（純粋なネイティブ）日本人」になることはできない。もちろん、そのようになりきろうと懸命に試行錯誤するのではあろうが、それは極めて難しい。なぜならば、繰り返し述べるように、日本の学校には、「（日本語による）学力テスト」による「垂直的序列化」の圧力が働いており、それを成り立たせるために、特定のふるまい方や考え方を全体に要請する圧力が働いているわけだが、外国ルーツの子どもの置かれる複数言語と複数文化という環境は、いずれの圧力にも逆らうように働くからである。

「頑張っても頑張ってもうまくいかない」という感覚は、「頑張っても日本人にはなれない」という理解へと導かれていく。ここで「日本人にならなくてもいい」「日本人になる必要はない」「日本社会の閉鎖性こそが問題だ」と開き直れれば、日本社会の価値に取り込まれずに、その後を生きていく道筋が見えてくるのだが、開き直れずに「自分の何が悪いのか」という問いを立ててしまう子どもは、内向きになり、非常に不安定な様子で、その後の人生を生きていくことになる。

最近出会った外国ルーツの三十代の女性2人（幼少期の来日）は、ともに「アイデンティティが揺れている」

と訴えていた。そう訴えるかれらの過去を振り返る作業をともにすると、日本の学校や日本社会での「違い」に対する配慮のなさが、「アイデンティティの揺れ」とかれらが訴える根っこにあることに気づかされる。1人は、いじめられた理由を外国ルーツであることに見出し、それを目立たせないように振る舞うことに集中した結果、自分自身が何をしたいのか、何を大事にしたいのかが見えなくなるという経験の渦中にいた。もう1人は、前述のような子どもの経験を回避するために、親世代が帰化を申請し、それと同時に日本で一般的な姓名に変更し、加えて、そのように変更したことがわからないように、居住地も戦略的に変えている。このことにより、確かにいじめからは回避できたのだが、帰化と転校を境に、それ以前の自分と、それ以後の自分がつながっているようには思えず、日本名の自分は、「自分らしい」というより、別の誰かを作っているような感覚を覚えているという。

清水ほか（2022）では「移民第二世代の学校経験」のパートにおいて、かれらの学校における排除が、「他者化による疎外感」ないしは「同化への巻き込まれによる疎外感」という形で経験されていることを明らかにしたが、いずれにおいても「違い」に対する配慮が制度的に保障されていない結果として起きていることに間違いない。また、河村（2024）は、フィリピン系移民第二世代へのインタビューを通して、かれの排外主義的傾向は、小学校時代の排除の経験に端を発していること、加えてその排除の経験にはルーツが資源として使われていること、その両者が整う必要があると指摘している。

4　外国ルーツの子ども支援の行く先

繰り返し言及するように、「こども基本法」の公布によって、国籍による制度的排除がなくなったとしても、その先で「能力」理解による排除に直面することになる。この排除に対して、かれらへの支援は、どのような可能性に拓かれているのだろうか。

一つは、「垂直的序列化」状況にある日本の学校教育の構造は変わらないことを前提とし、この序列において下位に位置づかないように、外国ルーツの子どもたちに「(日本語による) 学力テスト」において少しでも得点がとれるように支援するというものである。この立場の場合、かれらが複数言語環境下で生活していることはハンディであるという理解のもとに、「日本で生活するのだから、日本語ができるようになることが最も大事なこと」という前提での支援となる。したがって、支援の形は「できるだけ日本語のシャワーを浴びさせてください」「家でも日本語を使ってください」といった親へのアドバイスとなっていくことになる。こうした支援においては、日本の学校の「(日本語による) 学力テスト」で習得度を測られる「能力」が、日本語モノリンガルを前提とした「能力」であることが疑われることはない。言い換えれば、複数言語環境下で育つ子どもたちの固有の言語獲得 (ミキシングやセミリンガルといったさまざまな状況をぐること) を、通過する必要のある大切な時期で、意味あるものとして取り上げることはない。しかしながら、こうした支援が、かれらの自己肯定感を高めることにはならないことは先にみたとおりである。そして管見のかぎり、外国ルーツの子ども支援の多くはこちらである。

もう一つは、前述のものとは全く異なる支援で、外国ルーツの子どもの生活が、複数言語環境のもとにあることを最大限に活かそうとする方向性を持ったものである。具体的には、子どもが「話す」こと「語る」ことを大切にし、その聞き手となる支援者を多く配置するような場づくりが行われているような支援である。こうした場で繰り広げられるのは、外国ルーツの子ども支援者も、共有できる何かを媒介として「対話」することであり、こうした中で子どもたちは日本語を獲得していく。言いたいことがあるがそれにふさわしい日本語の言葉がみつからずモゴモゴしている外国ルーツの子どもに対し、いろいろな言葉を繰り出しながら、子どもの納得の表情を引き出す「対話」の関係は、かれらが新しい言葉を獲得することに喜びが伴っていることを実感させる一コマである。こうした方向性のある支援では、家での使用言語として奨励されているのは、親の第一言語（母語）である。子育ての際には、親自身が最も使いやすい言語を使うのが自然だし、親子の情緒的な関係も、言葉に感情が伴う母語の方が適している。それは、親世代から子世代に相続される言語的資源でもあり、かれらのその後の生活の中で必要であったり、有効であったりする大事な資源となるかもしれないものである。

このような「複数言語環境」の維持を奨励する支援は、必然的に「複数文化環境」の維持へとつながっていく。それは、常に生じるトラブルや葛藤と向き合い、「対話」の形をとって交渉して乗り越えていくという営みだからである。言い換えれば、生じるトラブルや葛藤への対処は、異なる価値観を持つ者どうしが向き合い、話し合い、お互いにとって悪くない未来を作り出す交渉ということになる。もちろん、それは効率がよいものではないのかもしれない。しかし、そうであれば、少なくともかれらの自己肯定感が今ほど低くなることはないと思われる。

加えて、さらに重要なことは、後者の支援が目指しているのは、直接的には外国ルーツの子どもの生きやすさを支援するものではあるが、その先にほのみえているものがあるということである。それは、日本の学校の「垂直的序列化」と「水平的画一化」という独特の組み合わせのもとで平準化されてきた「能力」理解を瓦解し、異質であることの価値を認め、排除を可能な限り抑制する「水平的多様化」（本田 2022）による「能力」理解に基づいた学校教育システムである。それこそが「こども基本法」によって、その対象が「次代の社会を担うすべて全てのこども」としたことに通じていくと考えるのである。

注

1　1994（平成6）年5月20日に文部事務次官通知として発出された「『児童の権利に関する条約』について（通知）」には、「本条約の発効により、教育関係について特に法令等の改正に必要はないところでありますが」と記載されている。https://www.mext.go.jp/a_menu/kokusai/jidou/main4_a9.htm（2024年3月27日参照）

2　外国人集住都市会議ホームページ参照。https://www.shujutoshi.jp/（2024年3月23日参照）。2001年の提言は『外国人集住都市会議【浜松宣言】及び【提言】』https://www.shujutoshi.jp/siryo/pdf/20011019hamamatsu.pdf（2024年3月23日参照）

3　例えば、文部科学省は『外国人児童生徒受け入れの手引き』（2019年改訂）を刊行しているが、受入れの際の注意点などが示されているものの、受入れに際して、子どもから聞き取る必要のある情報については言及がない。他方、神奈川県大和市では、外国ルーツの子どもの問題への教員の接近の仕方を批判的に捉えるために全教員への質問紙調査を行ったうえで、それをもとに外国ルーツの子どもへの対応に関するセルフチェックの必要性を提案している（柿本ほか 2022）が、こうしたケースは稀である。

4　坪田（2018）は、セミリンガル状態にある子どもが「発達障害」として抽出されていく過程を詳細に明らかにしており、選別の過程が存在していることがわかる。

5　毎日新聞の2019年8月31日の記事より。https://mainichi.jp/articles/20190831/k00/00m/040/156000c（2024年3月27日参照）

引用・参考文献――

本田由紀（2020）『教育は何を評価してきたのか』岩波書店
柿本隆夫・篠原弘美・清水睦美・三浦綾希子・根岸佐織（2022）『外国ルーツの子どもへの教育活動に関する調査報告書――２０１９年実践力向上研修質問紙調査より』
河村優花（2024）「フィリピン系移民第二世代の日本社会への同化プロセス――なぜ排外主義にとりこまれていくのか」『人間研究』第60号、pp.15-27
金春喜（2020）『「発達障害」とされる外国人の子どもたち――フィリピンから来日したきょうだいをめぐる、10人の大人たちの語り』明石書店
ましこひでのり（2020）「現代日本における日本語・識字教育における再検討――無自覚な同化主義と排外主義という視座から」『部落解放』798、pp.12-20
文部科学省（2008）「外国人児童生徒教育の充実方策について（報告）」文部科学省ホームページ　https://www.mext.go.jp/b_menu/shingi/chousa/shotou/042/houkoku/08070301.htm（２０２４年3月23日参照）
文部科学省（2019）『外国人児童生徒受け入れの手引き（改訂版）』明石書店
文部科学省（2020）「外国人の子供の就学状況等調査結果について」文部科学省ホームページ　https://www.mext.go.jp/content/20200326-mxt_kyousei01-000006114_02.pdf（２０２４年3月23日参照）
日本学術会議（2020）「提言　外国人の子どもの教育を受ける権利と修学の保障――公立高校の『入口』から『出口』まで」日本学術会議ホームページ https://www.scj.go.jp/ja/info/kohyo/pdf/kohyo-24-t289-4.pdf（２０２４年5月11日参照）
太田晴雄（2000）『ニューカマーの子どもと日本の学校』国際書院
佐久間孝正（2006）『外国人の子どもの不就学――異文化に開かれた教育とは』勁草書房
清水睦美・児島明・角替弘規・額賀美紗子・三浦綾希子・坪田光平（2021）『日本社会の移民第二世代――エスニシティ間比較でとらえる「ニューカマー」の子どもたちの今』明石書店
清水睦美（2006）『ニューカマーの子どもたち――学校と家族の間の日常世界』勁草書房
清水睦美・児島明・家上幸子（2010）「特別支援教育とニューカマー児童生徒（前編）」『東京理科大学紀要教養編』43、pp.107-124
清水睦美・児島明・家上幸子（2010）「特別支援教育とニューカマー児童生徒（後編）」『東京理科大学紀要教養編』44、pp.265-281

坪田光平（2018）『外国人非集住地域のエスニック・コミュニティと多文化教育実践――フィリピン系ニューカマー親子のエスノグラフィー』東北大学出版会

第Ⅱ部

専門職による支援と連携

第5章

スクールロイヤーができること

子どもの権利の視点から

鬼澤秀昌

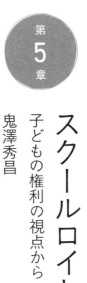

はじめに

「スクールロイヤー」という言葉が世間から注目を浴び始めたのは、文部科学省（以下、文科省）がいじめ防止等対策のためのスクールロイヤー活用に関する調査研究事業（以下、調査研究事業）を開始した2017年頃からと思われるが、執筆時点ではそこから6年以上が経過していることとなる。その後、文科省の施策も変化し、日本弁護士連合会（以下、日弁連）もさまざまな発信を行っている。また、スクールロイヤー以外にも、学校において子どもの権利の実現のためにさまざまな取り組みがされているが、それらとの比較をすることで、「スクールロイヤー」の特徴が明らかになると考えられる。

以上の状況を踏まえ、本章では、今までの文科省・日弁連の施策や他の制度との比較の観点から「スクールロイヤー」の特徴を確認し、そこから見えてくる論点を整理する（1節）。そして、特にスクールロイヤーと子どもの権利を考えるうえでの論点として「助言・アドバイザー業務」と「代理人業務」に関わる制度設計のあり方（2節）と、学校分野における法制度の形成においてスクールロイヤーが果たす役割（3節）の二つを提示し、検討する。最後にそれらの議論をまとめたうえで、残された今後の課題を述べたい（4節）。

以上の議論を通じて、「スクールロイヤーが子どもの権利の実現のために果たすべき役割は何か」という問いの現時点での答えを検討し、「子どもの権利」を社会全体で実現することの一助になればと考えている。なお、本章で述べる見解は、あくまでも筆者個人の見解であり、所属する組織を代表するものではない点につき、ご留意いただきたい。

1 「スクールロイヤー」と子どもの権利

(1) 文科省・日弁連の「スクールロイヤー」に係る施策から見える論点

スクールロイヤーをめぐる制度の変遷については、ここでは紙幅の都合上詳細は別稿▼1に譲るとして、「スクールロイヤー」の概念の違いについて、後に述べる論点に関連する部分に絞って説明をする。

文科省は、調査研究事業が2019年度に終了した後、2020年度以降は「教育行政に係る法務相談体制」という名称で、「自治体の法務全般に関与する顧問弁護士とは別に、教育行政に係る法務相談を行うことを目的に契約している弁護士」の配置を促進し、積極的に「スクールロイヤー」という言葉を使ってこなかった。しかし、文科省が発行している「教育行政に係る法務相談体制構築に向けた手引き　学校・教育委員会と弁護士のパートナーシップ　第2版」（以下、手引き）2頁では、「弁護士に依頼できること（業務内容）」として、①助言・アドバイザー業務、②代理・保護者との面談への同席等、③研修、④出張授業の四つをあげていること、「教育行政に係る法務相談体制の整備等に関する調査（令和4年度間）」2頁では「自治体の法務全般に関与する顧問弁護士とは別に、教育行政に係る法務相談を行うことを目的に契約している弁護士」である「専ら教育行政に関与する弁護士」を「いわゆるスクールロイヤー」（同2頁）と定義して「スクールロイヤー」という言葉を使用していること等からすれば、①助言・アドバイザー業務、②代理・保護者との面談への同席等のどちらを担うか否かについては区別せずに「スクールロイヤー」という言葉を使用しているようである。

他方、日弁連は２０１８年1月18日付「『スクールロイヤー』の整備を求める意見書」（以下、２０１８年意見書）において、スクールロイヤーを「学校で発生するさまざまな問題について、子どもの最善の利益を念頭に置きつつ、教育や福祉等の視点を取り入れながら、法的観点から継続的に学校に助言を行う弁護士」と定義している。ここでは当該「スクールロイヤー」は「あくまでも学校側からの依頼により内部的に助言・指導を行うものであって、学校側の代理人となって対外的な活動を行うものではない。」（4頁）としていた。ただし、日弁連においても、その後、『弁護士白書２０２３年版』（日本弁護士連合会 2024）で「スクールロイヤー等」という言葉も使い、代理人業務も含めてその調査結果を公表している。また、日弁連は、２０２４年3月14日付「教育行政に係る法務相談体制の普及に向けた意見書」（以下、２０２４年意見書）を発出した。同意見書は、２０１８年意見書で構築・整備を求めているスクールロイヤー制度をさらに普及し発展させることを前提に、（手引き2頁において記載の）「助言・アドバイザー業務又は代理・保護者との面談への同席等の業務を担う専ら教育行政に関与する弁護士」を同意見書において「スクールロイヤー」として定義し、手引き等において、専ら助言・アドバイザー業務を担う弁護士と、学校や教育委員会の代理人となり得る弁護士が、事案に応じて適切に対応できるよう体制の構築方法及び具体的な運用方法を明記するよう求めている。以上からすれば、日弁連も、学校に関わる弁護士のあり方について２０１８年意見書の姿勢は維持しつつも、代理・保護者との面談への同席等の業務も含めて広く議論の対象としようとしている状況である。

そうすると、文科省及び日弁連の施策においては「スクールロイヤー」という用語の内容については若干違いがあるものの、徐々に、助言・アドバイザー業務及び代理・保護者との面談への同席等の業務も含めて、学校と弁護士の関わり方全般について議論の対象としたうえで、そのあり方を検討する方向に収れんしていると言えるだろう。ただし、以上のような状況を踏まえ、本章では「スクールロイヤー」を「専ら教育行政に関与する弁護士」であって「助言アドバイザー業務」を担う弁護士（当該弁護士が代理人業務を担うか否かは問わない）として使うこととする。

(2) 代理人業務を担う弁護士の立場

ただし、手引きと2018年意見書では、スクールロイヤーのどの制度を「望ましい」とするのかについて若干スタンスが異なる。

手引きでは、助言・アドバイザー業務を担う弁護士が代理人業務を担う場合（以下、代理一貫型）も、他の弁護士が担う場合（以下、助言・アドバイザー型）も、選択的に提示している。具体的には、前者については「当該事案に関する情報の引継ぎ等が不要となり、一貫した対応が可能となることや教職員の負担軽減が図られる等のメリットもある」、後者については「各弁護士の役割がより明確となり、助言・アドバイザー業務における中立性をより徹底することにつながる」というメリットをそれぞれ提示することで、選択肢を示している形である。

他方、2018年意見書では、「学校側からの依頼により内部的に助言・指導を行う」スクールロイヤーは「学校側の代理人となって対外的な活動を行うものではない」と述べており、学説にもこれに賛同するものがある▼2。

したがって、手引きと、2018年意見書との関係で考えた時に、代理・保護者との面談への同席等の業務をどの立場の弁護士が担うべきなのか、という論点が残されている状況である。なお、2024年意見書は、2018年意見書で構築・整備を求めているスクールロイヤー制度をさらに普及し発展させることを前提としているため、この論点は2024年意見書が出された後も残っている。

(3) 支援者支援としての役割

子どもの権利の実現のためにスクールロイヤーの果たすべき役割を考えるうえでは、他の制度との役割分担も重要である。スクールロイヤーは、学校・教育委員会(私立・国立であれば学校法人・国立大学法人)に対するアドバイスをすることから、(子どもの支援者である教員という)「支援者支援」という特徴がある。

スクールロイヤーの中立性が強調される場合、問題解決のために子ども・保護者の立場を理解することの重要性に鑑み、スクールロイヤーは、子ども・保護者からも直接話を聞く制度として誤解されることがある。実際、調停員のような中立的な立場であれば、子ども・保護者から直接話を聞く業務をスクールロイヤーが担うことも理論的にはあり得るが、利益相反の観点から、そのような制度はほとんどない。

他方、そのような役割を果たす機関としては、子どもの権利救済機関[3]がある。教員の立場から見える視点には限界があることから、子どもからの声も直接聞くことができる点で子どもの権利救済機関は非常に有益である。ただし、この場合、学校、子ども及び保護者の双方から話を聞き、事実関係を整理したうえで、適切な方針を検討し、その方針についてさらに学校及び子ども・保護者の双方と調整をすることが求められる。そのような負担の大きさに鑑みると、一人あたり対応できる件数は自ずと制限されざるを得ない。また、子どもの権利救済機関における、子ども・保護者の訴えと、学校との関係を調整するという機能から考えると、子ども・保護者と直接的に見解が対立しない学校の運営上の問題等については議論の対象となりにくいうえ、学校生活以外の場面(児童相談所や家庭等)での子どもの権利救済の役割も果たすことを考えると、学校の運営上の問題が焦点となるケースはさらに少なくなると思われる。

以上の子どもの権利救済機関との比較で考えた時に、スクールロイヤーは、特に学校における問題について子どもの権利の観点から学校（教員という子どもの支援者）に対して法的助言をすることで、子どもの権利を実現するという役割が求められる。特に、学校制度は複雑で、膨大な数の法律が関わっており、また、教員の立場から現場の事象と法律を結びつけることは困難であることから、スクールロイヤーがその実態を正確に理解し、現場に関わる制度設計及び運用についてより議論を深めることが重要と思われる。ただし、今までそのような目的を果たす方法についての議論は十分されてきていないように思われる。

（4）検討の視点

以上の検討により、代理人業務をどの立場の弁護士が担うかという制度設計上の論点と、スクールロイヤーがその実態を正確に理解し現場に関わる法律及び制度運用についてより議論を深めるためにはどのような方法があるかという二つの論点が浮かんできた。

2018年意見書又は2024年意見書で述べたスクールロイヤーであれ、教育行政に係る法務相談体制であれ、双方が「子どもの最善の利益」の実現を目指している点においては共通している。これらの論点の検討にあたっては、特に、子どもの権利のうち、学校分野とかかわりが深い「教育基本法（平成十八年法律第百二十号）の精神にのっとり教育を受ける機会が等しく与えられること」（こども基本法第3条第2号、教育を受ける権利）、「全てのこどもについて、その年齢及び発達の程度に応じて、自己に直接関係する全ての事項に関して意見を表明する機会及び多様な社会的活動に参画する機会が確保されること」（同条第3号、意見表明権）の二つを中心に検討を進めることとする。

2　代理人業務をどの立場の弁護士が担うか

(1)　手引きの記載と2018年意見書

2018年意見書においては、「度を過ぎた違法な要求があるために学校側の代理人が保護者等と直接交渉する必要がある場合には、別の弁護士が教育委員会ないし学校法人から委任を受けて行うべきであり、通常は顧問弁護士が担当することが多いものと思われる。」（5頁）とあるのみであり、代理人業務としてのあり方について詳しく述べていない。他方、手引きでは、2022年3月に発行された第2版において「学校の特徴や教育の特性等を踏まえて学校・教育委員会と弁護士とで共通理解を図っておくべき事項」（以下、共通理解事項）が追加された。

手引きでは共通理解事項として、「子供には教育を受ける権利が保障されており、学校は当該権利を保障するための教育機関であることから、学校や教育委員会が子供・保護者と関係を断つことは原則としてできません」と述べており、これは教育を受ける権利を保障する観点で必要な視点である。

また、「法的な観点に加え、子供の全人的な発達・成長を保障するため、子供本人の発達特性や家庭の経済的・社会的環境等に配慮した対応を行う、問題の解決にあたって子供の意見をよく聴く機会を持つ等、教育的・福祉的な観点を踏まえた検討が必要」とも述べている。これらは「意見表明権」の保障の観点で必要な視点である。

そして、前記の視点は、弁護士が助言・アドバイザー業務を担う場合のみならず、代理・保護者との面談への同席等の業務を担う場合にも当然妥当する。これらの記載は、２０１８年意見書の思想にも通ずるものがあると思われ、実際２０２４年意見書でもその重要性を述べている。

そうだとすると、いずれの制度においても助言・アドバイザー業務を担う場合の視点は変わらず、いよいよ制度的な違いが少なくなってくるように思われる。そこで、最終的には、学校の設置者と弁護士の契約内容の問題であり、学校の設置者の制度選択の問題となることは承知しつつ、代理人業務をどの立場の弁護士が担うのが望ましいか、特に２０１８年意見書の妥当性について踏み込んで検討したい。

結論から述べれば、２０１８年意見書の利害関係の多様性以外の根拠については疑問を感じるが、チーム学校の一員として子どもの権利を実現するという意味では、助言・アドバイザー型の方が、若干優位だと考えられる。

（２）２０１８年意見書の根拠の検討

２０１８年意見書は、助言・アドバイザー型が望ましい理由として、紛争発生後の対応以前に、まず対立構造になる前の段階から対立を予防する視点で関与することが求められること（理由①）、「学校にかかる問題の関係者は極めた（ママ）多様な利害を持つ者で構成されており」「利害関係も千差万別であること」（理由②）、保護者との接触は教育活動の一環として行っていることから、スクールロイヤーが学校側の代理人として直接対応することは適切ではないこと（理由③）、さらに、学校側の代理人になって保護者と対峙する立場に立つことになれば、通っている子どもとの関係が混乱する（理由④）という四点をあげている。

ア　対立予防の観点

まず、「紛争発生後の対応以前に、まず対立構造になる前の段階から対立を予防する視点で関与することが求められること」（理由①）について検討する。しかし、いわゆる教育委員会の顧問弁護士のような代理一貫型であっても、紛争の初期段階で関与する場合には、対立を収束・予防させる方向で助言・アドバイスをすることは変わりがないと思われる。

特に、手引きに記載された共通理解事項にも、「教育機関である学校の特徴等を踏まえた対応」として「短期的な視点で」「むやみに対立したりすることは適切ではありません。」として同様の視点が提供されている。

確かに、代理一貫型において、将来の訴訟等も念頭に置き、情報提供等をより最小限にするという方向の助言もあり得るが、それはあくまでもスクールロイヤーの業務遂行のあり方または紛争のフェーズの問題であり、助言・アドバイザー型か、代理一貫型かという制度による違いではないと考えられる。

イ　利害関係の多様性の観点

また、2018年意見書において、学校にかかる問題の関係者は極めて多様な利害を持つ者で構成されていることも、助言・アドバイザー型とすべき理由としてあげられている。しかし、多様な利害を考慮することは、代理一貫型のスクールロイヤーが助言・アドバイザー業務を担う場合であっても当然必要であることを考えれば、この根拠が代理一貫型を否定する理由は必ずしも明確ではない。

ただ、例えば、教員による不適切と思われる対応について助言するために教員本人からも事情を聴く場合、将来的に当該教員自身が懲戒処分等の対象となり、利害が教員と学校とで対立する可能性もある。その時、将来的に自身にとって不利益な主張をする可能性があるスクールロイヤーに対してオープンに事情を話すことに躊躇する場合もあると考えられる。この点で、当該スクールロイヤーが代理人とならないことを明確にした方が、教員がより積極的に事情を話しやすくなるような場合もあると思われる。

また、スクールロイヤーが子どもの最善の利益を念頭に助言することを理由に、保護者やその代理人が面談との同席を当該スクールロイヤーに求めたりする場合もある。このような要望は、最終的に「代理人とならない」と明言していることが大きな理由になっていると考えられる。

以上のような意味で、スクールロイヤーを助言・アドバイザー型とすることは、スクールロイヤーが関与し関係を調整する機会を拡大することに資すると考えられ、理由②については、助言・アドバイザー型が望ましい理由となると考えられる。

ウ　教育活動の観点

保護者との接触は教育活動の一環として行っているから代理人業務をスクールロイヤーが担うのは適切ではないという理由（理由③）についても、原則論としては当然理解できる。しかし、形式的にこの原則論だけを徹底すれば、おおよそ学校現場においては弁護士が学校側の代理人として直接対応することが否定されることとなると思われるが、2018年意見書においても、「度を過ぎた違法な要求があるために学校側の代理人が保護者等と直接交渉する必要がある場合」には弁護士が代理人として活動する場合を認めている。

そうすると、理由③は、助言・アドバイザー型が望ましいとする十分な理由にはならないと考えられる。むしろ、理由③は、助言・アドバイザー型か、代理一貫型にかかわらず、弁護士が「学校側の代理人」として活動する場合に、教育活動も含めて全て代理することは理論的にも実務的にも困難であり、また、適切でないことから、代理をする範囲を一定の範囲に限定する必要がある理由となると思われる。

エ　通っている子どもとの関係の観点

また、「学校側の代理人になって保護者と対峙する立場に立つことになれば、通っている子どもとの関係が混乱する」（理由④）ことは、どの立場の弁護士が代理人業務を担う場合であっても変わらないと思われ、理由③と同様、形式的にこの原則論だけを徹底すれば、おおよそ学校現場においては弁護士が学校側の代理人として直接対応することが否定されることとなると思われる。

そうだとすれば、理由④についても、助言・アドバイザー型が望ましい理由というより、「学校側の代理人になって保護者と対峙する」ことに謙抑的であるべきことの理由となると考えられる。

オ　小括

以上の検討の結果、2018年意見書において助言・アドバイザー型が望ましいとする理由のうち、説得的なのは、利害関係の多様性の観点であることが分かった。この点は、助言・アドバイザー型とすることで代理一貫型より助言内容が適切になるという理由ではなく、関係者から見た当該スクールロイヤーの相手方のコミュニケーションに与える影響の問題である。

ただし、「相手方のコミュニケーションに与える影響」が関係者を超えて、世間的な印象にも影響する可能性がある。もし、「代理一貫型」であっても「子どもの最善の利益を目指す」ものであることの世間的な理解を得ることのハードルが高く、逆に、「助言・アドバイザー型」の方がその理念が受け入れられやすいのであれば、まずは、「助言・アドバイザー型」をスクールロイヤー制度としてその普及を目指すこともあり得ると考えられる。

(3) 助言・アドバイザー型の課題

ただし、助言・アドバイザー型にもさまざまな課題があり、その点も検討する必要がある。

ア　面談への同席等

助言・アドバイザー型において、保護者との面談への同席等が認められない場合、学校現場におけるトラブルの解決の手段が限定されてしまう可能性がある。この点については、2018年意見書でも必ずしも明確ではない。保護者との面談に同席する場合には、学校側の依頼に基づいて同席するのであれば、当然学校の代理人とならざるを得ず、「代理人業務を担わない」のであれば、保護者との面談への同席等もできないとの理屈も考えられる。しかし、仮にスクールロイヤーが学校の代理人でない立場であっても、直接保護者から話を聞いたうえで、その議論の調整をする立場もあり得る。むしろ、スクールロイヤーが保護者からも直接聞くことで、その要望の具体的内容を適切に把握し、関係修復のために的確な助言をすることができるとも考えられる。

そうであるとすれば、助言・アドバイザー型であっても、形式的に保護者との面談への同席等も否定する必要はないと考えられる。

イ　円滑な引継ぎの必要性

非常に限定的な場合ではあるものの、保護者等の要求があまりにも過剰・不当である場合、保護者等への対応について、面談への同席等のみでは不十分で、弁護士が代理人として当該紛争事案について窓口として対応せざるを得ない場面もあると考えられる。

この場合、助言・アドバイザー型の場合は、別の弁護士に対して代理人業務を依頼しなければならないことから、学校・教育委員会としては当該弁護士に対して依頼するまで時間的間隔が生じてしまうとともに、改めて事案の説明をしなければならず、その負担が大きくなることが懸念される。

この課題の解決策としては、代理人業務を別の弁護士に依頼する必要が生じた場合に、当該別の弁護士とスクールロイヤーとが一緒に相談を受ける期間を設けること等が考えられよう。これにより、情報共有の手間も省けるとともに、適切なタイミングで時機を逃さず代理人となることができると考えられる。ただし、このような実践はあまりなく、今後実践を踏まえてより改善を重ねていく必要があるだろう。

ウ　子どもの声の反映の方法

スクールロイヤーは、利益相反の危険があることから、相談を受けている事案について直接子ども・保護者の話を聞くことが難しい。しかし、筆者の実感では、スクールロイヤーとして学校に対して助言する事案と、子ども及び保護者の代理人として子どもの意見を直接聞き学校と交渉する事案はかなり学校の対応への感じ方が異なるように感じられる。そして、後者の経験を積むことで、学校としての適切なコミュニケーションのあり方についての感覚も磨かれる。

したがって、仮にスクールロイヤーとして助言する事案について児童生徒・保護者の話を直接聞くことは困難であるとしても、別事案において児童生徒の保護者の代理人としての業務や、児童生徒の相談に直接乗る業務等の経験を積むこと、さらに、講演の聴講等を通じて、児童生徒本人や保護者の声を知っておくことは、助言・アドバイザー型の業務において子どもの権利を実現するのに大いに役立つと思われる▼4。

エ　補足（独立性の観点の要否）

なお、スクールロイヤーの「独立性」が保障されていなければならないことを主張する学説がある▼5。もちろん、スクールロイヤーは学校・教育委員会に忖度して厳しい意見を言えなければ、子どもの最善の利益を実現することは困難であることから、このような指摘は有益であり、傾聴に値する。

ただ、弁護士は、弁護士自治が法律上認められており、また、弁護士が学校・教育委員会から助言・アドバイザー業務を受任していたとしても、弁護士の職務の性質上その信念に反する助言を強制されるような内容にはなっていないと思われる。

そうだとすると、「独立性」に関する議論の重要性を否定するものではないが、具体的な施策を考えるうえでは、現時点以上に「独立性」を目指すより、子どもの最善の利益を目指すうえで適切な対応なのかについて確信を持って助言できるようにする専門性の確保の方が重要と思われる。そのためには、スクールロイヤーが子ども・保護者の立場の話を聞く機会を持ったり、現場の教員との意見交換をしたりして対話を重ねること、子ども支援のＮＰＯや他の専門職との連携の中で、あるべき助言のあり方を検討し、さまざまな視点を獲得していくことが重要である▼6。

3　制度設計及び運用にスクールロイヤーが関与する方法

(1) 学校法務の状況

ここでは、スクールロイヤーが法律的な観点から、現場の制度設計や運用に関与し、子どもの権利を実現する方法について若干述べる。スクールロイヤーが支援者支援の観点から教員等を支援し、子どもの権利を実現するのであれば、教員がそのような対応を自らできるように法的な考え方を整理することも、スクールロイヤーの重要な役割である。

(2) 法を通じて「子どもの最善の利益」を実現する方法

ア　学校現場に関わる法的議論の課題

現場にスクールロイヤーが関わる以前は、教育現場における法的解釈が特に問題となるのは、訴訟となった場合、または、児童生徒及び保護者に弁護士が代理人として学校と交渉する場合であったと考えられる。また、いじめを例に考えれば、2013年のいじめ防止対策推進法制定まで「いじめ」については法制度までは設けられておらず、いじめについての法的議論は、国家賠償法または不法行為の成否の判断をした判例の研究が中心だったため、その要件論（過失や因果関係）を中心に展開されてきた。

以上のような状況であったことから、教員が現場で対応するうえでそのまま活用できる法的議論は行われにく

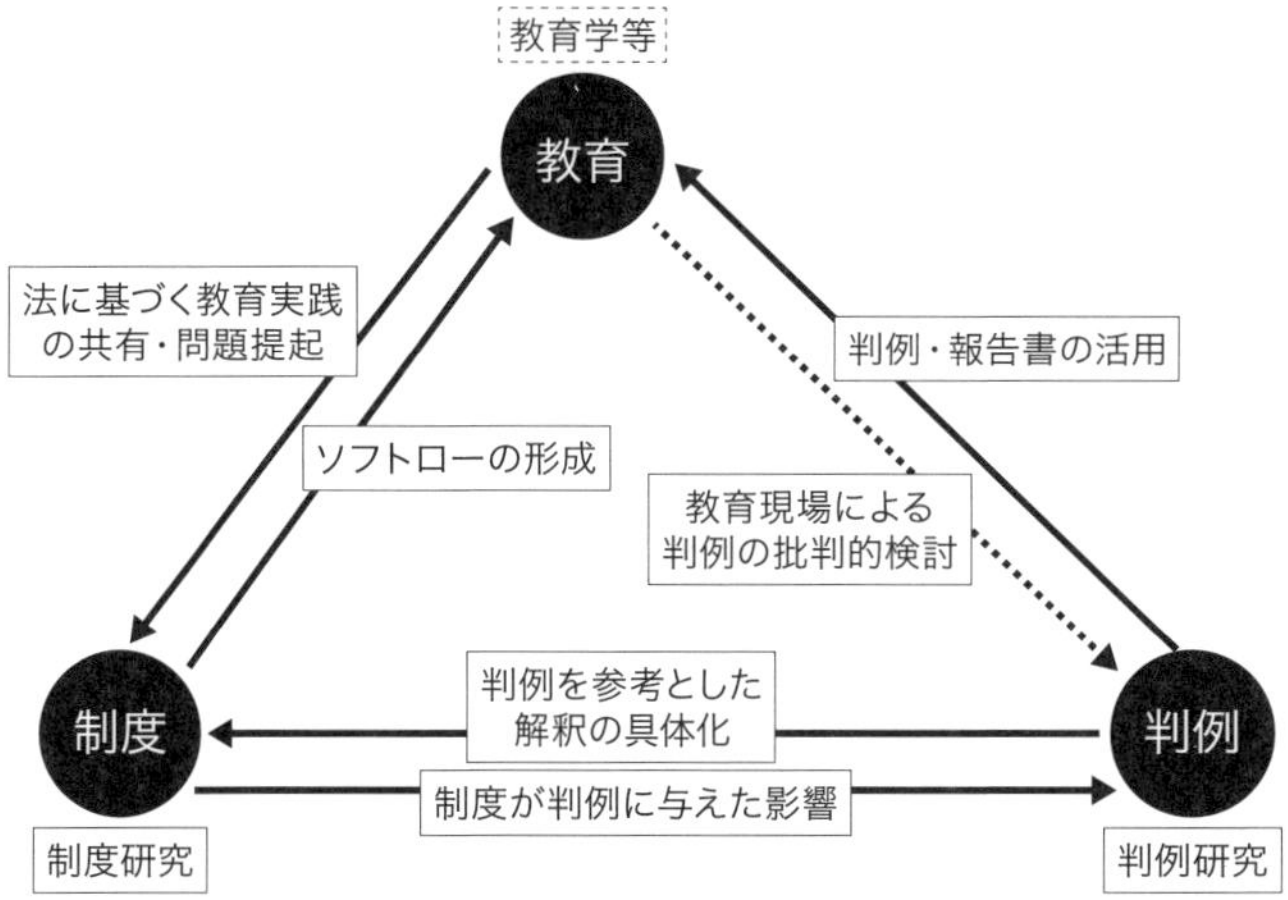

図表5-1　いじめの法的責任に関する全体像

出所：鬼澤秀昌「いじめに関する法的研究の役割と今後の課題―学校が負う法的責任を中心に」『スクール・コンプライアンス研究の現在』（教育開発研究所、2023年、215頁）より

い状況であった。

イ　法的議論の変容

しかし、2013年にいじめ防止対策推進法が制定され、教育現場においても同法に基づく対応が求められるようになった。また、第三者委員会等の設置が増えてきたことにより、裁判所における判断とは別に、学校の対応が法令やガイドラインに違反していることを指摘される場面も増えている。

このような状況の中で、制度運用の具体的なあり方や、判例の知見をどう現場に生かすか、あるいは、教育現場の知見をどう判例に生かすかの議論の必要性も高まっている▼7。

以上の議論の位置づけについて、いじめに関する学校の法的責任を例に議論（研究）の状況を踏まえると、以下の通りである。制度運用の具体的なあり方は「ソフトローの形成」の矢印、判例の知見をどう現場に生かすかは「判例・報告書の活用」の矢印、教育現場の知見をどう判例に生かすかは「教育現場による判例の批判的検討」に対応する（図表5－1）。

（3）具体的にスクールロイヤーが果たすべき役割

子どもの権利を実現するためには、具体的な制度の運用方法にも踏み込んで検討するとともに、最終的には、現場において具体的にどのような「行動」をすることが必要なのか、という点に落とし込むことができる必要性がある。

手引きの共通理解事項が、子どもの教育を受ける権利及び意見表明権を保障するための観点として重要であることはすでに述べた通りであるが、スクールロイヤーが現場に関わる中で前記のような視点を踏まえた法制度の運用に資するソフトロー（法的拘束力のない社会規範）を形成していくことができれば、単なる「助言」を超えて、学校現場全体において子どもの権利を実現することに貢献することができると考えられる▼8。また、子どもの権利が侵害されてしまった判例の事例の教訓を現場に還元すること、また、逆に、現場の知見を踏まえて判例について批判的検討をすることも、スクールロイヤーに期待したい▼9。

4　まとめと今後の課題

（1）まとめ

以上、今までの日弁連や文科省の議論から見えてきた論点として、「助言・アドバイザー業務」と「代理人業務」に関わる制度設計のあり方と、学校分野における法制度の形成においてスクールロイヤーが果たす役割の二つを提示した。

前者の論点については、特に2018年意見書の「助言・アドバイザー業務」が「代理人業務」を担うべきでないとする根拠を詳細に検討し、チーム学校の一員として子どもの権利を実現するという意味では、助言・アドバイザー型の方が、若干優位であると述べた。

さらに、後者の論点については、今までの学校現場における法的な議論について、いじめに関する学校が負う法的責任を例に紹介し、スクールロイヤーが現場に関わる中で前記のような視点を踏まえた法制度の運用に資するソフトロー（法的拘束力のない社会規範）を形成していくこと、子どもの権利が侵害されてしまった判例の事例の教訓を現場に還元すること、また逆に、現場の知見を踏まえて判例について批判的検討をすることをスクールロイヤーの役割として提示した。

（2）今後の課題

本章では、主にスクールロイヤーの助言・アドバイザー業務のあり方について中心に検討した。

しかし、学校現場において、保護者との面談への同席等や、弁護士が学校側に立つ代理人として対応することが必要な場面があることも否定できない。また、代理人業務を担う場合であっても、当然相手方となる保護者の子ども、そして他の子どもたちの子どもの権利も念頭に置いて対応する必要性は助言・アドバイザー業務と変わらない。したがって、その業務を担う弁護士を「スクールロイヤー」と呼ぶのか否かにかかわらず、当該業務の具体的なあり方を検討することは必要である。

また、スクールロイヤーが形成をリードするソフトローは、主には研修等を通じて、現場の教員に提供されることになると考えられるが、研修のあり方についての議論はほとんどされていない。教育現場への知見の還元という観点から考えた時に、今後、より効果的な研修のあり方についても議論が必要である。

さらに、いじめ防止対策推進法以外にも、教育職員等による児童生徒性暴力等の防止等に関する法律等、学校現場に関わる法律が増加している。しかし、教職員に対してあらゆる法的知識を身につけることを求めるのは現実的ではなく、また、法律の専門家としてのスクールロイヤーが学校現場に関わることを考慮した場合、教職員が身につける法的知識は何かについても今後議論が必要だろう。

以上の通り、スクールロイヤーに関連して数多くの論点が積み残されているが、今後の課題としたい。

注――

1　日本弁護士連合会『弁護士白書２０２３年版』（日本弁護士連合会、２０２４年）（以下、２０２３年弁護士白書）2頁以下では、日弁連等及び文科省の施策について年表形式で紹介しており、また、鬼澤秀昌「スクールロイヤー制度の変遷と実務」『自由と正義』（２０２１年5月号）8頁では変遷した施策の背景の解説もしているので、参照されたい。前者は、インターネット上でも閲覧可能である。

2　高橋寛人「教育行政における法務相談体制の整備過程とその課題――スクールロイヤーの職務と弁護士の自律性」『横浜市立大学論叢　人文科学系列』第74巻1号39頁。

3　子どもコミッショナー・子どもオンブズパーソンと呼ばれることもある（日弁連が発表した２０２３年10月20日付「「今後5年程度を見据えたこども施策の基本的な方針と重要事項等～こども大綱の策定に向けて～（中間整理）」に対する意見書」及び同国内人権機関実現委員会が発表した２０２１年1月「子どもの権利救済機関アンケート報

告書」等参照)。

4　松原信継他『子どもの権利をまもるスクールロイヤー』(風間書房、２０２２年)２０２頁の提言2が非常に有益である。また、２０２３年弁護士白書7頁によると、学校に助言・アドバイスまたは代理人業務をしている弁護士の多くが、それ以外に、子ども・学校業務に携わっている経験を持っている状況である。

5　前掲注2高橋39頁、前掲注4松原他２１０頁。

6　前掲注4松原他２１０頁において提言されている「ＳＬ協会」の活動として提言されている内容と重なるものである。

7　以上の検討の詳細は、鬼澤秀昌「いじめに関する法的研究の役割と今後の課題――学校が負う法的責任を中心に」『スクール・コンプライアンス研究の現在』(教育開発研究所、２０２３年)２１５頁を参照されたい。

8　石坂浩・鬼澤秀昌編著『実践事例からみるスクールロイヤーの実務［改訂版］』(日本法令、２０２３年)では、以上の観点からさまざまな論点において若干の提案をしている。

9　具体的な議論の方法については、鬼澤秀昌・篠原一生『教員×弁護士 対話で解決 いじめから子どもを守る』(エイデル研究所、２０２１年)参照。また、文部科学省はホームページで「学校・教育委員会と弁護士とで相互理解を深めるワークショップ型研修」を提案し、その資料や具体的な流れの動画を公開しており、具体的な実践を検討するうえで参考になる。

第6章

子どもを中心とした専門職連携を行うための取り組み

スクールソーシャルワーカーの視点から

田中佑典

はじめに――スクールソーシャルワーカーとは何か

スクールソーシャルワーカー（以下、ＳＳＷ）は、学校教育法施行規則に記されている（第六十五条の四）、学校の教職員である。主な役割として、「ソーシャルワークの価値・知識・技術を基盤とする福祉の専門性を有する者として、不登校、いじめや暴力行為等問題行動、子供の貧困、児童虐待等の課題を抱える児童生徒の修学支援、健全育成、自己実現を図るため、児童生徒のニーズを把握し、関係機関との連携を通じた支援を展開するとともに、保護者への支援、学校への働き掛け及び自治体の体制整備への働き掛けに従事すること」▼1とされている。ＳＳＷには、子どもを中心とし、家庭・学校・地域・関係機関が持つ情報をつないでいけるよう、ネットワークづくりを行い、校内外を問わずチーム体制を構築する、架け橋的役割があるのだ。２０２３年から施行されたこども基本法の理念を中心としたネットワークを構築するにあたって、ＳＳＷの役割はこれまで以上に重要になると予想される。

1　ＳＳＷとしての専門職連携を行うにあたっての枠組みづくり（戦略を練る）

そもそも連携とは、「主体性を持った多様な専門職間のネットワークが存在し、相互作用性、資源交換性を期待して、専門職が共通の目標達成を目指して展開するプロセス」▼2とされる。また、連携と同義のように用いられる協働は、各専門職の役割や限界を明らかにしたうえで、ともに新しいものをつくり出すという視点を持って活動することである[3]。これらから、本章において連携とは「それぞれの専門職の役割や限界点を明らかにしたうえで共通の目標を設定し、相互作用性が期待できるよう役割分担し、新しい支援方法をつくり出していくという視点を持って活動すること」を指すものとする。

SSWは、学校をベースとして活動するため、管理職や担任、教育委員会SSW活用事業担当指導主事（以下、指導主事）などの、教育の専門職と主に連携を行う。SSWが学校において、こども基本法の理念を念頭に子どもの最善の利益を保障するには、SSWの活動枠組みが必要となってくる。この枠組みの設定には、活動する学校や自治体において、解決する課題が何か・その解決のためにSSWがどのように役立つかについて、指導主事等と対話を通して把握・検討することが重要である。例えば、筆者が活動する市教育委員会（以下、市教委）の教育大綱においては、図表6−1にあるように、重点項目が明記されている[4]。これらを達成するために指導主事等はさまざまな業務を行っている。このうえで特に指導主事とは「不登校の未然防止、学びの支援」や「学校・家庭・地域の連携協働の推進」「教育と福祉の連携強化」を念頭に、「新規不登校数の減少」や「学びへのアクセス100％」の初期対応を目標とし、今年度は活動枠組みを設定した[5]。また、筆者が配置されている小学校においては、『生徒指導提要』にある「生徒指導の重層的支援構造」[6]を支えるにあたって、児童の置かれる状況についてアセスメントがしやすくなるように各教員に働きかけることや教育相談コーディネーター[7]とともにケースの改善率を上げていくことを目標とし、活動枠組みを設定している。

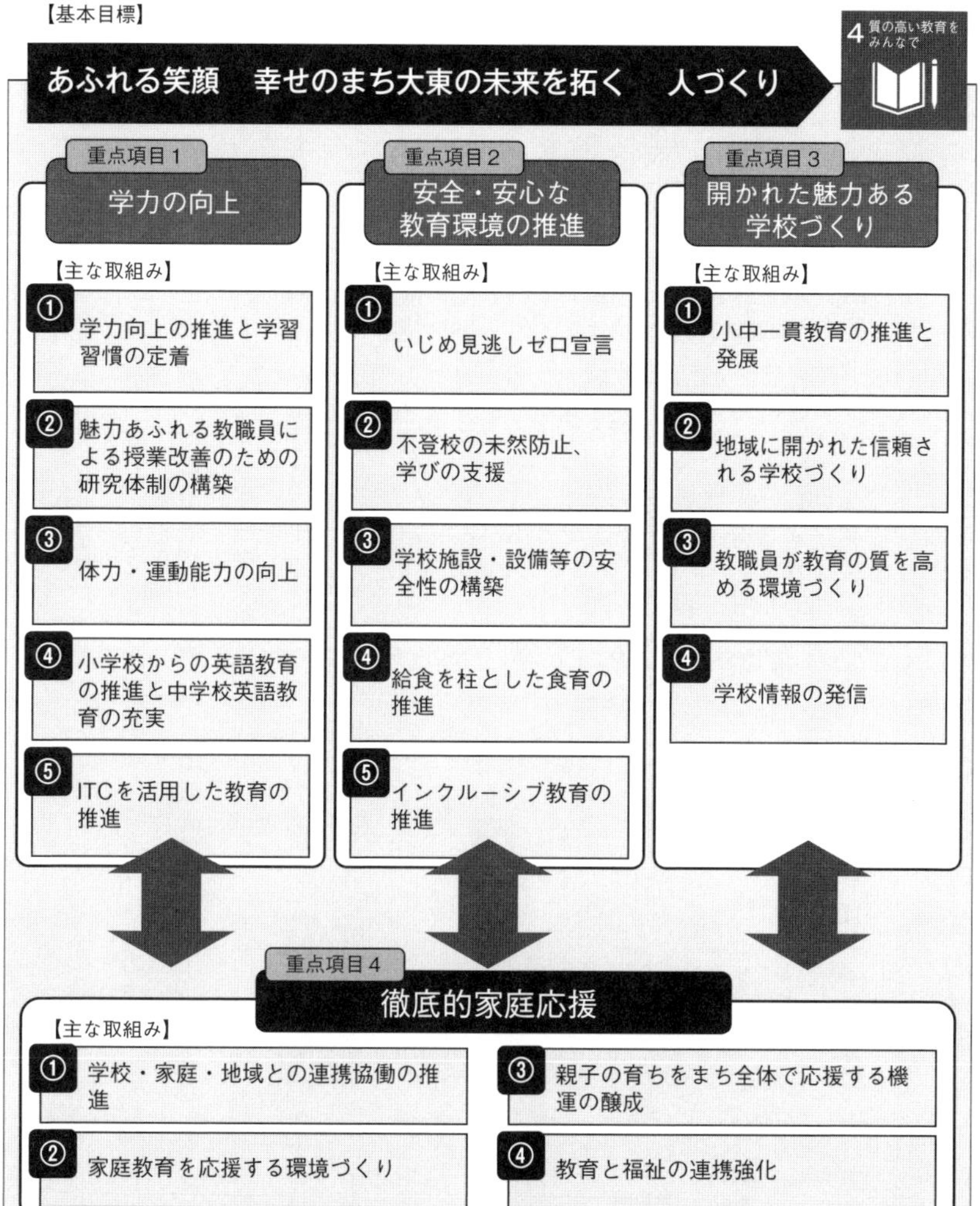

図表6-1　教育大綱における基本目標と重点項目

出所：大東市教育委員会（2021）

このような目標や活動枠組みを年度ごとに設定するにあたって筆者は、指導主事や管理職等と共に、市教委や学校が持っている不登校やいじめ、児童虐待、就学援助、問題行動などの資料や、ＳＳＷが提出するケース支援状況を確認している。その際、そもそもＳＳＷの役割をどのようなものであると認識しているのか、ＳＳＷの活用ニーズがどこにあるのか、指導主事や管理職としての個人的な想い、何を課題だと感じているのかなどを聞きとっている。場合によっては、夏休みなどの長期休暇を利用し、学期ごとに設定した目標に対する現状について、確認することもある。目標を設定するにあたって対話を重ね、教育現場の課題解決にＳＳＷが有用であると認識してもらうことによって、教育の専門家である教員とＳＳＷの間で齟齬《そご》が少なくなり、連携を行うにあたっての信頼関係が構築されていく。信頼関係が構築されることは、ＳＳＷが学校や地域でソーシャルワークを展開するにあたって重要であると考える。

2　子どもの権利保障を行うための他機関・他事業との専門職連携（役割分担を行うための活動）

市教委や学校との連携により、ＳＳＷの活用目標や活動枠組みが構築されることは、ＳＳＷが他事業や他機関と連携していくにあたっても重要である。

他事業と連携するにあたって、例えば筆者が活動している市教委では、学校教育における生徒指導等の部署ではなく「家庭教育支援事業」を行う部署にＳＳＷを配置している。ＳＳＷは、週に４日勤務するうち、主に１日を小学校配置とされ、残りの３日間で家庭教育支援事業等を行う▼8。この家庭教育支援事業は、図表６−１

にある「徹底的家庭応援」を行う部署である。このような体制となったのは、2016（平成28）年から家庭教育支援事業に市教委が取り組むことに決まった際、当時の指導主事が、学校だけでの支援の限界を認識しており、課題解決のためにSSWに期待を寄せ、そのための戦略を練っていたこと等がある。その指導主事はSSWに対して、学校が知らない仕組み・福祉行政等とのつながり・学校として見えているが手を出せない／届かない領域に対する活動を期待していた。この戦略によって、SSWが小学校に行くことがない週3日の間に、市教委に席があり、市教委に出勤するSSWが、地域の方々と共に、保護者が孤立せず安心して家庭教育が行えるようにどのような活動をするべきかを検討することや、地域からの気になる家庭についての情報共有するなど、保護者支援について取り組む時間を捻出するための体制地盤がつくられることになった。また、その後のSSWの市教委雇用増加にもつながることになった。家庭教育支援事業の枠組みの中でSSWは、指導主事や管理職と立てた目標（直属の上司との目標も含む）が達成されるように、地域の方々とも連携について考えられるようになった。このことは、小学校に入学し生活が変わったことにより、複雑化・多様化してしまう課題を早期に発見し、様々な角度から早期に支援が行われるきっかけがつくられるような、保護者が家庭教育を行いやすい地域づくりにつながっている。これは、SSWによる地域へのアプローチともいえ、学校内での問題行動等の未然防止につながる。

他の専門職との連携においてはコミュニティソーシャルワーカー（以下、CSW）がいる。CSWの方々とは、年に一度名刺交換を行うなど、顔合わせを行っている。また、一緒に勉強会を開いたことや、ケース検討を行ったこともある。このため相談をしやすい関係性が築かれていると、筆者は考える。あるCSWは、ある地域において居場所事業を展開していく中で、その居場所のあり方をどのように展開しようか検討されていた。この時たまたま筆者には、配置校において「居場所のない児童」について管理職と話をしていたことや、地域の方々から「あそこの地域には公園が少ない」などの情報が提供されていた。そこで、CSWと子どもの遊び場・居場所などを含めた、地域における子どもの現状について対話し、地域の現状についてそれぞれの立場から検討することができた。その後、実際にその居場所に、不登校児童のケースを支援するために連携することもあった。その際、地域にいるCSWとしての、児童への関わりや保護者支援などについて役割が共有され、それをもとに学校での児童や保護者への支援を検討し、学校としての支援を方向づけやすくなったことがあった。これは、学校における問題を地域の支援者と共に改善するにあたって、学校と地域が連携した好事例の一つになったと考える。

他に、障害者の相談支援事業における相談員の方々が集まっている定例会にお招きいただき、SSWの役割について説明する機会をいただいたこともあった。そこでは、学校との連携が困難であったエピソードやケース検討から、それぞれの役割について理解を深めることが行われ、連携を行いやすくするための方法について話し合われた。また、顔合わせを行うことによって、お互いに普段から連絡等を取りやすくなることもあった。実際に、神経発達症▼9の児童が不登校となったケースにおいて、児童の学びを保障する方法や、児童の成長に対し、学校や放課後等児童デイサービスにおいてどのようなことができるかについて連携することがあった。そこでは療育の視点から児童の声をどのように聞き取るのかなどの助言を受け、学校としての支援方針を立てるにあたって視野を広げられた。これをもとに学校と児童デイサービスの間で統一した支援計画を立てられたのである。

これらの専門職との顔合わせや、連携するにあたってお互いの役割を理解したことで、精神の相談支援員や介護支援専門員、CSWや民生委員、中学校教員などが集まるような大きな連携ケース会議を開くことができた例もあった。このようなネットワークの形成は、これまで紹介した事業や各専門職と交流してきた成果の一つで

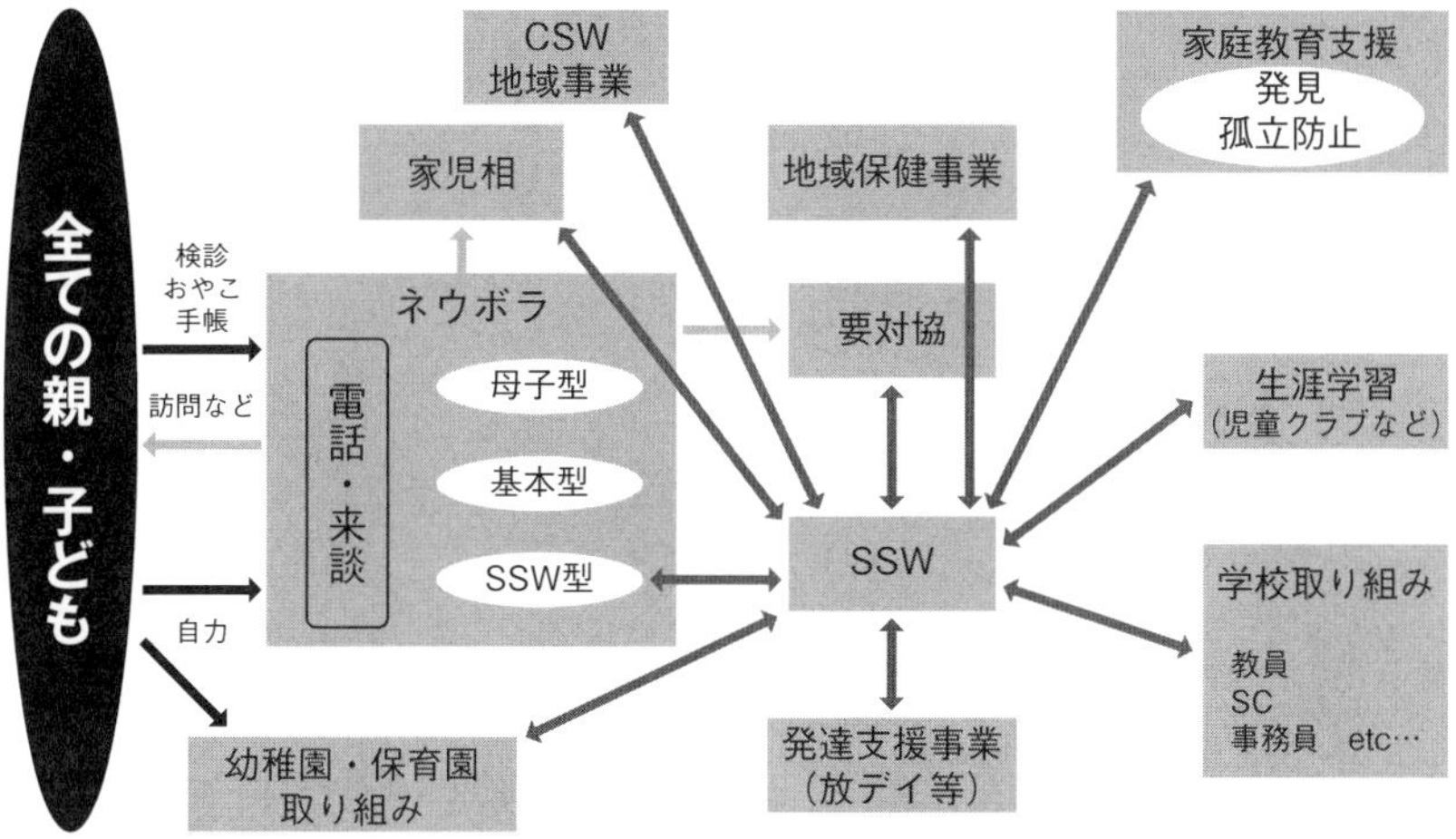

図表6-2 「ネウボランドだいとう」におけるSSWと他事業の連携

あると考える。

児童福祉行政事業との連携の一つとして、こども家庭室が所管する、妊娠・出産・子育ての総合窓口としての、「ネウボランドだいとう」（以下、ネウボラ。いわゆる「こども家庭センター」のこと）にも、SSWは配置されている。ここでは、相談者の同意のもと適切な機関につながれ、スムーズで切れ目のない相談支援が行われる。他市とは異なり、母子手帳を受け取りに来た時点から、子どもが18歳になるまでの相談を受けられることが特徴である。SSWがネウボラに配置されるにあたっては、教育行政と福祉行政に対し、横串を刺し、事業と事業をつないでいくことが期待されている。それを端的に示したのが図表6−2である▼[10]。ネウボラでは、助産師や保健師、保育士や心理士等がおり、連携しやすい状況がつくられている。また、開設されている場所は、家庭児童相談室や保健師などが所属する地域保健課と同じフロアにあるため、顔の見える環境がつくられている。これらは、SSWが要保護児童対策地域協議会に参加するだけではなく、普段からの連携を強化するために重要である。ネウボラで得た、就学前からの情報を学校に届け、学校で適切な支援を早期から行うことができる。また、学校ではなかなか聞き取ることが難しい話を聞き取ることで、保護者と学校の関係をつなぎ直すこと等もある。例えば、遅刻や欠席が増えてきた児童に対する関わり方や家庭での児童の様子を、教員にどのように伝えれば良いか悩まれていた保護者の相談内容を学校と共有することで、早期に状況が改善したこともある。

このように、ＳＳＷが他の事業や機関と連携するにあたって、ＳＳＷの活用目標や活動枠組みが構築されていることは、学校やそこに通う子どもたちにとって有益となるような学校外でのＳＳＷ活動を鮮明にする。活動が鮮明になることで、よりその地域に合ったソーシャルワークを展開することができるようになる。このことは、こども基本法の理念を中心とした連携が促進され、より早期発見や早期支援ができることや、困難な事例に立ち向かっていくための新たな支援体制が構築されること等にもつながっていくと考える。そうすることで、子どもたちがより生活しやすい環境づくりが行われると考える。

3　今後の展望（まとめ）

子どもを中心とした支援や、専門職連携を行うにあたって、ＳＳＷにとって最重要であるのは、指導主事や管理職等と現状について認識したうえで課題を設定し、共に戦略を練ることである。この戦略をもとに活動枠組みを定めることによって、ＳＳＷは、他職種と連携することを含めたソーシャルワークを展開しやすくなる。

この考え方は、ソーシャルワークの基本的な流れ（インテークから評価まで）においても重視されていると考える。またSSWが、ケース支援を行うにあたっては、連携を通し、ミクロからメゾ・マクロ実践まで想定し、積み重ねることが求められる。これらのどこかがうまくいかなければ、「教育現場における」児童福祉問題等へのソーシャルワーク展開が困難となる。普段から筆者らSSWが「新規不登校者数の減少」に対し、どの程度貢献できたかを把握することは難しい。その中で、遅刻や欠席が目立ってきた児童生徒に対し、子どもの意見をきちんと聴きとり、早期に対応できるか。子どもたちが「自分が大切にされるという実感」を持ち、成長する中で、子どもたちが、子どもらしい「何か」を社会（学校／地域）にもたらす、子どもを権利主体として社会と関われる存在としてあれるような活動ができるか。そのうえで「教育福祉問題」▼11に対応できるだろうか。この意識を持って、自身の活動をきちんと指導主事らと共に評価し、他のSSWや教職員や支援者の方々と共有してふりかえり、今後の活動を続けていきたいと考える。

注

1　文部科学省（2017）「学校教育法施行規則の一部を改正する省令の施行等について（通知）（平成29年3月31日）」。ここでは同様にスクールカウンセラーの職務規定についても記された。
2　松岡千代（2000）「ヘルスケア領域における専門職間連携――ソーシャルワークの視点からの理論的整理」『社会福祉学』40（2）号、p.22
3　山野則子（2012）「福祉と教育の融合――スクールソーシャルワークの視点から」山野則子・吉田敦彦・山中京子・関川芳孝編『教育福祉学への招待』せせらぎ出版、p.129
4　大東市教育委員会（2021）『大東市教育大綱（令和3年3月）』p.6
5　大東市は、不登校児童生徒に対し、すべての子どもたちの学びの機会を保障するという観点のもと、独自の不登校支援モデルをすすめている。詳細は、以下の記事を参照。東洋経済オンライン（2023）「大東市教育長・水野達朗が始めた『先生が抱え込まない』不登校支援の仕組み」https://toyokeizai.net/articles/-/707784

6　文部科学省（2022）『生徒指導提要（改訂版）』p.19。なお、大阪府は、生徒指導提要の趣旨を踏まえたうえでのSSW活用についてさまざまな工夫を行っている。詳しくは、野田正人・越智紀子（2023）「生徒指導提要のSSWの活動における活用の可能性——機能的な『チーム学校』による生徒指導体制の構築に向けた大阪府・京都府の取り組み」『学校ソーシャルワーク研究』18号、pp.22-28

7　文部科学省（2022）前掲、p.21を参照のこと。筆者が活動する大東市においては、配置される各校にSSW担当となる教員を置くことを、指導主事より各校へ依頼していただいている。

8　他に中学校における活動等がある。特に、すべてのSSWが市教委で同一曜日に勤務する日を設け、ピアサポートを行っている。家庭教育支援にあたっては、SSWがチーフとなり、地域のボランティア（民生委員や、青少年指導員などと兼務しておられる方々を含む）と共に、家庭教育支援チーム「つぼみ」を各小学校区に構成している。また、家庭教育応援企業登録制度を設けている。２０２３年度には「文部科学大臣表彰」を受賞した。活動の詳細については、以下を参照してほしい。大東市（2023）「大東市は家庭教育を支援します」https://www.city.daito.lg.jp/site/jju/1242.html

9　いわゆる発達障害のこと。DSM-5やICD-11の改訂により、名称が変更されつつある。

10　筆者作成。これは、現在のこども家庭室長や、教育長などを含む、家庭教育支援事業における地域協議会（令和２年７月開催）にて使用されたものを一部改変したものである。またこの図は令和5年度に開催された、大東市人権教育研究大会に招聘された際にも使用した。

11　貧困・差別・障害などに代表される、教育と福祉をめぐる諸問題のこと。詳しくは、辻浩（2017）『現代教育福祉論——子ども・若者の自立支援と地域づくり』ミネルヴァ書房を参照のこと。

第7章

困難な状況の若者を支える高校

大阪・西成の取り組みから

肥下彰男

はじめに

大阪府立西成高等学校は1974年に「西成区に普通科高校を」という地域の4万筆の署名のもと開校された高校である。開校以来、人権教育（解放教育）を柱として教育活動を行ってきた。2006年には「知的障がい生徒自立支援コース」が設置され、「ともに学び、ともに育つ」ことを第一に考えた学校づくりが行われてきた。そして、2015年には「学び直し」をカリキュラムに組み込んだエンパワメントスクール（以下、エンパワ）へと改編され、2017年からは「新たな学校経営方針のもと『教育と福祉』の連携を基礎に、学校の学習に集中できない環境で生きる生徒への丁寧なアセスメントを軸とした」[1]学校改革を行ってきている。生徒層は従前から生活環境の厳しい生徒たちが多かったが、エンパワへの改編後、小中学校で不登校であった生徒、外国につながりのある生徒、虐待サバイバーの生徒、児童養護施設等に入所している生徒、知的や発達障がいのある生徒たちなど、さまざまな困難な状況の生徒たちが「学び直し」を求めて多数入学するようになっている。

本章では、総合的な学習（探求）の時間や「産業社会と人間」の時間に実践されてきた「反貧困学習」と困難な状況の生徒たちを支援する校内組織「生徒生活支援室」の取り組みを紹介し、最後にこれらの実践を90年代後半に国連やNGOで導入されるようになったライツ・ベース・アプローチ（人権基盤型アプローチ：Rights-Based Approaches）[2]の視点で評価する。

1　反貧困学習の始まりと憲法

本校で反貧困学習が始まったのは２００７年度1年生の総合的な学習の時間である。当時の問題意識として「労働市場の規制緩和で政策的に創出された非正規雇用の増大、若者の貧困化という社会状況のなかで、これまで実践してきた人権学習を『反差別』から『反貧困』いう軸で再構築する必要が迫られた」[3]とあるように、開校当初より取り組まれてきた部落解放教育、在日韓国・朝鮮人解放教育、障がい者解放教育、女性解放教育の四つを柱とする人権教育（解放教育）を現在の社会状況に合わせて、どう継承していくのかという問題意識であった。

2年間の実践を経て、２００９年には各学習テーマを統一的に捉える七つの視点を設けた[4]。①自らの生活を「意識化」する。②現代的な貧困を生み出している社会構造に気づく。③「西成学習」を通して、差別と貧困との関係に気づく。④現在ある社会保障制度についての理解を深める。⑤非正規雇用労働者の権利に気づく。⑥究極の貧困である野宿問題を通して生徒集団の育成をはかる。⑦「新たな社会像」を描き、その社会を創造するための主体を形成する。である。

一つ目の「意識化」は『被抑圧者の教育学』の著者であるブラジルの教育学者パウロ・フレイレの思想の中心的な概念で、反貧困学習では「生徒一人ひとりが自らの生活を社会状況と重ね合わせながら省察することによって、自分たちが『いま、ここにあること』の意味を理解する。そして、その社会状況に対して批判的に立ち向かい、変革の主体として自らを自覚すること」[5]とし、この学習全体の基本的な理念が示されている。

ここで反貧困学習1期生の生徒たち3人に筆者が卒業年度にインタビューした内容を紹介し、生徒たちにとってこの学習がどのような意味を持ったかを考察する。

●生徒A：労働者の権利を学べたことが、一番よかった。もし、授業で学んでなかったら、自分が解雇された時に、おかしいと気付けなかったかもしれない。実際に自分で労働基準監督署に連絡して、解雇予告手当をとれたのはとても自信になった。卒業後は、介護福祉士の資格をとれる専門学校にいきたい。母の体調も悪いし、母の介護もできるようになりたい。きょうだいが多くて家計も苦しいから、バイト代は月に2～3万円は家に入れている。

●生徒B：派遣労働について知れたのが一番勉強になった。父の会社が倒産して、家計が急に苦しくなった。父は再就職しようとして何度も就職試験を受けにいっている。しかし、中年になってから仕事を見つけるのは本当に難しく、結局「派遣」の仕事しか見つからない。現在働いている製造業の派遣の仕事も10月いっぱいで雇い止めされる。中学校時代は、どうして父が再就職できないのか、家計がしんどいのかよくわからなかったが、高校に入って学習してから父が再就職できない理由がわかった。政治家にはもっとしっかりしてもらいたい。中学校の時に、保険証がない時にインフルエンザにかかって、びっくりするような医療費だった。卒業後は、進学したかったが就職することにした。自分が正社員になって家を支えていきたい。現在も家のローン代として自分のバイト代から月5万円くらい出している。

●生徒C：この学習で学んだことは、西成に生まれ育ってよかった思えたこと。自分は釜ヶ崎のすぐ近くに住んでいる。中学の時にネットの掲示板で、西成のことですごくひどいことを書かれた。その時、必死に反論した。高校になってこの学習をして、しっかりと西成のことを人に伝えることができるようになった。釜ヶ崎にあるスーパーで働いていて、酔っ払ってふらふらしているおっちゃんには、しっかりしーやって声をかける。バイトの最後に食料品とかもらった時には、野宿しているおっちゃんに渡したりする。父が小さい時に亡くなったので、母はひとりで私たちを育ててくれた。バイト代は月2〜3万円は家に入れている。できれば西成で就職したい。

憲法学者である芦部信喜氏によると、「人権のカタログ」と呼ばれる憲法第3章の人権は①包括的基本権（13条）、②法の下の平等（14条）、③自由権、④受益権（国務請求権）、⑤参政権、⑥社会権の六つに分類される[6]。また、⑥の社会権には生存権（25条）、教育を受ける権利（26条）、勤労の権利（27条）、労働基本権（28条）があり、「国民が人間に値する生活することを営むことを保障するものであり、法的にみると、それは国に対して一定の行為を要求する権利である」[7]。この分類にしたがって、前記の3人の声を分析すると、まず生徒Aが学んだという労働者の権利は、⑥社会権における労働基本権である。生徒Aは高校2年次にアルバイト先で不当解雇され、労働基準監督署に通報し、解雇予告手当を受け取った。生徒Aの行動は後輩たちに教材化して伝えているが、2年後輩の生徒は、ユニオンとともにアルバイト先と団体交渉を行っている。次に生徒Bの言う「父が再就職しようとしても派遣の仕事しか見つからない」状況は、⑥社会権の勤労の権利にかかわる。雇い止めが繰り返されるような派遣の仕事の労働条件は「労働者が人たるに値する生活を営むための必要を充たす」ものになっていないのではないかという批判的な問いかけである。そして、生徒Cが中学時代に経験した「西成差別」は「部落差別、釜ヶ崎の日雇い労働者・野宿者への差別、在日韓国・朝鮮人への民族差別などが複合的にからみあった社会意識」▼8であり、②法の下の平等（平等権）に反する差別問題であると同時に、野宿者たちの⑥社会権における生存権の問題でもある。「西成学習」では、西成で野宿する人たちの多くは、日本の高度経済成長を底辺で支えてきた建設労働者であったことや、住所を亡くし生活保護制度からも排除されている野宿者に対して様々な団体がセーフティネットの役割を果たしてきたことを学んだ。「日雇い労働者がリハーサルをし、フリーターが本番をしている」▼9という言葉が示すように、西成の課題が全国化しているからこそ、西成の生存権を保障する取り組みが全国の「先駆け」と考えることができる。この学習の意味は「西成に生まれ育ってよかった」という生徒の声に集約されている。

2 反貧困学習と意見表明権

反貧困学習の七つ目の視点である「新たな社会像」を描くための「諸外国の制度や地域的な実践についての学習や市民としての社会参加や政治参加についての学習」▼10は、２０２２年度「シングルマザー支援に関する質問状」の取り組みの中で実践することができた。学習内容は、従来と同じくシングルマザーの平均年間就労所得や児童扶養手当の額、養育費を受給している率や養育費を払わない元夫に対して厳しい罰則を科している国もあることや子育て世代の女性の労働者の非正規率が男性に比べて非常に高いことなどを学習した。

この学習では当事者の生徒たちを含めて、日本社会に対して様々な意見が噴出した。「シングルに対しての配慮のなさに本当にビックリします。生きにくい世界だなって思うし、当事者の人は孤独で生きづらいんだろうなって思います。養育費のこともそうだけど、（受給率が）２割という数値が出ているのに、国が何もしないのが不思議でしかたがない」「日本は他の国に比べて男女差別がすごいと思います。男女差別は給料とかにもでていて、シングルマザーの家庭ではすごく苦しいと思います。もう少し男女差別のない国になったらいいなあと思います」「離婚をしてひとり親になってしまったら返金なしの奨学金制度を国が負担する法整備を進めればいける」などである。参議院選挙を控えた時期であったので、これらの意見を児童扶養手当・養育費・男女の賃金格差・正規と非正規との賃金格差・給付型の奨学金・働きやすい環境の６項目にまとめ、生徒たちが完成させた質問状を主要９政党に送付した。期限内に８政党（遅れてもう１政党）からの回答があり、生徒たちが各政党の回答を評価し、最も評価する政党を選び、自分たちの投票結果と実際の参議院選のそれとを比較して考察するという学習を行った。メディアの取材に母子家庭で暮らすある女子生徒は次のように答えた「意見は人それぞれだし、経験しないとわからない一人親家庭の苦労があるから、結果が異なるのは納得。でも、政策がきれいな言葉でまとめられてしまっている気がする。もっと実情を知ってもらいたいし、私も伝えたい」▼11この取り組みは「参政権」の学習であると同時に生徒たちの「意見表明権」を保障するものとなった。

3　困難な状況の生徒を支える校内組織

本校では、各分掌（教務学習課・進路保障課・広報企画課・生徒指導課・生徒会・保健課）に並列して、３室（生徒生活支援室・人権教育推進室・自立支援教育室）があり、室長は他の分掌に属さない。生徒生活支援室は校長・教頭・

首席・室長・進路主担・生指主担・教務主担・学年主任・養護教諭・就労支援担当に加えて、専門人材としてスクールカウンセラー・スクールソーシャルワーカー・キャリアコーディネーター・NPO（校内居場所カフェスタッフ）・地域連携コーディネーターが参加し、隔週で開催されている。働きとしては、各学年から出された生徒情報をもとにアセスメントをし、校内での今後の動きの確認や関係機関との連携の必要性を検討している。3室はそれぞれに日常的に連絡をとっている官民の関係機関があり、本校の生徒たちを支える大きな支援の輪ができあがっている。特に、生徒生活支援室長は自治体の子育て支援担当課・子ども相談センター（児童相談所）や民間の子育て支援団体と常時連絡をとり、後述の西成区の各中学校区の要保護児童対策地域協議会（以下、要対協）のケア会議にも出席し、情報共有を行っている。この生徒生活支援室は、2010年に立ち上げた生徒支援委員会が前身であるが、後述の西成区要対協のケア会議で得た知見が学校組織としてアセスメント力を高めてきたと言える。

4 西成区要対協とわが町にしなり子育てネット

大阪市西成区では、2004年に要対協が設置される前から、1994年には子どもの権利条約を批准したことを契機に日雇い労働者の街「釜ヶ崎」を有する北東部に「あいりん子ども連絡会」が発足し、1996年には被差別部落を有する北西部に「西成区教育ケース会議」が発足していた。そして、要対協の設置に伴い、区内の六つの中学校区別にほぼ毎月ケア会議が行われ、児童虐待の早期発見・対応の役割を果たすようになった。

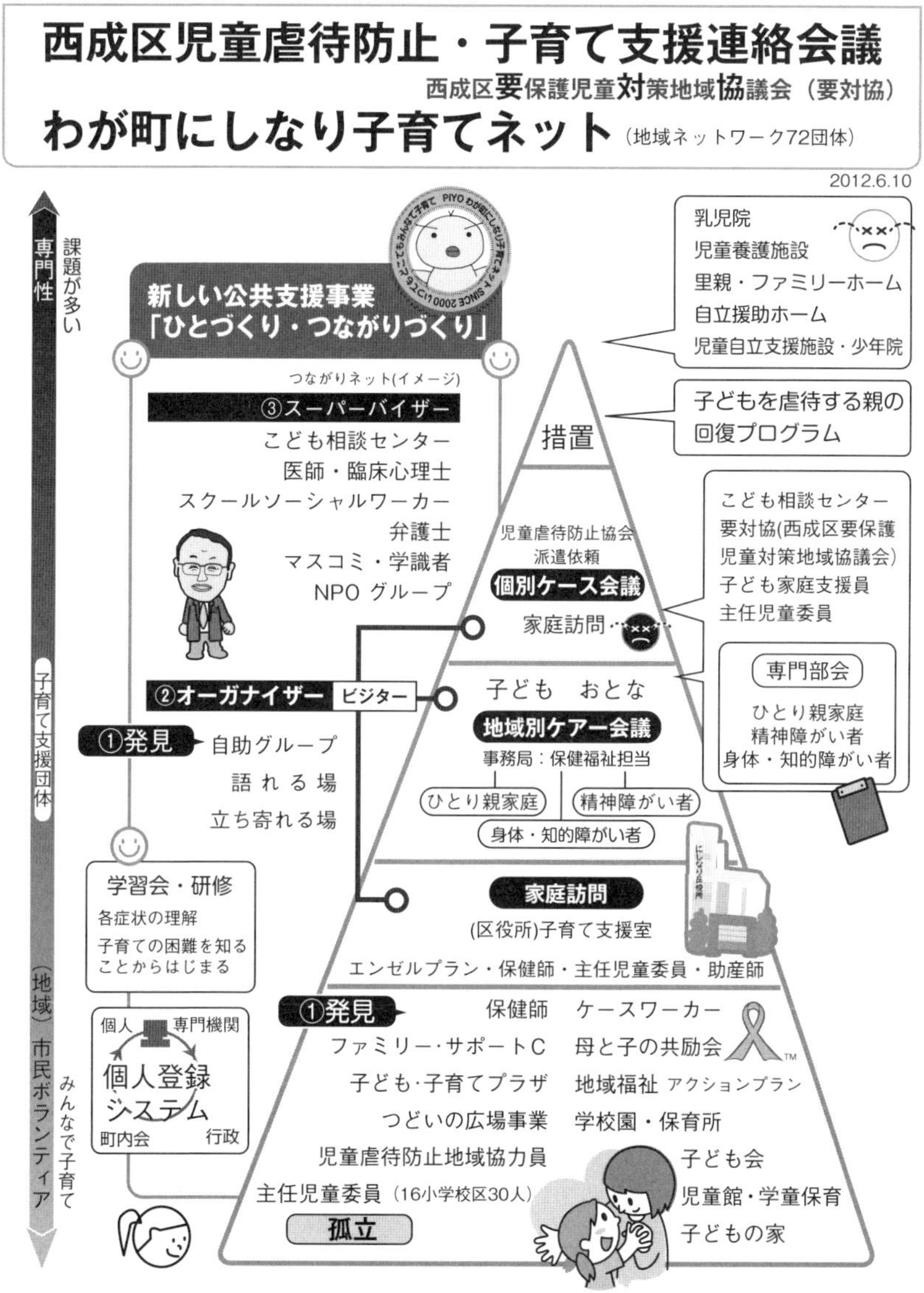

図表7-1　西成区の子育て支援ネットワーク

出所：「わが町にしなり子育てネット20周年記念誌」p.36

「その構成は、福祉・教育・医療・保健など分野を超えた機関・施設などの実務者、そして民生・主任児童員、保護司など地域の多様な主体の顔の見えるつながりにより機能している」[12]この要対協というフォーマルなネットワークとともに「わが町にしなり子育てネット」というインフォーマルなネットワークで子育て、子育ちを支えているのが西成区の特徴である（図表7－1）。

筆者も実際に要対協の会議に参加し、会議で挙がっている幼少期にある子どもたちの状況を知ることで、現在の高校生の幼少期やその後の支援者との長年にわたる関わりを想像できるようになった。そして、中学生の事例については、入学前からどのような受け入れ準備が必要かを考えることができるようになった。例えば、保護者が薬物依存症に陥っているケースの場合は、入学式に着る制服が準備されるかどうかから懸念される。卒業生が寄付してくれた制服からサイズの合うものを準備し、その後に学校でかかる諸費用や入学後の昼食代はどうなるかなど、関係機関とも連携しながら見守っていく体制を入学前から準備できるようになった。他にも、高校に入学後に家庭状況が急激に変化した生徒への対応も迅速にできるようになった。例えば、ひとり親家庭の生徒でその親が亡くったケースである。以前から保護者の養育に課題があり、会議に挙がっている場合は、親類も含めて、地域や行政がどの程度の支援をすれば、その生徒が高校の就学を続けることができるのかということが迅速に話し合われた。

このようなアセスメントとプランニングの事例を、要対協に参加する中でいくつか経験する中で、西成区以外の行政区のケースでも学校としてどのように対応していけばいいのかを生徒生活支援室で積み上げてきたのである。たとえ関係機関に通報したとしても身体的・性的暴力事例についてはすぐに一時保護等の措置がされるが、高校生の心理的虐待（DV環境で育っている等）・ネグレクト事例については「経過観察」になる場合が多いこと。それでも関係機関へ「相談」しておくと、より緊急性の高いケースに発展した場合に連携がスムーズになること。また、身体的虐待で一時保護された後、その保護が解除され、家庭へと戻った後の「見守り」の課題も大きく、家庭環境が著しく改善することのほうが稀であり、一時保護が単なる「冷却期間」になってしまわないかも常に注意を払う必要があること。さらに、高校まで「支援」を受けずに何とかサバイブできてきた生徒たちは、かなり厳しい状態になっても、なかなかSOSを出さないことがあり、このSOSを出す力を育てているのが、本章の前半で述べた「反貧困学習」に他ならない。最も注意を払わなければならないのは高校3年生の18歳を過ぎてから被虐待のSOSを出してくるケースである。政府はこども政策の基本政策として「18歳など特定の年齢で一律に区切ることなく、それぞれのこどもや若者の状況に応じ、こどもや若者が円滑に社会生活を送ることができるようになるまで伴走していく」[13]としているが、「18歳の壁」は高い。卒業後の4月以降は就職先と連携して住居を保障する手立てはあるが、3月末まで安全で安心できる生活環境を確保するために東奔西走しているのが現状である。

5 高校内居場所カフェの役割

本校に全国初の校内居場所カフェ（本校では「となりカフェ」という名称）が開設されたのは2012年9月である。新たな支援組織を探していた筆者と高校内でカフェを開きたいと考えていたNPOとの出会いがきっかけで、大阪府青少年課（現子ども家庭局子ども青少年課）の「大阪府高校中退・不登校フォローアップ事業」として始まった。このＮＰＯは、ひきこもりやニート（若年無業者など）や不登校と呼ばれる若者とその家族を支援している団体である。高校内居場所カフェは、スタッフの１人が内閣府のドイツ派遣事業で、移民の子どもが多く暮らす地区の学校や青少年施設内の「カフェ」を視察し、子ども・若者へのアウトリーチ方法が「カフェ」であることで、複合的な機能をもつ場所として使えると考えたからだという[14]。年度途中で始まった初年度こそ、教員からの誘導で生徒たちはカフェにつながっていったが、２年目からは１年生を中心に「気になる生徒たち」が吸い寄せられるようにカフェに集うようになった。現在「となりカフェ」を運営するＮＰＯの代表によると高校内居場所カフェは、日々の緊張から生徒たちを解きほぐし、①「安全・安心」の居場所、②「ソーシャルワーク」の始まり、③「文化の提供」[15]の場である。本校ではカフェの開催日には、終了後に前述の生徒生活支援委員室長と「ふり返り」を共有している。カフェには高校生が飲み物を飲みながら、（評価をくださず、親とつながっていない）スタッフとの関係の中でしか漏らさない声があり、その声を「拾《けう》う」ことで学校の生徒支援の幅を広げている。また、２０２２年に西成製靴塾の呼びかけで世界的にも稀有な「靴づくり部」が発足したが、常時参加する５人の部員はすべてカフェのメンバーである。カフェは生徒たちが新たなことにチャレンジするエンパワーの場でもあるのだろう。本校で始まった校内居場所カフェは全国的に広がりをみせ、現在は、こども家庭庁成育環境課の「ＮＰＯ等と連携したこどもの居場所づくり支援モデル事業」となり、注目をあびている。

おわりに

ライツ・ベース・アプローチでは困難な生徒の状況を「権利の剝奪」として問題を捉え、「権利保有者（rights holders）」と「責務履行者（duty bearers）」のそれぞれがその能力をどう伸ばすかを考える。本章では、憲法で明記された人権をもとに生徒たちが「反貧困学習」を通して、人間に値する生活を国に対して要求する権利である「社会権」を軸に「平等権」や「参政権」を学習していることを確認した。これにより、権利保有者である生徒は、自己責任を強いられる社会の中でも、自らの権利を主張し、行動する力を伸ばしてきたと評価できる。次に、生徒生活支援室が西成区の要対協や子育てネットから学びながら、アセスメント力を高めてきたことをみてきた。これは責務履行者である学校・教職員が、地域やＮＰＯとつながることで、困難な生徒たちを支援する責務を果たす力を伸ばしてきたと評価できる。本校は２０２４年度からステップスクールに改編され、地域と連携した新たな取り組みが始まっている。これらを含めて学校の教育活動のすべてを子ども権利条約をもとに評価することが望まれる。

注

1　山田勝治（2023）「学校に刻まれた50年のグラフティ」西成高等学校50周年記念誌編集委員会『大阪府立西成高等学校50周年記念誌』p.3
2　甲斐田万智子「教材の評価・コメント」（2009）大阪府立西成高等学校『反貧困学習　格差の連鎖を断つために』

解放出版社、p.15
3　前掲書、pp.8-9
4　前掲書、pp.8-9
5　前掲書、pp.8-9
6　芦部信喜（2019）『憲法　第七版』岩波書店、p.84
7　前掲書、p.277
8　大阪府立西成高等学校、前掲書、p.76
9　生田武志（2007）『ルポ最底辺――不安定就労と野宿』ちくま新書、p.203
10　大阪府立西成高等学校、前掲書、p.10
11　朝日新聞（２０２２年7月16日）
12　西野伸一（2023）「公私協働でつくる虐待ゼロの町づくり～いつでもどこでも　みんなで子育て～」『わがまちにしなり子育てネット20周年記念誌』
13　「こども政策の新たな推進体制に関する基本方針～こどもまんなか社会を目指すこども家庭庁の創設～」（令和３年12月21日　閣議決定）
14　辻田梨紗「『高校』で『カフェ』はじめました」（2019）居場所カフェ立ち上げプロジェクト編著『学校に居場所カフェをつくろう！――生きづらさを抱える高校生への寄り添い型支援』明石書店、p.23
15　田中俊英「サードプレイスの力」前掲書、p.18

第Ⅲ部

教育の未来と学びの環境

第8章

生徒の自由を実現する学校

日本の校則、入試制度は子どもたちを幸せにしているか

室橋祐貴

はじめに

日本の学校は、子どもたちを幸せにしているのだろうか。若者の政治参加や教育など、若者政策の実現を目指してアドボカシー（政策提言や世論喚起など）を行っている日本若者協議会の代表理事である筆者は、若者政策が発達しているヨーロッパ（スウェーデンやフィンランド、ドイツ）に視察に訪れるたびに、この問いを考えさせられる。なぜなら、明らかに、ヨーロッパの子どものほうが元気であり、幸せそうだからである。大人である教員も含めて、表情に余裕があり、自信を持って発言する。実際、それはデータでも明らかになっている。２０２０年にユニセフ（国連児童基金）が発表した報告書によると、日本の「子どもの幸福度」の総合順位はＯＥＣＤ38か国中20位で、身体的健康は1位であるのに対し、精神的幸福度は37位となっている。そして、子どもの自殺者数や不登校の生徒数は増加の一途をたどっており、改善の目処は見えない。逆に上位の国々は、オランダ、デンマーク、ノルウェーと、ヨーロッパの国々が並ぶ。

また、どういう人を育てたいか、という教育のゴールにおいても、失敗していると言わざるを得ない。民主主義国家である日本では、民主主義や人権を尊重し、その実現に向けて主体的に活動できる人が国家として求められる国民像である。それは、教育基本法第一章の第一条、教育の目的「教育は、人格の完成を目指し、平和で民主的な国家及び社会の形成者として必要な資質を備えた心身ともに健康な国民の育成を期して行わなければならない」にも書かれている通りである。

しかし、投票や社会運動への参加率の低さからも明らかだが、日本財団が実施している18歳意識調査を見ると、

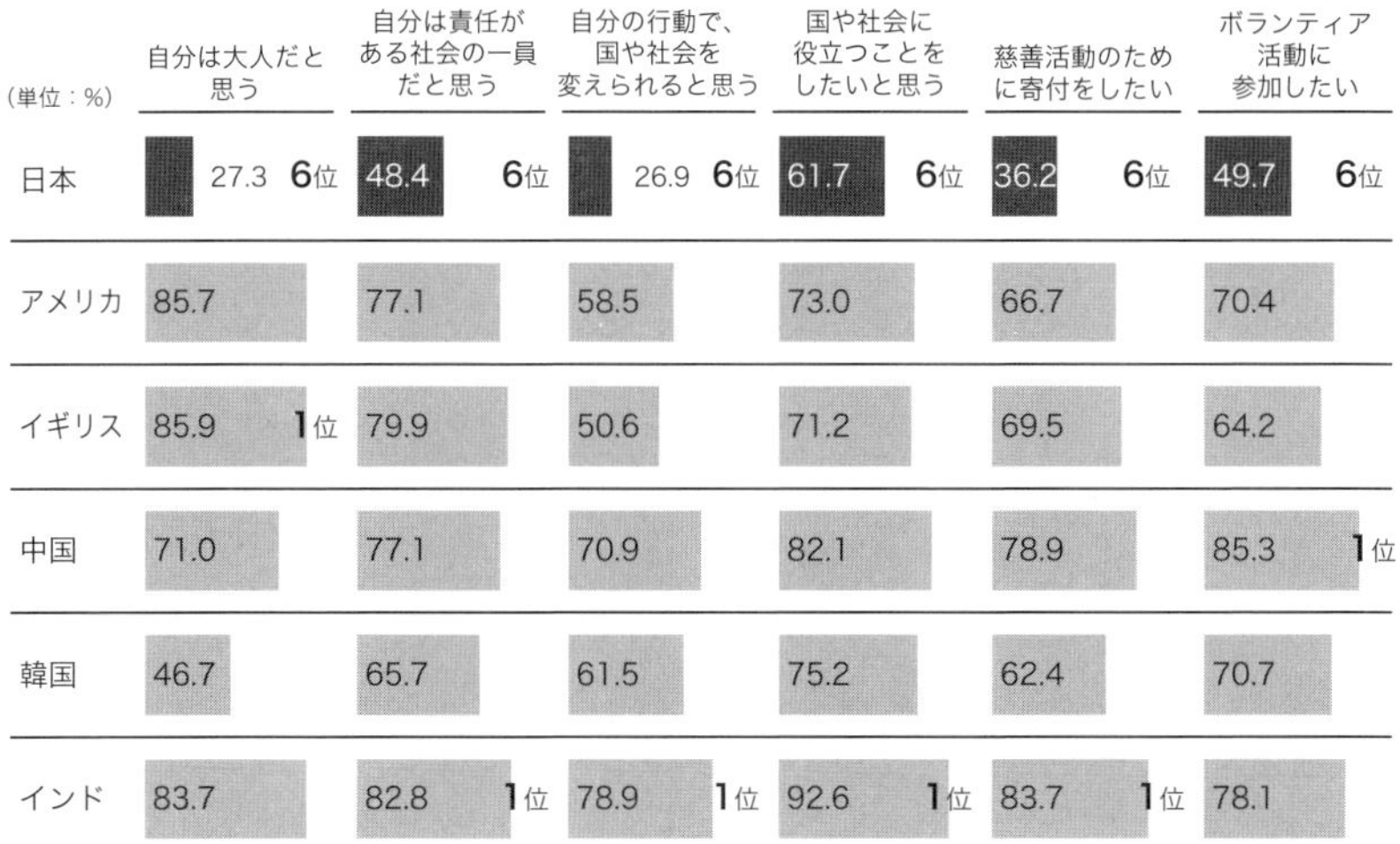

図表8-1　国際的に見ても、日本の若者は主体性や当事者意識に乏しい

出所：日本財団第46回18歳意識調査「国や社会に対する意識」（6か国調査）

そうした国民は育っていない。2022年に実施された国や社会に対する6か国意識調査の結果によれば、日本は「自分には人に誇れる個性がある」「自分は他人から必要とされている」「勉強、仕事、趣味など、何か夢中になれることがある」「自分のしていることには、目的や意味がある」「自分の人生には、目標や方向性がある」で6か国中最下位となった。さらに、自身と社会の関わりについて、図表8－1のすべての項目で日本は6か国中最下位となった。特に「自分は大人だと思う」「自分の行動で、国や社会を変えられると思う」がそれぞれ3割に満たず、他の国に差をつけられて低い。

このように、自己肯定感が低く、主体性が備わった若者が育っていない。その最大の理由が、子どもの権利を尊重していない学校にある。これまでの日本の学校では、大人が言うことを守り、他人に迷惑をかけない子が「良い子」だとされてきた。他方、子どもの権利条約で重視されている、子どもが権利の主体であること、子どもの意見表明権、子どもの最善の利益などは軽視されてきた。この価値観を大きく転換しなければ、子どもが幸せになることはない。子どもの権利が重視されていない、その象徴的なテーマが、校則と入試制度にある。

ここ数年、「ブラック校則」が大きな話題になっているにもかかわらず、一向になくならない。また、都市圏を中心に、中学受験が過熱し、「教育虐待」が起こっている。なぜこれらの問題は起こっているのか。そこに、日本教育の大きな課題が見えてくる。

1 いまだに続くブラック校則

2017年の大阪黒染め強要裁判を大きなきっかけに、「ブラック校則」と呼ばれる理不尽な校則が注目されるようになった。民間団体や弁護士などによる実態調査が進められ、2019年、2020年頃から徐々に先進的な学校や教育委員会で具体的な見直し方法の検討や実施が行われてきた。

2021年には、筆者が代表理事を務める日本若者協議会が、校則見直しを進める際には生徒も議論に参加するよう求める提言を文部科学省に提出し、生徒を交えた校則見直しの議論が加速するようになった。そして、2021年6月に、文科省が「校則の見直し」に関する通知を各教育委員会などに発出し、東京都教育委員会では下着の色の指定やツーブロックの禁止などのブラック校則が全廃された。

このように着実に改善は進んでいる一方、現場ではまだまだ多くの細かい校則が存在し、明確にルールとして書かれていなくても、指導上、厳しい校則が強いられているケースも多く存在する。

また、２０２２年12月には、教師用の生徒指導に関するガイドブックである「生徒指導提要」が12年ぶりに改訂され、子どもの権利を尊重すること、校則見直しを進める際には生徒の意見を尊重することなどが記載された。こちらも改善がみられる学校もあれば、私立学校を中心に、生徒が声を上げても、ほとんど聞き入れてもらえないケースもいまだ多く存在する。

(1) 戦後3回目の生徒を交えた校則議論

このように徐々に改善が進む校則問題だが、生徒を交えた校則議論が広がるのは今回が初めてではない。過去を振り返ってみると、戦後３回、校則見直しの議論は盛り上がっている。

①戦後〜1950年代

１回目が、戦後すぐから１９５０年代。戦後、ＧＨＱが日本を民主国家にするため、生徒会（生徒自治会）やＰＴＡを導入し、その時、文部省が作成した「新しい中学校の手引き」においても、学校を民主化することが記載された。生徒会の目的は「生徒をして、民主社会における生活様式に智熟せしめることである」とし、学校の活動は「民主的でなくてはならない。そのためには、学校は、生徒の活動に関する生徒との協議会をいろいろ持つことが必要である。……いろいろな協議会の中には、校則や、学級のきまりや、学級文庫・学校図書館の規則を推薦するための協議会」と記述している。

これを受けて、各学校で民主的な取り組みが広がった。例えば、都立第一高校（現在の日比谷高校）の生徒会は

１９４９年に「星稜生徒会自治憲章」を制定し、第４条では「（生徒会）会員代表、ＰＴＡ代表、校長で三者協議会をおき、相互の意思疎通をはかる」とされた。しかし、１９５０年には憲章を改正して校長の保留権が入り、生徒自治から「特別教育活動としての生徒会活動」に転換した。それでも、千葉県立東葛飾高校では、１９６９年に生徒会と職員会の二者で「教育制度検討委員会」を設置して話し合い、選択授業・自由研究導入、服装条項以外の生徒心得全廃（１９７２年に制服廃止）、職員生徒連絡協議会の制度化などの改革を実現し、二者協議会は他の学校にも広がっていった。

だが、進学校で受験シフトが強化されたのに加え、１９７０年代以降、学生運動に対する反発として、抑圧的、管理教育的なアプローチが取られ、民主的な取り組みは萎《しぼ》んでいった。

②子どもの権利条約批准前後（１９９０年代）

戦後２回目に学校の民主化が盛り上がったのは、１９９０年代。１９８９年に、国連で子どもの権利条約が採択され、日本は１９９４年に批准した。これを受けて、子どもの権利条約の意見表明権に基づいた生徒参加論が研究者や日本弁護士連合会（日弁連）などから提起された。

その代表例である、長野県辰野高校では、１９９７年に学校に関する事柄を、生徒・教職員・保護者の代表者らが話す「三者協議会」を設置。アルバイトや服装の校則、授業が改善されるなど、生徒、教職員、保護者が、学校運営の主体として意思決定に関わっている。しかし、政府の対応が消極的で、自主的な取り組みだったため広がりには欠けた。

日本は１９９４年に子どもの権利条約を世界で１５８番目と遅く批准したが、批准した直後の１９９４年５

月20日、文部省は「児童の権利に関する条約」について通知を発出した。その中で、「本条約第12条1の意見を表明する権利については、表明された児童の意見がその年齢や成熟の度合いによって相応に考慮されるべきという理念を一般的に定めたものであり、必ずしも反映されるということまでをも求めているものではないこと」と記載し、暗に子どもの権利条約を批准しても、大きな変化がないことを示した。これにより、先生が決めて児童生徒は従う、というパターナリズムの構造が変わらないままとなった。パターナリズムとは、強い立場にある人（ここでは大人である校長や教職員）が、弱い立場にある人（児童生徒）のためを思って、代わりに意思決定することである。しかし、本人の意思は確認しないため、本当に本人のためになっているかはわからない。さらに、自分で数ある選択肢の中から意思決定する力も育たないなど、弊害は多い。

こうした政府の消極的な態度もあり、積極的に子どもの権利条約の中身について周知はされず、子ども本人も、教員も子どもの権利の内容について十分に知らない状態となっている。公益社団法人セーブ・ザ・チルドレン・ジャパンが２０１９年に全国の15歳から80歳代までの３万人を対象に実施した子どもの権利に関するアンケート調査結果（「子どもの権利条約採択30年日本批准25年３万人アンケートから見る子どもの権利に関する意識」）によると、子どもの権利条約に関して、子ども８・９％、大人２・２％だけが「内容までよく知っている」と回答し、子どもも31・５％、大人42・９％が「聞いたことがない」と回答した。さらに、同団体が２０２２年３月に実施したインターネット調査「学校生活と子どもの権利に関する教員向けアンケート調査」によると、子どもの権利について「内容までよく知っている」教員は、約５人に１人（21・６％）のみ。「全く知らない」「名前だけ知っている」教員は、あわせて３割にのぼる（30・０％）ことが明らかになった。

ちなみに、若者の政治参加が世界で最も進んでいるスウェーデンでは、12歳（小学校６年生）時点で、88％の子どもが「子どもの権利条約」について知っているという。この1994年の文部省の通知は、今も有効なため、改めて見直し、積極的に子どもの意見表明権を認め、学校や教職員に子どもの意見を尊重するよう求める必要がある。

こうして自主的な取り組みが広がった1990年代だが、2000年代に入ると、トップダウンで物事を決め、生徒の行動も縛る管理教育が強化され、子どもの意見尊重だけではなく、教員同士の話し合いも弱まった。2000年、学校教育法が改正され、それまで実質的に意思決定機関となっていた職員会議の位置づけを見直し、職員会議は「校長の補助機関」となり、校長の権限が強化された。さらにあたかも職員会議で議論するなと言うように、2006年には東京都教育委員会が職員会議で「挙手」「採決」などの方法で、教職員の意思を確認する運営を行ってはならないとする通知を都立学校長に出した。2014年には文科省が東京都教育委員会と同様の内容の通知を出し、翌年にはそれが守られているかどうかの全国調査を実施して、守っていない学校には是正させた。

こうして教員同士の合議制が失われ、生徒に対しても、言われたことを守る態度が求められるようになっていく。2006年、教育基本法が改正され、そこでは、「国を愛する態度を養う」とともに「規律を重んずる」教育（第六条）が定められ、自分の頭で考えて、批判的に物事を見る子どもより、規律を重んじ遵守する子どもが「良い子」とされた。そして、翌年には文科省が「問題行動を起こす児童生徒」には毅然《きぜん》とした指導を行うよう通知し、「ゼロ・トレランス」と「スタンダード」が広がることとなった。

「ゼロ・トレランス」とは、1990年代にアメリカで広がった生徒指導で、学校側があらかじめ規律と懲戒規定を明示して、それに違反した生徒を例外なく処分するという方法である。トレランスとは、寛容さという意

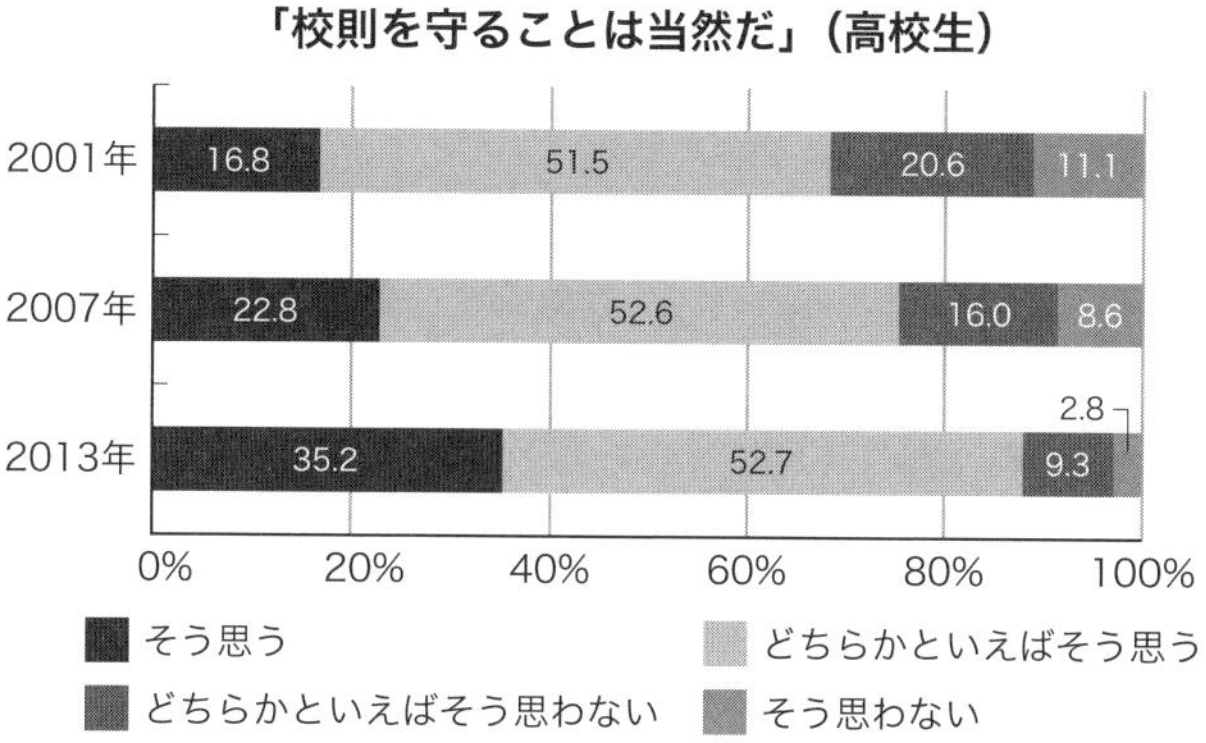

図表8-2　年々、規範意識が高まる傾向にある
出所：平野孝典（2015）「規範に同調する高校生」友枝敏雄編
『リスク社会を生きる若者たち――高校生の意識調査から』

味で、無寛容に対応していくということである。

「スタンダード」は、「授業中は姿勢よく座る」「掃除は黙って行う」「廊下は静かに右側を歩く」といった、持ち物の規定や授業を受ける時の望ましい姿勢などを示したルールである。これが小学校から始まっており、細かく〝正しい〟行動が求められている。

こうして「期待通り」、「上」が決めたルールに自分を合わせる子どもが増えている。6年ごとに定期的に実施している意識調査では、「校則を守ることは当然だ」という質問に対し、「そう思う」と回答する高校生は着実に増えており、2001年(16・8%)から2013年(35・2%)で倍増している。「そう思う」と「どちらかといえばそう思う」を合わせると、68・3%から、87・9%にまで増えている(図表8－2)。

③現在

そして、戦後3回目の校則見直しの議論が現在、盛り上がっている。だが、生徒指導提要改訂から1年が経過するが、必ずしも順調ではない。2022年12月に改訂された、教師用の生徒指導に関するガイドブックにあたる生徒指導提要改訂版では、校則をホームページなどで公開し、定められた背景などを示すこと、マイナスの影響を受ける児童や生徒がいないか検証し絶えず見直しを行うこと、見直しには児童や生徒が参加することが求められている。そして、NHKが改訂から1年にあわせて、全国の都道府県の教育委員会に公立高校の状況についてアンケート調査を行ったところ、校則をホームページなどで公表している学校が「ある」と回答したのは40の教育委員会で、あわせて2053校、公立高校全体の少なくとも59%に広がっているという結果になった。

一方、校則の理由や背景を示している学校が「ある」のは21で、把握されている範囲では324校、見直す際の手続きを示している学校が「ある」のは24で、664校、見直しに生徒が参加している学校が「ある」のは42で、1000校であった。ただ、学校数を把握していない教育委員会も少なくなく、全体の1割から3割にとどまっている。

(2) 児童生徒や教員の声は?

こうしてNHKの調査結果を見ると、校則のホームページ公表以外に関しては、改善スピードが遅いことがわかる。さらに、NHKの調査は教育委員会に回答を求めているため、実際に答えているのは管理職になるが、これを現場の教職員や児童生徒に聞くと、また違った結果も見えてくる。

生徒指導提要改訂で学校現場は変わったのか、日本若者協議会が中学生・高校生、教員を対象に実施したアンケートによると、大多数が「変わっていない」と回答した。さらに、教員からの回答として、教育委員会の指示でホームページに校則を載せているものの、実際は一部しか明文化されていないというコメントもあった。

Q5　生徒指導提要改訂で推奨されている内容の中で、学校ですでに実現しているものを教えてください

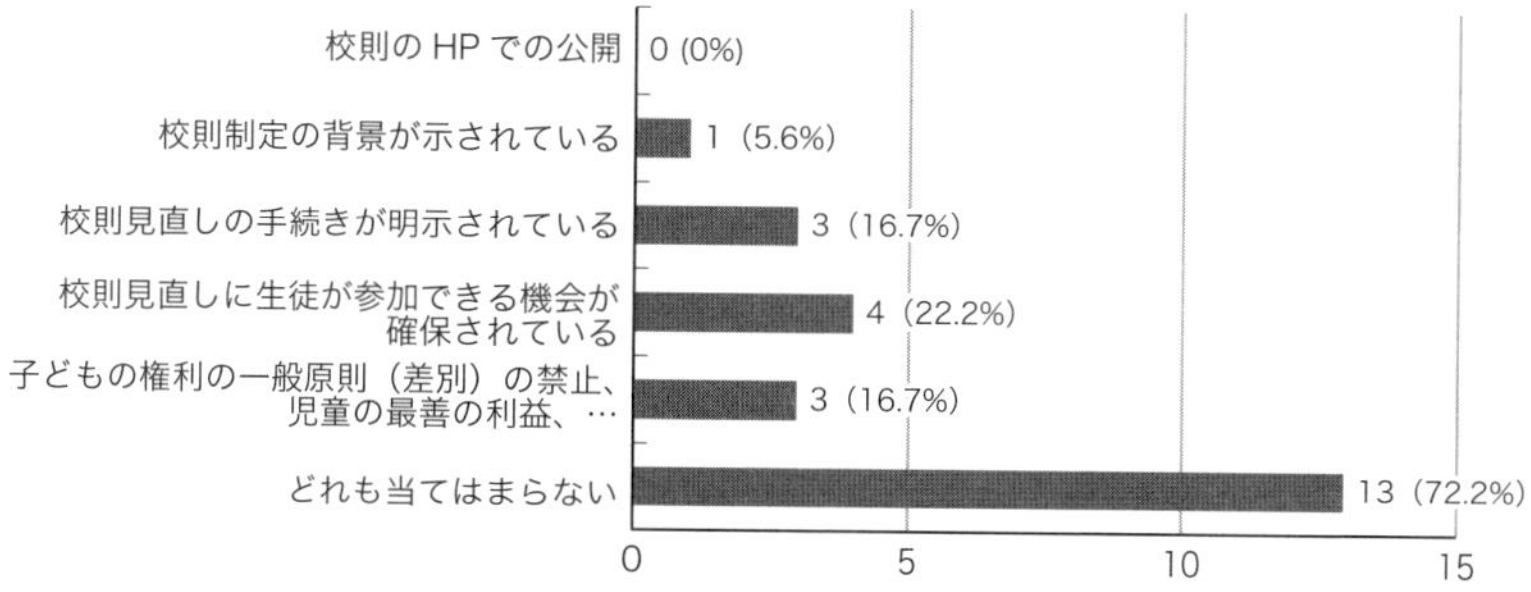

図表8-3　生徒指導提要改訂後も大きな変化は見られない

出所：日本若者協議会「生徒指導提要改訂で学校は変わったか？『学校内民主主義』に関する生徒・教員向け第二弾アンケート」

東京都教育委員会の指示により、現在都立学校では校則をホームページに載せなければならないことになっている。しかし本校では校則の一部は記載されているが、生徒を縛る規則のすべてが明文化されているわけではない。また、生徒手帳に載っている規則もそうだし、本校には生徒手帳に載っていないルールも多く存在する。本校ではスマホは使用禁止という他校と比較してみても厳しいルールがあるが、ホームページの記載はQ&Aにちょこっと載っているだけである。（高校教員・国公立・東京都）

改訂版の生徒指導提要で推奨されている項目に関しても、生徒目線では「どれも実現していない」という回答が大半という結果となった（図表8－3）。

他にも、学校内での子どもの権利保障や、学校のことについて学校長だけでなく、児童生徒や教職員も含めて、民主的に意思決定をする「学校内民主主義」に関して、いくつか回答結果を引用しよう。

生徒の回答

校則やイベントのルールを変えたいという声は多くの生徒から上がっているが、変え方が不透明で生徒部から生徒の態度が悪いから変えられないなど、難癖をつけられている状況。校則に対する規制も国や地域として必要だと思うが、校則やルールの変え方についても指標を出してほしい。ただ現状の教員の働き方では生徒としても仕事を増やしてしまうことにつながると思いなかなか要望できない事もあるので、教員の働き方を変える事も必要不可欠。（高校生徒・国公立・東京都）

生徒会選挙への学校側の介入・それに対する文句を握りつぶすのをなんとかして欲しい。（高校生徒・私立・愛知県）

まずは、学校で子ども達にその内容を教える時間をとる事を明記してほしい。いくら改定されても、教師も知っているかは不明だし、学生はほとんど知らない。1時間でも全校生徒に話す時間をつくる努力をすることを、提言して欲しい。（中学校生徒・私立・広島県）

教員の回答

勤務校では、どうしても「私立なのだから」（嫌なら辞めればいい）という論調で子どもの権利が蔑ろにされる場面が多くあります。子どもの権利は公立・私立問わず、すべての学校で保障されなければならないという認識が広まるような提言をしていただけると助かります。学校内民主主義や子どもの権利について、各

学校が教員向けの研修を行うことを促すような文言も入れていただけると有り難いです。（高校教員・私立・神奈川県）

1．教職員合意で学校運営がされるしくみになっておらず、校長の決定で上意下達で決定される。職員会議では、多数決も禁止されており、校長の決定を教員に伝える場となっており、教員どうしが意見を出し合い議論して合意を形成する場になっていない。教職員自身の自由と権利が保障されていない状況で、真に生徒の権利が保障されることはむずかしい。

2．教育の内容について。小学校や中学校などで、「自分の義務を果たしていない人は、権利を主張できない」「自分の権利ばかりを言う人はわがまま」であるかのような教育がされているように感じる。「人々の権利を保障するのは、国家や地方自治体の義務である」「学校で、子どもの権利を保障するのは、学校と教育行政の義務である」というあたりまえのことが、子どもも教員も教育行政の担当者もしっかり理解されていない（教えていない）と思われる。この点では、学習指導要領や教科書の記述にも、問題が多い。（高校教員・国公立・大阪府）

このように、戦後何度も同じような議論が起こり、生徒指導提要改訂から1年経った今もまだまだ課題が多く、学校内での子どもの意見表明権の確保は十分に進んでいないようだ。

日本若者協議会では、「学校内民主主義の制度化を考える検討会議」を開催し、法制度化に向けた議論を進めているが、やはり法的な拘束力を高めるなど、様々なアプローチが必要のように思える。

2 「ブラック校則」を解消する韓国の取り組み

今後取り組みを進めるにあたって、ヒントになると感じているのが、日本の10年ほど先を進む韓国の取り組みだ。以前は多くの学校で、日本と同様に、生徒の頭髪・服装などが過度に制限されていたが、徐々に緩和が進んでいる。

ただ必ずしも順調に見直しが進んでいるわけではなく、行ったり来たりを繰り返している。日本と同じく家父長制が根強く残る国である、韓国での校則見直し過程は、日本にも参考になるのではないだろうか。そうした考えから、徐々に校則見直しが始まった2000年代頃からの動きを見ていく。

(1) 2010年代に条例策定、校則見直しに着手

韓国での校則見直しの大きな転機になったのが、若者や市民の声で進んだ、自治体の「学生(児童生徒)人権条例」だ。韓国では2000年頃から、頭髪規制廃止を求める署名運動が起こり、児童生徒の人権問題が社会的な課題として認識されるようになった。そして国政では、「児童生徒人権法」成立を目指し、革新系(リベラル)政党である民主労働党が2006年に「初・中等教育法」改正案を提出するが、任期満了により廃案になった。

地方自治体では、光州市が「児童生徒人権条例案」を作成したが、生徒指導の困難化を恐れる校長や教育庁によって阻まれ断念。その後、2010年の統一地方選で進歩派教育監(日本でいう教育長に相当)が当選し、

２０１０年京畿道で「児童生徒人権条例」が制定されたのを皮切りに、光州市、ソウル市でも条例が制定された。

京畿道「児童生徒人権条例」は、「総則」「児童生徒の人権」「児童生徒人権の振興」「児童生徒人権侵害に対する救済」「補足」の五つの章によって構成されており、体罰の禁止、放課後や夜間に実施される強制自習の禁止、頭髪や服装など個性を実現する権利の保障、私生活の自由、児童生徒が学校運営や教育庁の教育政策に参加する権利の保障などが明記されている。

他に、例えばソウル市では以下のような条文になっている。

ソウル特別市児童生徒人権条例（2012年制定）

第三条（児童生徒の人権保障の原則）

１　この条例において制定される児童生徒の人権は人間としての尊厳を維持し、幸福を追求するために必ず保障されなければならない基本的な権利であり、教育と学芸をはじめあらゆる学生生活のために最優先的にかつ最大限に保障されなければならない。

２　児童生徒の人権はこの条例に挙げられなかったことを理由に軽視されてはならない。

３　学則等の学校規定は児童生徒の人権の本質的な内容を制限してはならない。

第十二条（個性を実現する権利）

1　児童生徒は服装、頭髪等の容貌において、自分の個性を実現する権利を有する。
2　学校の長及び教職員は児童生徒の意思に反して、服装、頭髪等の容貌を規制してはならない。但し、服装に関しては学校規則をもって規制できる。

条例制定後も「ブラック校則」残る

はじめて「児童生徒人権条例」が制定された京畿道では、体罰は少なくなり、校則見直しも行われた。人権教育が進められたことにより、取り締まり中心の生徒指導から脱却し、生徒と教師の関係性が、相互尊重的なものに変わっている場面も見られるという。また生徒の学校運営への参加が進んだことにより、学校文化そのものが変わり、市民教育も大きく前進している。

一方で、条例制定後も、「教権」（教師の教育する権利）が侵害され、学校が無秩序になるとの考えから、現場の教師や保守派からの反感もあり、必ずしも十分に現場に定着していないとも言われる。京畿道児童生徒人権条例制定後の学校の変化に関する研究（龍谷大学 出羽孝行）から引用する。

条例制定後は教育庁や研究者などによって教師や児童生徒に対して各種質問紙調査などが行われてきた。条例制定1年後に教師・児童生徒・保護者に質問紙調査を行った金聖天は、学校が人権関連政策を進めるためにかなり疲労している反面、児童生徒の側は一部を除き大きな変化はないと考えているとし、問題の解決には教師と児童生徒の間、或いは児童生徒同士の「関係性」に着目する必要があるとしている。また、『2014　京畿道学生人権実態調査』では、教師と児童生徒、保護者の間に児童生徒の人権の状況について認識の差が表れており、頭髪規制や体罰といった児童生徒への人権侵害について、教師よりも児童生徒のほうが多く存在していると認識している。

『〈全国学生人権実態調査〉結果報告書２０１４』によれば、手や道具を使用した体罰は16の広域自治体中、京畿道が最も少なく、他の部分でも児童生徒人権条例が制定されている地域の学校では条例が制定されていない地域に比べて児童生徒の人権は尊重されているものの、体罰や頭髪規制などは完全になくなってはおらず、人権保障のための総合的な対策を示す必要が指摘されている。

しかも、必ずしも教師側がキツく制限したわけではなく、生徒自身が制限を課す場合もあるという。

校則の作成について、以前は生徒部（生徒指導部）の教師が主体となって行っていたものが、条例制定後は学級代表をはじめとした生徒や教師が集まった場所で生徒が投票を行うことになったものの、生徒自身が規則を主張するので、条例制定前と大きく変化したところはないという［教師Ａ］。（同引用元）

これは日本の学校現場でも起きており、これまでの延長線上で校則を考えるのではなく、一度ゼロベースで「自由」やそれを制限する意味を考える必要があるのだろう。

ソウル市では、中高生の髪型や髪色を規制する校則について、２０１８年に市教育庁が２０１９年秋季からの撤廃を各校に要請したが、２０２１年に、国家人権委員会が調査したところ、行き過ぎた校則を設けている学校は31校（中学校44校のうち９校、高校85校のうち22校）に上り、そのうち27校では違反者に対する罰点の付与その他の指導・取り締まりが行われていたことが明らかとなっている。

残っていた校則として、例えば、▽生徒の染髪やパーマの全面的制限、▽宗教的アクセサリーを含むすべてのアクセサリーの着用禁止、▽制服をジャケットまですべて着用しなければコートを着ることを認めない運用など、10項目以上の制限を設けていたと指摘されている。

そうした実態を踏まえ、韓国・国家人権委員会は、個性を表現する権利、一般的な行動自由権などの基本権を侵害しているとして、「中高生に対して頭髪・服装などの容姿を制限する過度な学則は改正しなければならない」と、31校すべての校長に対し、校則改正、指導の見直しの勧告を出している。国家人権委員会は、政府から独立した機関であり、今回の調査・勧告もソウル市内の学校で生徒の頭髪・服装などが過度に制限されているという一般市民からの多数の申立てを受けて出されている。

(2) 日本への示唆

今後この勧告がどこまで尊重され、学校現場が変わっていくかはまだ不明であるが、今後日本でも「ブラック校則」の見直し、生徒の学校運営への参加を進めていくにあたって、参考になる点は多い。

韓国の事例を踏まえると、重要なポイントは三つあるように思える。一つ目が根拠となる法律・条例の策定、二つ目が定期的な行政の実態調査、介入(外部からも申立てできるように)、三つ目が大人・子どもへの人権教育、である。

①根拠となる法律・条例の策定

まずは、人権侵害となっている校則の見直しを進めていくための根拠となる、法律や条例の必要性だ。本来的には憲法で規定されている人権は学校内でも守られるはずであるが、特に子どもに関しては教育指導の必要性から軽視される傾向が強い。実際、日本の判例では学校にある程度の「部分社会」の法理を認めており、校則や児童生徒に特化した法律・条例の制定が望ましい。部分社会論とは、日本の司法において、団体内部の規律問題については司法審査が及ばない、とする法理である。部分社会の法理とも言われる。

ここ数年、教育委員会の方で校則に関するガイドラインを出しているところもあるが、法的根拠（拘束力）を明確にするため、やはり法律・条例が望ましい。また教育の自治の考え方があるとはいえ、最低限の人権保障はどの地域、どの学校に通っていようが守られるべきであり、法律で制定することが望ましいのではないだろうか。

②定期的な行政の実態調査、介入（外部からも申立てできるように）

これまで見てきたように、法律・条例は必要であるが、それだけで十分ではない。きちんと実態に反映されているか、外部から定期的に実態調査を行う必要がある。現に日本の教育委員会が校則について調査を行っているように、既存の行政内部の組織でも調査を実施することは可能だが、教育長などに大きく左右されることもあり、本来的には独立した機関が実施することが望ましい。

しかし日本では、「こども基本法」において、こどもコミッショナーの設置が見送られたように、子どもの権利を守るための国レベルの第三者機関は存在しない。1993年に国連総会で決議された「国内人権機関の地位に関する原則」（パリ原則）では、人権を守るための国内人権機関の設置・運営を求めており、民主党政権時代などに本格的な議論も行われたが、日本では設置に至っていない。またソウル市では、子どもの権利侵害事例の公募を行うなど、子ども本人が自分の権利を守るために訴える環境がつくられており、それも参考になる。

③大人・子どもへの人権教育

最後が、大人、子どもへの人権教育の必要性である。やはり法案・条例が制定されても、その精神が理解されなければ、実態は大きくは変わらない。

特に、これまで子どもの権利侵害が〝問題ない〟とされてきた、既存の指導方法を大きく変えることは簡単なことではない。大人、特に子どもと密接に関わる専門職への人権教育を強化しなければならない。セーブ・ザ・チルドレン・ジャパンが公表した調査結果（「学校生活と子どもの権利に関する教員向けアンケート調査」）では、子どもの権利について「内容までよく知っている」教員は、約5人に1人（21・6％）と、現状は全く十分ではない状況が明らかになっている。

こども基本法が施行され、生徒指導提要の改訂版でも、子どもの権利を尊重することが記載されるなど、徐々に子どもの権利に関する社会的認識は変わりつつある。ただ、一度行政が条例や方針を策定して終わりではなく、各関係者間において、児童生徒の権利を尊重する意識が定着するよう努力を続ける必要がある、というのが、最大の示唆だろう。

そしてそれは、「国連子どもの権利委員会」が、子どもの権利条約第二八条第二項「学校の規律」を遵守するために必要な指針を示している通りである。

子どもの権利条約第二八条

第二項　締約国は、学校の規律が児童の人間の尊厳に適合する方法で及びこの条約に従って運用されることを確保するためのすべての適当な措置をとる。

国連子どもの権利委員会

・締約国に対し、公立および私立学校における体罰および子どもの権利を侵害するその他の懲戒を禁止するための立法措置をとるよう要請

・意識向上のキャンペーンを実施すること

・条約に沿わない処罰を監視するメカニズムを設置すること

・苦情処理システムを確立して苦情を調査すること

・体罰に代わるオルタナティブな規律の形態を導入してそれらを実施する教員を育てること

・学校の規律方針の設計・開発への子どもの参加を促進すること

3 過度に競争的な教育システムが子どもの主体性を奪う

学校では、テストの成績や課題、ボランティア活動など、学校推薦や内申点ばかりを気にした学校生活になっている。結果的に、生徒同士で足の引っ張り合い、いじめ、生徒同士の優劣が生まれている。先生も学力が優秀な生徒を評価しがち。

先生や規則に従うのは一見すると楽だけど、従うことに慣れ、自分の考えを持つことや、疑問に思う人が少ない。生徒が発言せず、先生になんでも従っている。先生は生徒の意見を反抗的だと評価する。生徒も先生の意見が一番だと思っている。

子どもの権利が尊重されていない弊害のもう一つが、子どもの主体性が奪われている点である。そして、その原因は「教育虐待」を生み出す、過度に競争的な教育システムである。

日本若者協議会では、学校で子どもの権利が保障されていないのではないかという問題意識から、2022年9月、「学校における子どもの権利保障を考える検討会議」を設置。「こども基本法」施行後を見据え、当事者である児童生徒が中心となり、子どもの権利を尊重した学校とはどのような姿なのか、どのように教育を変えていくべきなのか議論を重ねてきた。

2023年6月には、検討会議の議論を踏まえた提言『学校も「こどもまんなか社会へ」「学校における子どもの権利保障」に関する提言』を文部科学省の伊藤孝江大臣政務官に手交した。

本節冒頭の発言は、検討会議の議論の中で出てきた中学生の発言である。これ以上ないほど、日本の学校の問題点を適切に指摘しているのではないだろうか。

2020年度から導入されている学習指導要領に「主体的・対話的で深い学び」が記載され、探究学習なども広がりつつある。一方、内申書や入試があることによって、本当の意味で主体的な学びになっておらず、あくまで内申書や入試のための勉強、学校生活になっている。

内申書の弊害

実際、中村高康・東京大学教授らが行った調査（2020年3月、各都道府県の高校生男女計約3000人を対象に実施）によると、中学3年生の約8割が内申書（調査書）を意識して学校生活を送っている。

内申書を意識した行動としては、64・9％が「校則を守った」、50・2％が「部活動に積極的に取り組んだ」と答えている。また、生徒会役員に立候補した生徒のうち、内申書を意識して立候補した生徒の割合は73・3％に上り、部活動の部長・副部長も76・4％が内申書を意識して立候補していた。

さらに、「先生に反発しないようにした」という生徒の割合も49・6％に達し、「先生から『内申書に書くぞ』といわれた」と答えた生徒が15・5％と、教員側も内申書を〝利用〟していることがわかっている。

このように生徒たちは、常に他者の目線（評価）を気にした学校生活を送らざるを得ない状況となっており、それが息苦しさにつながったり、自己肯定感の低さを生み出したりしている。

自分の思いよりも、先生からの評価を気にする、こうした現状を問題視した広島県では、2023年春の入試から、内申書を簡素化し、学習記録（内申点）だけの記載に改め、ボランティアやスポーツ、生徒会活動などの記録欄は廃止する。代わりに、すべての受験生に面接のような形で自身をアピールする「自己表現」を課す。

こうした「改革」を平川理恵・広島県教育長が進めた大きな理由の一つに、子どもの声がある。広島県の入試制度の改革案へのパブリックコメントを募ると、子どもたちから300件以上の意見が寄せられ、「内申点にビクビクしながら色々なものを犠牲にしてきた」という意見が多かったという。

「評定」の悪影響も大きい。学力向上のためではなく、客観的な指標作りのためのテストが行われるだけでなく、小さい頃から「評定」によって子どもが序列化され、自己肯定感の低下につながっている。この悪影響から、諸外国では中学校まで、成績の数値化や順位付けをしないなど、子ども一人ひとりの個性や可能性を大事にしている。

なお、「評定」と「評価」は異なる。「評定」が一律の基準によって数値化・序列化するのに対し、「評価」は個別の進捗や課題などを確認するもので、個人が成長していくためには欠かせない。

過熱する幼少期の受験競争

さらに、中高一貫校（高校時点での募集停止）の増加や公立学校の質低下によって、中学受験も珍しくなくなっている。結果的に、小学校の頃から、夜遅くまで塾に通うなど、競争的な教育環境によって、子どもに過度なプレッシャーや時間的余裕のなさを与えている。子どもの自殺や、不登校（登校拒否）の児童生徒数が過去最多になっていることと無関係ではないだろう。

ほぼすべての子どもが高校に進学する中で、学校単位の高校入試は、はたして必要なのだろうか。高校受験が存在するために、中学校段階で、評定や調査書が必要になり（そのためのテストや宿題も）、競争を生み出している。「学力世界一」とも言われるフィンランドで、さらなる教育の平等や高スキル人材の育成のため、2021年8月から義務教育期間が高校まで延ばされたように、日本も高校までの義務教育化を検討する時期に差しかかっているのではないだろうか。少なくとも、今や学校単位の高校入試を行っている国は日本ぐらいである。同じアジア圏である韓国では、受験競争を緩和するために、高校受験を廃止している。基本的には中学校と同じように、近所の学校に通うようになっている。

他にも、選択の余地の少ない時間割、厳しいルール（校則）、全国学力テストや大学入試における共通テストなど、子どもの主体性を奪う仕掛けが数多く存在する。

このように、日本の学校では常に他者に評価され、主体性が発揮できず、競争に駆り立てられている。結果として非常に〝優秀な〟人材が育成され、国の成長につながっているならまだしも、日本経済も低迷の一途をたどっている。どこか根本的に間違っているのは明らかである。

子どもの権利を重視した教育へ

その時ヒントになるキーワードが、子どもの権利、子どもの最善の利益ではないだろうか。「子どもの最善の利益」は、英語では「the best interests of the child」。つまり、子どもの興味関心を第一に考慮するということである。

現状、日本の学校、教育制度がそうなっているかと言えば、程遠いと言わざるを得ない。管理型の教育から、子どもの権利を重視した、信任型の教育へ。公教育の目的を再認識し、大きく作り替えなければ、子どもも国も、そして教員もますます不幸になっていく気がしてならない。

引用・参考文献

出羽孝行（2015）「京畿道児童生徒人権条例制定後の学校の変化に関する研究――韓国・京畿道の教師の調査を通して」『学校教育研究』30（0）、pp.80-92
平野孝典（2015）「規範に同調する高校生」友枝敏雄編『リスク社会を生きる若者たち――高校生の意識調査から』大阪大学出版会
公益社団法人セーブ・ザ・チルドレン・ジャパン（2019）「子どもの権利条約 採択30年 日本批准25年 3万人アンケー

トから見る子どもの権利に関する意識」

公益社団法人セーブ・ザ・チルドレン・ジャパン（2022）「学校生活と子どもの権利に関する教員向けアンケート調査」

中村高康（2023）「高校入試制度と学校生活に関する調査」

日本財団（2022）18歳意識調査「第46回 国や社会に対する意識（6カ国調査）」報告書
日本若者協議会（2023）「学校も『こどもまんなか社会へ』『学校における子どもの権利保障』に関する提言」

日本若者協議会（2023）「生徒指導提要改訂で学校は変わったか？『学校内民主主義』に関する生徒・教員向け第二弾アンケート」

ユニセフ（国連児童基金）（2020）『レポートカード16――子どもたちに影響する世界：先進国の子どもの幸福度を形作るものは何か』

Column

高校「全国校則一覧」サイト開発

神谷航平

私が校則に関心を持つようになったのは、中学生の時でした。「帰宅後、午後4時までは外出してはいけない」「靴の色は白色」などの校則に対して疑問を抱いたところからです。先生になぜこれらの校則があるのかを聞いても、納得できる回答は得られませんでした。自分の学校の校則を変えようと、X（当時のツイッター）に「他校の校則と自分の学校の校則を比較をしたい」と投稿しました。すると、情報公開制度を使えば市内中学校の校則の写しが入手できると教えてもらえました。

中学生でもできるのかと心配でしたが、情報公開請求をして数週間後に校則の写しを手に入れました。実際に目を通すと、学校によって大きく違ったり、そこまで変わらなかったり、市内統一だったり、校則の内容がそれぞれ違うことがわかりました。結果として、校則を変えることは道半ばとなってしまいました。

高校1年生の春に、群馬県の高校の校則はどうなっているのだろうと思い、校則を取り寄せました。いざ、校則を手に入れて思う存分見たはいいものの、自分だけが持っているだけではもったいないと感じ始めました。そう感じる中で、「自分と同じように先生に疑問をぶつけ、変えるためのアクションを起こしても変えられない、結果を出せない子も多いのではないか。何かその子たちに武器を渡すことはできないか」と考え、全国の校則を集め、公開する活動を始めました。２０２１年11月に「全国校則一覧」（https://www.kousoku.org/）を開設し、２０２４年2月現在で、１７００校の校則が公開されています。

ＳＮＳで一緒に活動をしてくれる仲間を呼びかけると、「自分も一緒に活動したい」と仲間が増え、現在では20人の仲間と共に活動をするに至っています。つくづくＳＮＳがある時代に生まれていて本当に良かったなと思います。

そんな、20人と共につくる「全国校則一覧」はさまざまな使われ方がされています。

中学生が、志望先の高校を決める際の高校選びの参考材料にしたり、高校生が校則見直しの際に他校と比較をするために利用したり、さらには大学の授業で使われたりと使い道はさまざまです。年間80万人を超える方に見ていただいており、校則がいかに社会的に注目され、そして学校生活で重要視されているかがわかります。

今は校則を集めて公開しているだけですが、今後は校則を分析してみたいです。

２０２２年12月に生徒指導提要が改訂され、1年後の２０２３年12月にはこども大綱が策定されました。改訂や策定された前後の校則を比較し、どんな校則が各校で変更されたのかを調べたいです。また、校則の見直し方についても学校間によって差異がないか、大人たちだけで決めていないかなどを調べようと考えています。

全国の校則の公開作業をしていると、地域特有の校則があることに気づきました。それらの校則にも注目し、なぜ、その地域だけ特定の校則が発達したのかを現地で調べてみるのも面白いと考えています。校則は奥が深くとても面白いです。一緒に校則を調べてみませんか。

第9章

シティズンシップを育む学校教育

林 大介

はじめに――子どもは主権者

日本社会において、子どもは半人前扱いされがちであるが、生まれたときから一人の市民であり主権者である。このことを私たちおとなは、どれだけ自覚できているのだろうか。そもそも主権者とは主権を持つ者のことである。この場合の主権とは、「国の政治のあり方を最終的に決定する権力または権威」を意味し、現代日本においては「国民主権」原理を採用する日本国憲法によって定義づけられている▼1。

確かに、「国の政治のあり方を最終的に決定する権力または権威」となると、2歳の子どもが、「自分が住んでいる自治体や国のあり方について決定する力（言い換えるとすれば、判断する力）」を発揮できるか、と言われればそれは難しいであろう。しかし、普段遊んでいる公園の〝お気に入りの場所〟や、自分が〝好きな遊び／嫌いな遊び〟であれば答えることはできよう。歳を重ねていくことで、生活圏が家庭から保育園・幼稚園、そして学校～市町村～都道府県～世界というように拡がっていく。成長するにつれて「自分が暮らしている〇〇県の特徴はこんなだな。〇〇市はこういうところだな」と意識し、「世界の中の日本はどうなのだろう」と考えが広がり、自分と地域、社会との関係性を意識するようになる。生まれた時から私たちは主権者であり、その意識をもって生きていくことができる環境にあるかどうかが、大事なのである。

情報化やグローバル化が進み、人工知能（ＡＩ）の飛躍的な進化による未来を予測することが難しくなっていく社会において、将来、子どもたちが就く職業やどのような人生を歩むのかは予測不能である▼2。日本人の労働人口の約半分は技術的にＡＩやロボットが代替できる仕事をしているという結果も出ている▼3。阪神淡路大震災や東日本大震災、Covid-19、そして２０２４年1月1日に起こった能登半島地震など、自然環境においてもいつどこで何が起こるかわからない、まさに未来を予測できない時代を私たちは生きている。

予測できない変化に主体的に向き合い、自分の力で人生を切り拓くことが求められる中、高等学校においては公民科の共通必修科目として「公共」が設置されるなど、社会系教科の科目構成が大きく変わった。「主体的・対話的で深い学び」や、問題解決力・情報活用力・コミュニケーション力といった「生きる力」を育てることがより求められるようになった。社会とのつながりを意識した「生きる力」の育成をより充実させるとともに、「理解していること・できることをどのように実践につなげていくか」を意識した実践および現実社会への参画が求められている。

だからこそ、子どもを半人前扱いし続け成人したとたんに「自己責任」を押し付けたり、〝忖度《そんたく》する主体性〟を育てるのではなく、子どもの時から「市民とは何か」という意識を持って育ち、主権者／市民として地域に参加していくことが大切になる。

子ども時代から、平和で民主的な国家及び社会の形成者としての自覚が意識づく環境にあるのかどうかが、問われている。何より、子どもが一人の人間として尊重され、自分の考えや意見を伝えることが重視されること。安心して互いに自分の考えや意見を伝えることができる環境・場、そして、多様性を尊重していく環境が不可欠となっている。子ども自身が社会を構成する一員と実感し、社会に参画するためには、どのような取り組みが必要なのか。

1 「シティズンシップ教育」「主権者教育」の位置づけ

(1)「民主主義の担い手」に求められる力

中央教育審議会において、新科目「公共」を含めさまざまな議論がされている渦中、憲法改正国民投票の改正論議との兼ね合いで選挙権年齢の引き下げが国会で議論となり、2015年6月に公職選挙法が改正され、選挙権年齢が18歳に引き下がった[4]。これを機に総務省・文部科学省は、高校生向け副教材『私たちが拓く日本の未来　有権者として求められる力を身に付けるために』[5]（以下、副教材）を2015年9月に作成し、毎年、すべての高校生に配布している。

副教材では、「公共的課題の解決に向けて多様な価値観を持つ他者と議論しつつ協働する国家・社会の形成者」＝「民主主義の担い手」と位置づけ、次の四つを「国家・社会の形成者として求められる力」として掲げた。

- 論理的思考力（とりわけ根拠をもって主張し他者を説得する力）
- 現実社会の諸課題について多面的・多角的に考察し、公正に判断する力
- 現実社会の諸課題を見出し、協働的に追究し解決（合意形成・意思決定）する力
- 公共的な事柄に自ら参画しようとする意欲や態度

そして〈話し合い活動〉を中心に、〈模擬選挙〉や〈模擬議会〉〈模擬請願〉など、実際の政治的事象を授業の中で取り上げ、社会課題について考え判断することを求めている。特に、これまで〝生々しい〟といった理由で敬遠されがちだった実際の選挙を題材にした〈模擬選挙〉を含め、実際に国会等で議論となっている法案や、各政党の考え等を授業として扱うことを推奨していることは評価すべきである（〝政治的中立性〟については後述）。

(2)「社会参画」が期待されている18歳選挙権時代

また、文科省は、2015年10月に「高等学校等における政治的教養の教育と高等学校等の生徒による政治的活動等について（通知）」[6]を発出し、「主権者教育」のあり方を次のようにまとめている（傍線筆者）。

法改正は、未来の我が国を担っていく世代である若い人々の意見を、現在と未来の我が国の在り方を決める政治に反映させていくことが望ましいという意図に基づくものであり、今後は、高等学校等の生徒が、国家・社会の形成に主体的に参画していくことがより一層期待される。

「議会制民主主義など民主主義の意義、政策形成の仕組みや選挙の仕組みなどの政治や選挙の理解に加えて現実の具体的な事象も取り扱い、生徒が国民投票の投票権や選挙権を有する者として自らの判断で権利を行使することができるよう、具体的かつ実践的な指導を行うことが重要。

この通知以前は、1969年10月に出された「高等学校における政治的教養と政治的活動について」において、「生徒は未成年者であり、民事上、刑事上などにおいて成年者と異なった扱いをされるとともに選挙権等の参政権が与えられていないことなどからも明らかであるように、国家・社会としては未成年者が政治的活動を行うことを期待していないし、むしろ行わないように要請している」とあった〈2015通知発出に伴い、1969通知は廃止／傍線筆者〉。

〈成年者が政治的活動を行うことを期待していないし、むしろ行わないように要請〉されていた時代から、18歳選挙権によって〈国家・社会の形成に主体的に参画していくことがより一層期待〉され、〈自らの判断で権利を行使することができるよう、具体的かつ実践的な指導を行うことが重要〉となった。子ども時代から社会課題について考え、「賢い有権者」「考える市民」を育てることに文科省は180度方向転換した。

(3) シティズンシップ教育、政治教育、主権者教育

ところで、文科省や総務省が使用している「主権者教育」だが、「シティズンシップ教育」「市民性教育」「政治教育」など、呼び名はさまざまである。日本におけるこれらの表現は、「社会に積極的に参加し、責任と良識ある市民を育てるための教育」とする英国のCitizenship Educationに由来するところが多い[▼7]。

2006年に経済産業省が公表した報告書では、「シティズンシップ教育」を「市民一人ひとりが、社会の一員として、地域や社会での課題を見つけ、その解決やサービス提供に関する企画・検討、決定、実施、評価の過程に関わることによって、急速に変革する社会の中でも、自分を守ると同時に他者との適切な関係を築き、職に就いて豊かな生活を送り、個性を発揮し、自己実現を行い、さらによりよい社会づくりに関わるために必要な能力を身につけるための教育」[▼8]としている。

また、筆者も委員として参加した総務省「常時啓発事業のあり方等研究会」[▼9]の最終報告書においては、シ

組織	名称	定義
経済産業省『シティズンシップ教育と経済社会での人々の活躍についての研究会報告書』2006年	シティズンシップ教育	市民一人ひとりが、社会の一員として、地域や社会での課題を見つけ、その解決やサービス提供に関する企画・検討、決定、実施、評価の過程に関わることによって、急速に変革する社会の中でも、自分を守ると同時に他者との適切な関係を築き、職に就いて豊かな生活を送り、個性を発揮し、自己実現を行い、さらによりよい社会づくりに関わるために必要な能力を身につけるための教育
総務省『「常時啓発事業のあり方等研究会」最終報告書』2011年	シティズンシップ教育	社会の構成員としての市民が備えるべき市民性を育成するために行われる教育であり、集団への所属意識、権利の享受や責任・義務の履行、公的な事柄への関心や関与などを開発し、社会参加に必要な知識、技能、価値観を習得させる教育
神奈川県教育委員会『〈高等学校〉かながわのシチズンシップ教育ガイドブック』2011年	シティズンシップ教育	積極的に社会参加するための能力と態度を育成する実践的な教育
内閣府『平成26年版 子ども・若者白書』	シティズンシップ教育	社会の一員として自立し、権利と義務の行使により、社会に積極的に関わろうとする態度を身に付けるため、社会形成・社会参加に関する教育
文部科学省	主権者教育（政治的教養を育む教育）	「政治の仕組みについて必要な知識を習得させるにとどまらず、主権者として社会の中で自立し、他者と連携・協働しながら、社会を生き抜く力や地域の課題解決を社会の構成員の一人として主体的に担うことができる力を身に付けさせる」ことを目的とした教育
総務省『主権者教育の推進に関する有識者会議とりまとめ』2017年	主権者教育	国や社会の問題を自分の問題として捉え、自ら考え、自ら判断し、行動していく主権者を育成していくこと

図表9-1　「シティズンシップ教育」「主権者教育」の定義一覧

出所：各資料をもとに筆者作成

ティズンシップ教育を「社会の構成員としての市民が備えるべき市民性を育成するために行われる教育であり、集団への所属意識、権利の享受や責任・義務の履行、公的な事柄への関心や関与などを開発し、社会参加に必要な知識、技能、価値観を習得させる教育」▼10としている。

あるいは、シティズンシップ教育に早くから取り組んできた神奈川県教育委員会は、「積極的に社会参加するための能力と態度を育成する実践的な教育」▼11とし、2014年6月に閣議決定された『平成26年版　子ども・若者白書』▼12では、「社会の一員として自立し、権利と義務の行使により、社会に積極的に関わろうとする態度を身に付けるため、社会形成・社会参加に関する教育」をシティズンシップ教育としている。

とはいえ「シティズンシップ教育」の用いられ方や、その和訳としての「市民性教育」「市民教育」「公民教育」など、使用する人によって異なっており、また、日本におけるいわゆる「公民教育」や「政治教育」とも重なる部分があるものの同一とは言えない。そもそも、教育行政を担う文部科学省は、「シティズンシップ教育」という名称を使用しておらず、「主権者教育（政治的教養を育む教育）」と総称している。また、総務省は「主権者教育」と称している（図表9－1）。

そこで筆者は、旧来からの学校教育（特に、社会科系の科目）だけで取り組まれている「公民教育」や「主権者教育」といった狭い概念ではなく、教科の枠を超えて取り組まれている教育という現状を踏まえ、〈「市民」としてのあり方を深めるための教育活動〉を総称して「シティズンシップ教育」と位置づけたい。また、「シティズンシップ教育」の中で「政治的な内容」を扱う場合を「政治教育」と整理している[13]。

なお、「シティズンシップ教育」は、子どもを対象に論じられることが多いが、子どもだけではなく、当然ながら「おとなのシティズンシップ教育」も不可欠である。

2 主権者教育の現状

(1) 文科省調査

文部科学省は、18歳選挙権時代となったことを踏まえ、「主権者教育（政治的教養の教育）実施状況調査」[14]を3回（平成28年度、令和元年度、令和4年度）実施し、全国の高等学校等における指導の状況、全国の教育委員会における高等学校等に対する支援状況を把握している。

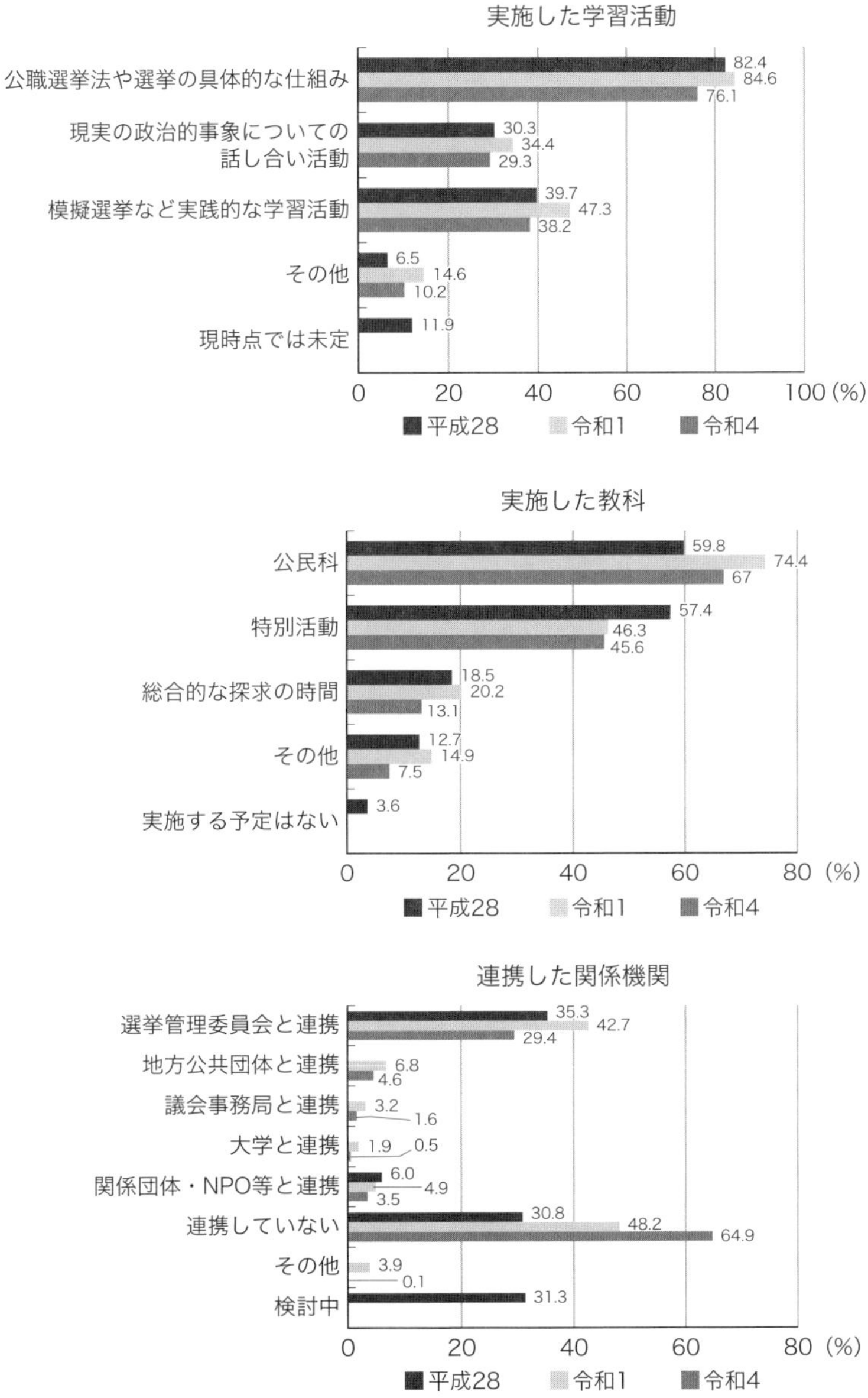

図表9-2　全国の高等学校等における主権者教育の実施状況

出所：文部科学省（2016・2019・2023）をもとに筆者作成

「実施した学習活動（具体的な指導内容）」は「公職選挙法や選挙の具体的な仕組み」が平成28／82・4％↓令和1／84・6％↓令和4／76・1％（以下、同順）、「現実の政治的事象についての話し合い活動」が30・3％↓34・4％↓29・3％、「模擬選挙等の実践的な学習活動」が39・7％↓47・3％↓38・2％となっている。指導にあたっての関係機関との連携においても、「連携していない」と回答した割合は30・8％↓48・2％↓64・9％となっており、制度説明がほとんどで、実践的な取り組みは3割台にとどまっている。どの学習活動も、実施する割合が年々に低下し、外部連携を行わずに学校内だけで留めている現状を見て取れる（図表9－2）。

また、「主権者教育に関する課題（例）」として、以下のことが挙げられている（アルファベット付き傍線部は筆者）。

①「公共」実施上の課題

〈指導体制〉

・実際の選挙の時期は関連団体の協力が得にくい（A）

〈指導計画〉

・「特別活動」や「総合的な探究の時間」と関連づけることが課題である

・実際の選挙とタイミングを合わせようとすると年間計画が立てにくい（B）

・実践的な活動を行いたいが、時間の確保が難しい（C）

〈指導の内容〉

・生徒の様々な実態に配慮した指導の工夫や効果的な教材の選択が必要である

・情報リテラシーに関する指導が必要である（D）

・選挙に関する教育になりがちである（E）

・現実の題材を扱うことと政治的中立性の確保の両立が難しい（F）

②「特別活動」実施上の課題

〈指導体制〉（G）

・教師の主権者教育に関する理解に差がある

・学校全体としての取組になっていない

〈指導計画〉

・ホームルーム活動の時間では道徳教育、金融教育等に関わる内容も行っており主権者教育のための時間の確保が難しい（H）

・公民科等との連携が不十分である

〈指導の内容〉（I）

・ホームルーム活動や生徒会活動において、生徒の主体性をどう導き出すかが難しい

・生徒会役員選挙等を通して代表者を選ぶことの意味や、ものごとを決めるときのプロセスにどんな意味や意義があるかを理解させることが課題である

③教育委員会が捉える課題（J）

・主権者教育＝18歳選挙権ばかりが強調されすぎている

・教科等横断的に、社会を生き抜く力や、地域課題の解決のための力を身に付けさせることが「主権者教育」

であるということを根付かせる必要がある

- 主権者教育の指導者が、一部の教科の担当教師に偏っている
- より具体的かつ実践的な学習が効果的であることは理解しているが、政治的中立性が保てない状況に陥る恐れがあることから、実施に躊躇する傾向がある
- 地域社会においても生徒が主体的に運営に参画し、地域の担い手としての自覚を高めることのできる環境を整備する必要がある

確かに選挙時期になれば、選挙管理委員会が忙しくなるのは当然である。そのことを理解できていない学校現場が、選挙直前になって慌てて協力依頼を行ったとしても優先されるはずがなく、（A）のようになるのは当然としか言えない。

むしろ実際の選挙のタイミングを考慮しつつも（少なくとも、参院選の時期はおおむね6月末～7月と予想できる。統一地方選挙実施自治体であれば4月である）、無理に実際の選挙のタイミングに合わせるのではなく、日常の教育活動において、関係機関と連携を取り、すぐ目の前の選挙を意識するよりも、数か月～1年後くらいであろう次の選挙を見据えたうえでの取り組みが不可欠である。そうすれば、（B）のようにはならず、問題なく年間計画を立てることができ、かつ、実践的な活動を行う時間もあらかじめ確保する余裕が生まれる（C）。

また、指導の内容においても、（D）や（E）の指摘はこの間、多々出てきている。しかし私が不思議なのは、結局主権者教育を、あくまでも「選挙に行く前にする教育」と頑なに位置づけてしまうからこうなってしまうことに、なぜ教育現場が気づかない、気づいても改善しようとしないのか、である。

なにより、実際の選挙直前になればなるほど、（後述するように）公職選挙法を意識した取り組みにならざるを得なくなる。「政治的中立性」のあり方については別項で述べるが、目の前の選挙を扱うにあたっては、報道機関も気を配っているほどであり、（F）の状況に陥りやすい。

むしろ、実際の選挙から離れた時期であれば、現実の題材を扱うことにおいても、各政党や議員等の主張を幅広く取り扱い、深く学ぶ時間的な余裕も生まれる。無理して選挙前に押し込もうとするから、結局は「選挙制度の仕組み」「未成年者の選挙運動の禁止の話」等、単なるレクチャーで終わってしまい、生徒自身が体験できることが少なくなるのではないだろうか。

こうした状況を改善するためには、学校全体として主権者教育に取り組むことが大切である。（H）のように道徳教育、金融教育等について触れられているが、ほかにも国際理解教育、消費者教育、人権教育、多文化共生教育、キャリア教育、ＩＣＴ教育、食育に関する教育、ボランティア教育、性教育などなど、多くの「〇〇教育」が存在する。だからこそ、これらも含めて「民主主義の担い手を育てるための主権者教育」と位置づけて、年間計画をつくり、学校全体の取り組みにすればよいであろう（G）。

また、（I）の生徒の主体性の導き出し方や、代表者を選ぶ意味などについては、実際の選挙とは何ら関係なく実施できるはずであるし、実施すべきことである。それができていないことこそが問題だということに、もっと教育現場は自覚すべきである。

教育委員会が捉える課題としての（J）だが、このように自覚しているのであれば、教育委員会が率先して課題解決に取り組むべきだろう。例えば、生徒が地域の担い手としての自覚を高めることのできる環境整備をする必要があるのであれば、前述したように、指導にあたっての連携した関係機関は、令和４で選挙管理委員会が

29・4%、地方公共団体が4・6%、関係団体・NPO等が3・5%となっていることをどのようにとらえるのか。そもそも、学校自体が「開かれ」ていなく、日常の教育活動においても、外部との連携に取り組んでいないことを見事に表している。

そして、同報告書では、「学校の取組としての工夫」として、以下の事例が挙げられている（傍線部は、報告書内で太字で強調されている部分）。

○県外から移住してきた方、町内で働いている外国人研修生など町民を招いて話を聞き、グループで地域の課題の解決につながる提案を考えた。その際、町議会議員に協力を得て、質問内容に関する助言や質問の形式等について指導を受けた。作成した質問通告書を基に、生徒は模擬議会で町長に対して一般質問を行った。質疑内容を受けて、公園のトイレの洋式化などいくつかの施策が実現した。

○教育委員会が、県議会議員と高校生の意見交換会を開催している。実施校は、生徒との意見交換、地域課題に関する学習成果発表に対する助言など、各校での学びに応じた内容を、教育委員会と協議のうえ決定する。教育委員会から連絡を受けた県議会事務局は、全ての会派に打診し、参加する議員の調整を行う。その際、学校の所在する選挙区以外の議員が対応するよう留意している。

○選挙期間中に、全学年で実際の選挙を活用した学習活動を行っている。事前学習として、実際の候補者・政党の情報を生徒自らがHPから調べる。その際、生徒には、3つ程度の特に関心の高い分野を選ばせ、各候補者・生徒の主張を比較して整理するようにさせた。なお、学習活動の実施に当たっては、全ての候補者・政党を公平に扱うとともに、様々な政党があることを生徒に伝えている。

○生徒会長の呼びかけの下、校則や行事のルールの見直しに関心をもつ生徒により委員会が組織された（教師も立候補により参加）。生徒や教師、地域の方々へのインタビューもしながら見直し案を検討。その提案内容は、ホームルーム活動での検討事項としても扱い、全ての生徒が自らの意見をもつとともに、他者の意見を尊重し合意形成を図ろうとする経験を積めるようにした。

「主権者教育に関する課題（例）」に対するコメントを付したが、すでに、

- 実際の議員を学校に招いて、生徒と意見交換を行う

- その際の調整を、議会事務局のみならず、教育委員会が担っている

- 選挙期間中に、実際の選挙を活用した取り組みを実施している

- 校則や行事のルール見直し等、身近な民主主義について考え、意見表明し、合意形成する機会を設けている

といったことが行われている。

つまり、A先生だからできる、B高校では難しい、C県だからできる、というレベルではなく、その気になればどこでもできるのである。もちろん、各学校や各自治体の事情もあり、同様に取り組むことができるとは言わないが、やろうとするかどうかである。教育現場が「総論賛成　各論反対」で取り組まない言い訳を言っているだけでは何も進展しない。

しかしはたして、そんなやる気のない教育環境で「主体的・対話的で深い学び」が実践できるのか。問題解決力・情報活用力・コミュニケーション力といった「生きる力」を育てることができるのか。

(2) 子どもが安心して議論できるための政治的中立性

主権者教育、シティズンシップ教育を行う際の論点に「政治的中立性」がある▼15。教員が自分の主義主張を児童生徒に押し付けたり特定の考えを否定したりするのではなく、子ども自身が自分で考える時間を保障することが不可欠なのは言うまでもない。そもそも教員の言動が生徒・学生に与える影響を考えると、教員が「特定の政党・候補者・政策」への「賛成・反対」を一方的に述べたり、生徒・学生を一定の方向に誘導していると受け取られかねないような言動をとることは控えるべきであり、これは、前述した総務省・文部科学省による副教材の指導資料にも明記されている。

ドイツでは、中立原則(ボイテルスバッハ・コンセンサス)として、〈①圧倒の禁止:教員は生徒を期待される見解をもって圧倒し、生徒が自らの判断を獲得するのを妨げてはならない。②論争性:学問と政治の世界において議論があることは、授業においても議論があることとして扱わなければならない。③生徒志向:生徒が自らの関心・利害に基づいて効果的に政治に参加できるよう、必要な能力の獲得が促されなければならない。〉ということが1976年時点ですでに合意されている。そして、国が設置した「連邦政治教育センター」が政治教育の副教材の開発や支援を行っている。

スウェーデンでは、若者政策を担当する若者・市民社会庁が、学校で民主主義を教えることの意義や理念、政党を学校に招く時に根拠にすべき法令等をまとめた『政治について話そう!』を教職員向けに発行している。その中には、「学校は価値が中立な場所ではなく、学内で民主主義の価値が侵害されることは決してあってはなりません。学校が価値中立でないという事実が意味するのは、学内で広まる価値観について、学校側は常に民主主義的な価値観の側に立つ、ということです。（略）学校の教職員としてあなたは、学校の基礎におく民主的な価値観に反する価値や意見に対して反応し、距離を置く責任があるということです」と書かれている▼16。

筆者が、2018年9月、スウェーデンの民主主義教育の視察をした際、学校教育省の担当者に「授業で〝原発〟を扱う際、教員が〝自分は原発に賛成（反対）である〟と述べることについてどのように考えるか」と質問したところ、「スウェーデンでは教員が自分の考えを述べることは否定しないが、自分の意見を述べるのはプロの教員ではない。むしろ、原発について賛成と反対それぞれの見解を説明したのちに、生徒自身に〝自分はどのように考えるか〟と考えさせることがプロの教員の役目だ」と回答があった。

教員が自分の考えを述べる意義は否定しないが、評価者である教員と児童生徒との関係性において、教員が発する言葉に対して、子ども自身がきちんと自分の考えを述べたり、友達同士で議論する関係性ができていなければ、教員が発する意見は、強制力を持ったものとして受け止める可能性が高くなる。

多面的・多角的な見方・考え方を提示したうえで、生徒自身が考えることのできる問いを投げかけ、議論を深め、安心して自分の想いを表明できる機会を創っていくことが、まずは何よりも優先されるべきである。

特に、選挙直前～選挙期間になると公職選挙法を意識せざるを得なくなる。各政党や候補者の主義主張を扱う範囲や分量、対象等を短期間のうちに判断し、提示しなければいけなくなる（参院選や都道府県知事選であれば選挙運動期間は17日だが、市長・市議会議員選挙は7日間、町村長・町村議会議員選挙は5日間と、身近な自治体の選挙になればなるほど短期間となる）。

これまで模擬選挙を含め、シティズンシップ教育に取り組んできた経験があるならいざ知らず、初めて取り組むのが実際の選挙直前での授業となると、実施する教員側も初めてのことだらけで神経質にならざるを得ない。

選挙直前になって慌てて情報をまとめると、どこかで齟齬《そご》が生じる可能性が出てくる。政治的中立性にきちんと向き合うためにも、選挙直前ではない平常時から政治的な課題を取り上げたり考えたりする時間を丁寧に設けることによって、安心して取り組むことができるようになる。

3　18歳成年時代を見据えた就学前からの主権者意識の育成へ

(1) 小学校、中学校、高校の接続による主権者としての態度の育成

そもそも児童・生徒は有権者ではなくとも、社会の中で生活している主権者であり、一人の市民である。そして、未来を生きていくだけでなく、今を生きる当事者である。

私たちは、教科書や教則本を読むだけで自転車に乗れたり、泳げるようになるわけではない。つまり、18歳になったから突然有権者として判断できるようになるわけではない。「主権者教育の「入口」は幼少期の頃から社会の動きに関心を持つことにある」▼[17]ように、それこそ就学前から主権者として主体的に考え、判断し、他者との関わりの中で自分なりの答えを模索し、選択し、行動していく機会を設けられることが不可欠なのである。そして、失敗する経験を重ねることが大事なのも言うまでもない。

公職選挙法が改正となり、初めての18歳選挙権での選挙が行われた2016年度、長野県立松本工業高校では、主権者教育や総合的な学習の時間を踏まえて、通学時の自転車専用道路の使い方や、電車の時刻の改善など

を求める請願を高校1年生が作成し、議会に提出。議会の委員会審議で高校生が請願の趣旨説明を行い、全会一致で採択された[18][19]。

この請願は、当初、松本市議会から、高校生との交流ができないかとの相談があったことによる。相談を踏まえて2016年12月、「現代社会」(1年)の授業に松本市議会交流部会の議員を招き、①松本市議会のあらまし、②議員は普段どんなことをしているのか、③明日からできる政治参加(陳情、請願の方法)の説明の後、高校生と議員との意見交換が行われた。その後の授業で話し合いを行った結果、「公共交通の充実」と「自転車利用者の問題」の2点に意見が集約されることになり、担当教員の後押しもあり、中心となる生徒5人で請願書を作成し、請願に至っている。

副教材には「模擬請願」が書かれていることから、担当教員は当初模擬請願を検討していたようだが、「リアル請願」となった。請願が採択されるということは議会の意思であり、執行部も必要な措置をとる必要が出てくる。つまり、未成年であっても主権者である高校生が、投票権以外の方法で参政権を行使し、その意見が実現に至ったことは大きな意味を持つ。

あるいは東京都板橋区では、2019年11月、小学生が区議会に陳情を行った[20]。これまでサッカーなどをして遊んでいた公園が区の施策変更によってボール遊びができなくなった。おとなの『騒音』苦情は受け入れるが、区民なのに子どもたちの声は届かないとの想いから、周りのおとなのサポートを得ながら「公園や広場のルール変更など五つの要望」を区議会に陳情書として提出したところ、四つが採択され一つが継続審議となった。小学生にとってみると、こうした「大人の都合による一方的なルール変更」は日常茶飯事で、「むかつく」「おとなってズルイ!」である。そうした中、未成年でもできる陳情権について知り、行使することで、「言えばきちんと議論される」「黙っていれば無視される」「すべてが通るわけではないが、きちんと説明されれば納得できなくても理解できる」ことになる。

請願と陳情は若干異なるが、有権者ではない子ども時代に、議会に対して実際に意見行使を行うことで、議会や政治が身近なものになるのは間違いない。むしろ、すでにある権利だからこそ、こうした権利行使の経験を推進していくことこそが、子ども時代からの政治に対する信頼性や期待、あるいは身近さにもつながるのであろう。

また、逗子市立沼間中学校では、2023年2月24日に実際の議員・政党関係者を講師として招き、中学生と意見交換する授業（公民）を行った。2022年7月実施の参議院議員選挙の比例区に届け出を行った各政党に教員が直接連絡をとり、参加意向をした政党関係者14名が、講師として生徒と意見交換した。

当日は大きく2部に分かれており、前半は講師から7分ずつ「政治とは何か」「なぜ政治家なのか／政治家になりたいのか」「政治の世界でのやりがい、大変な事」などの話を伺う。後半は生徒が各々話を聴きたい講師のところに行ってインタビューをする、という形式である。

講師にはあらかじめ「所属政党の主義主張を話さない」「具体的な投票行動や指示を呼びかけない」「特定の政党や候補者を支持したり批判したりしない」「政党の主張などが書かれた資料を配布しない」といったことを依頼しており、講師はきちんと守っていた。

その後の生徒の振り返りアンケートによると、「政治に対する理解は深まった」とてもそう思う52・6％＋そう思う45・6％、「政治に対するイメージは変わった」同48・3％＋34・5％、「政治について、政治家から直接話を聴く機会は必要だと思いますか」同58・6％＋39・7％、となっている。また、「同じことについても、全く違う答えで面白かった。前より政治を身近に感じられたし、もっと肩の力を抜いていいんだなとわかった」

「政治は難しいものと思ってたけど、意外と自分たちの身近なこととつながっていて急に親近感が湧いた。政治家さんももっと硬い？　人が多いと思っていたけどテレビとか普通に見ててびっくりした。偏見は偏見のままにしたらだめだなと思った」という振り返りもあった。

テレビやインターネット、SNSで面白おかしく取り上げられたり、否定的に取り上げられがちな政治家であるが、実際に会って話を聴くことで、政治に対するイメージが変わっている。本物に出会うことが学びにつながっていることは確かである。

沼間中学校の実践は2022年度から始まっており、その効果が注目されている[21]。

このように、自分たちが発した声が、実際の学校や生活に反映されると、声を挙げることの意義を体感することとなる。そして、社会に参加することの必要性を感じ取り、主権者としての意識を自覚するとともに、自己肯定感も高まっていく。

憲法16条は「何人も、損害の救済、公務員の罷免、法律、命令又は規則の制定、廃止、又は改正その他の事項に関し、平穏に請願をする権利を有し、何人も、かかる請願をしたためにいかなる差別待遇も受けない」と、年齢に関係なく請願権を保障している。副教材は〈模擬選挙〉〈模擬請願〉といった事例を掲載しているが、〈模擬請願〉で終わらせるのではなく、実際に保障されている権利を行使できるように、教育現場は権利行使の方法を教え、後押しする責務を負っている。それぞれの学校段階での主権者教育を通じて、民主主義の担い手として主体的に参画しようとする資質・能力を、家庭や地域社会との連携の中で育むことが必要なのである[22]。

なお、松本工業高校にせよ、沼間中学校にせよ、取り組んでいる内容はシティズンシップ教育であるが、選挙時期を考慮せず、各校の年間授業計画の中で日程を定めて行っている。当然、議会側の都合や、選挙直前では実施が難しくなる等の事情は起こりうるので、調整は不可欠である。選挙を意識しない時期に、政治的中立性を踏まえて、安心して丁寧に実践を行うことができている。こうした学校が、どんどんと増えてほしい。

(2) 社会科以外でのシティズンシップ教育の可能性

シティズンシップ教育は、その取り扱う内容から、まずは社会科・公民科での実践が多くなりがちである。それは、前述した文科省の調査でも、主権者教育を実施した教科等においても、公民科67・0%、特別活動45・6%、総合的な探求の時間13・1%、その他7・5%、ということにも表れている。

しかしシティズンシップ教育を〈「市民」としてのあり方を深めるための教育活動〉とするならば、それは、どの教科でも行うことができる。例えば、Covid-19をテーマとしたシティズンシップ教育であれば、次のような取り組みが考えられる。

Covid-19の影響で、【特別活動】である各種行事(入学式、卒業式、修学旅行、運動会、体育大会、文化祭、合唱コンクール、職業体験など)が影響を受けた。安倍総理(当時)による突然の臨時休校の要請があったが、そもそもCovid-19の感染拡大を防ぐために臨時休校が必要だったのか。自分が自治体の首長や教育長、学校長だったらどのような判断をしたのか。各種行事の実施の可否や運営方法など含め、おとな/教員側が一方的に決めるのではなく、学校の主人公である子どもたちによる議論を行って結論を出すこともできる。

【理科】の分野では、Covid-19が人体に及ぼす影響や、ワクチン・予防接種の仕組みや効果、ワクチン開発のために必要となる取り組みは何なのか、議論することは十分ある。休業補償がもたらす影響や経済的損失を予想したり、感染症の国際的な拡がりを予測する【数学】の授業もあり得る。

【美術】では、Covid-19の拡大を防ぐための取り組み（咳エチケット、ソーシャルディスタンス、三密を避ける等）を呼びかけるポスターを、幼児・小学生・外国籍の方向けなど、対象や掲示場所別にデザインを作成することもできる。他にも、外国語による情報発信【外国語／情報】、メディアでの情報の取り上げ方の考察【国語】、ネット上で注目されているキーワードの分析【情報】、体を丈夫にするためのトレーニング【保健体育】など、さまざまな教科で取り組むことができる。

なおドイツでは、連邦議会議員選挙前の一週間を〝メソッドウィーク〟と位置づけ、選挙や政治に関するテーマについて各教科で取り上げて議論することを推奨している。

生徒自身が、今、実際に目の当たりにしている「解なき問い」「予測できない未来」に向き合うことで、当事者性が育まれ、主権者意識が醸成され、社会参画の必要性を認識していく。だからこそ、小学校・中学校の社会科や高等学校の公民科で政治や選挙の仕組みを学ぶだけではなく、各教科において社会課題と関連づけて学んだり、総合的な学習（探究）の時間を通して教科等を横断的につないでいくことが求められる。

4 まとめ――今こそ民主主義を体現する学校教育へ

〝Think global, Act locally〟〝主体的・対話的で深い学び〟が言われているが、実は自分たちが多くの時間を過ごす学校では、校則の改善活動を含め主体性を発揮できる環境がなく、教師の顔色をうかがったり忖度せざるを得ず、ある意味、エージェンシー▼23を発揮することができていないと言えよう。

社会科や公民科では、議会での審議方法、奴隷制度の廃止や女性差別撤廃条約など人権保障に向けた取り組みや民主主義の発展の歴史を学んでいる。あるいは法教育も行われている。そもそも憲法や法律は必要に応じて変えることができる。

では、学校のルール（校則、学校生活の決まり等）を変えるための方法について、きちんと教えられているのか。〝ブラック校則〟批判▼24が高まる中で生徒参加による校則見直しの兆しも見えつつあるが、「地毛証明書」の提出を含め、人権侵害とも指摘される〝指導〟が残る学校現場は、はたして民主主義が尊重され、子どもの参画が保障されている環境なのか。身近な教育環境で民主主義が保障されていない状況で、本当に主権者意識や主体性が育まれるのか。

教育現場の主人公は紛れもなく子どもであり、子ども自身が主体的に学ぶ場に参加することがなければ、主体性が育つわけがない。なによりも、教育に携わる者が、まずは学校現場における民主主義と子どもの権利保障について問い直すことが、不可欠なのは言うまでもない。

20年以上も前にR・ハートは「子どもたちは、直接に参画してみてはじめて、民主主義というものをしっかり理解し、自分の能力を自覚し、参画しなければいけないという責任感をもつことになる」▼25と言っている。2022年4月1日から18歳成年時代を迎え、2023年4月1日からこども基本法が施行となったことを踏まえ、選挙権の行使のみならず、子どもたち自身が一人の主権者としての当事者意識を持ち、主体的に社会・政治に参加することの自覚を深めることが不可欠となる。

そして、学校外の課題ばかりを取り上げるのではなく、日常を過ごしている学校の中で、民主主義とは何かを考え、子どもの声が反映された学校運営がされることは当然のことである。生徒自身が学校を構成する一員と実感することが社会参画の一歩であり、エージェンシーを発揮できるシティズンシップ教育が求められている。そして何よりも、教員自身が主権者として民主主義に向き合い、実践することが重要である。

注――

1 浦野法穂（2006）『憲法学教室全訂第2版』日本評論社、p.474

2 https://www.oxfordmartin.ox.ac.uk/downloads/academic/The_Future_of_Employment.pdf

3 野村総合研究所（2015）「日本におけるコンピューター化と仕事の未来」https://www.nri.com/-/media/Corporate/jp/Files/PDF/journal/2017/05/01J.pdf

4 公職選挙法が改正されるにいたった背景については、林大介（2016）『「18歳選挙権」で社会はどう変わるか』集英社新書を参照。

5 総務省・文部科学省（2015）「私たちが拓く日本の未来〜有権者として求められる力を身に付けるために」https://www.soumu.go.jp/senkyo/senkyo_s/news/senkyo/senkyo_nenrei/01.html

6 高等学校等における政治的教養の教育と高等学校等の生徒による政治的活動等について（通知）http://www.mext.go.jp/b_menu/hakusho/nc/1363082.htm

7 大久保正弘（2012）「わが国におけるcitizenship Educationの導入の可能性について――英国の事例との比較分析から」長沼豊・大久保正弘編『社会を変える教育 Citizenship Education 〜英国のシティズンシップ教育とクリック・レポートから〜』キーステージ21、p.63。イギリスのCitizenship Education導入を方向付けた「クリック・レポート」（2008）の邦訳も、本書に収録されている。

8 経済産業省（2006）「シティズンシップ教育と経済社会での人々の活躍についての研究会報告書」なお、研究会の委員長は、宮本みち子・放送大学教養学部教授（当時）。http://warp.ndl.go.jp/info:ndljp/pid/281883/www.meti.go.jp/press/20060330003/20060330003.html

9 選挙時だけではなく常日頃からあらゆる機会を通じて、政治・選挙に関する国民の意識の醸成、向上を図っていくための常時啓発のあり方について検討を行うために２０１１年に設置された委員会。

10 総務省（2011）「『常時啓発事業のあり方等研究会』最終報告書」p.7

11 神奈川県教育委員会（2011）「〈高等学校〉かながわのシチズンシップ教育ガイドブック」http://www.edu-ctr.pref.kanagawa.jp/kankoubutu/download/h23kankoubutu.html#23005

12 内閣府「平成26年版　子ども・若者白書」http://www8.cao.go.jp/youth/whitepaper/h26honpen/pdf_index.html

13 「シティズンシップ教育」「主権者教育」「民主主義教育」「政治教育」の言葉の定義については、林大介（2016）「日本における18歳選挙権制度の法制化と現代的意義子どもの権利条約総合研究所編『子どもの権利研究　第27号』日本評論社、pp.6-18を参照。

14 文部科学省「主権者教育（政治的教養の教育）に関する実施状況調査」
平成28年度（２０１６年度）実施
http://www.mext.go.jp/component/a_menu/education/detail/__icsFiles/afieldfile/2016/06/14/1372377_02_1.pdf
令和元年度（２０１９年度）実施
https://www.mext.go.jp/a_menu/shotou/shukensha/mext_01114.html
令和４年度（２０２２年度）実施
https://www.mext.go.jp/b_menu/houdou/2023/mext_00119.html

15 学校における政治的中立性のあり方については、林（2016）「日本における18歳選挙権制度の法制化と現代的意義」子どもの権利条約総合研究所編『子どもの権利研究　第27号』日本評論社、pp.6-18、林大介（2016）『「18歳選挙権」で社会はどう変わるか』集英社新書を参照。

16 スウェーデン若者・市民社会庁（ＭＵＣＦ）著、両角達平・リンデル佐藤良子・轡田いずみ訳（2021）『政治について話そう！　スウェーデンの学校における主権者教育の方法と考え方　Prata Politik!　日本語版（非公式訳）』アルパカ、p.17

17 文部科学省が設置した主権者教育推進会議「今後の主権者教育の推進に向けて（最終報告）」より、p.7　https://www.mext.go.jp/b_menu/shingi/chousa/shotou/142/mext_00001.html

18 第71回　松本市政史上初、「請願」で高校生の声を市議会に！～長野県立松本工業高校の取り組みから　https://seijiyama.jp/article/columns/w_maniken/wmk_71.html

19 地域における子ども・若者の社会参加の事例については、林大介（2017）「子ども・若者の力を活かしたまちづくり」一般財団法人地方自治研究機構編集『自治体法務研究　２０１７年秋』ぎょうせいを参照。

20　ＮＨＫ「僕らが〝ちんじょう〟したわけ」（２０１９年11月）https://www.nhk.or.jp/shutoken/wr/20191217.html

21　２０２３年度以降の実践については、神奈川県教育委員会から公表される予定。

22　主権者教育のあり方については、林大介（2016）「18歳選挙権と政治教育――選挙教育における現状と課題の考察」日本選挙学会『日本選挙学会年報　選挙研究　32－2』木鐸社、林大介（2017）「第24回参議院議員通常選挙から見る『18歳選挙権』行使の課題」子どもの権利条約総合研究所編『子どもの権利研究　第28号』日本評論社等を参照。

23　エージェンシーとは、「社会参画を通じて人々や物事、環境が、より良いものとなるように影響を与えるという責任を担うという感覚」であり、学習指導要領で示されている主体性に近い概念であるが、より広い概念と考えられている。詳しくは、松尾直博・翁川千里・押尾恵吾・柄本健太郎・永田繁雄・林尚示・元笑予・布施梓（2020）「日本の学校教育におけるエージェンシー概念について――道徳教育・特別活動を中心に」『東京学芸大学紀要　総合教育科学系　第71集』pp.111-125を参照。

24　校則については、林大介（2020）「学校のルール――校則とは何か」『季刊教育法　No.204』エイデル研究所、pp.4-13を参照。

25　ロジャー・ハート著、木下勇他監修（2000）『子どもの参画――コミュニティづくりと身近な環境ケアへの参画のための理論と実際』萌文社、p.2

Column

教育政策とこどもの権利

矢野和彦

日本国憲法第26条は「すべて国民は、法律の定めるところにより、その能力に応じて、ひとしく教育を受ける権利を有する」と、教育を受ける権利を規定しています。日本に生きるすべてのこどもたちが、安全安心に、幸せに生きていくための権利を実現するために、欠かすことのできない権利が教育を受ける権利です。日本国憲法でも、教育基本法、こども基本法でも、日本に生きるこども・大人が、それぞれの権利や幸せを大切にするとともに、自分以外の人々も尊重し、公共の福祉や世界の平和、人類全体の幸せにも貢献していくという価値観が大切にされています。児童の権利条約や、その出発点となった世界人権宣言でも、同じ価値観が示されています。

しかしながら、すべての日本のこどもたちが、安全安心で幸せな日々を送れているわけではありません。不登校の児童生徒数、いじめ重大事態の発生件数、児童生徒の自殺者は増加しています。また学校の教職員は、貧困や虐待などの家族の深刻な課題にも真剣に対応しています。こどもたちを支える教師も、病休者が増加しており、余裕のない働き方となってしまっている実態もあります。

このような状況があるからこそ、教育政策でも、こども基本法・児童の権利に関する条約を位置づけ、こども家庭庁と連携しながら、こどもたちの権利利益や尊厳が守られ、よりよく実現されるための取組を進めています。特に、児童の権利に関する条約を明記した教育関連法令として、「義務教育の段階における普通教育に相当する教育の機会の確保等に関する法律（教育機会確保法）」（平成28年）が、こども基本法に先立って施行されています。教育機会確保法は、不登校のこどもたちの教育機会を確保し、教育を受ける権利を保障するための法律です。

また、令和５（２０２３）年３月には「誰一人取り残されない学びの保障に向けた不登校対策（COCOLOプラン）」を策定し、永岡桂子文部科学大臣（当時）が、小倉將信こども政策担当大臣（当時）と面会し、こども家庭庁も文部科学省と連携して不登校対策を進めていく方針が共有されました。

いじめ対策についても、こども家庭庁に設置された「いじめ防止対策に関する関係府省連絡会議」が司令塔となり、文部科学省、警察庁、総務省、法務省、経済産業省等との協力体制のもと、犯罪行為が疑われる場合の警察連携の徹底などの方針が、どの自治体・学校でも実現されるように取り組んでいます。

こどもたちを性犯罪から守るため、「教育職員等による児童生徒性暴力等の防止等に関する法律（教員性暴力等防止法）」（令和３年）が制定され、また、こどもたちを性暴力の加害者、被害者、傍観者のいずれにもさせないための「生命（いのち）の安全教育」も推進しています。

いじめや性暴力など、こどもたちの権利利益が深刻に侵害される事態が起きない学校や社会の実現もまた、教育政策の重要な役割だからです。

個別の政策だけでなく、教育政策の基本方針である教育振興基本計画、学校における生徒指導の基本方針である生徒指導提要にも、こども基本法・児童の権利条約を位置づけています。令和５（２０２３）年に閣議決定された第４期教育振興基本計画では「日本社会に根差したウェルビーイングの向上」を基本方針の一つとしています。こどもたちのウェルビーイングの向上のためにも、こども基本法や児童の権利に関する条約への理解を深めることが、今の教育関係者には求められています。今般の教育振興基本計画は、こども・若者と意見交換をするプロセスを取り入れて策定されました。

また令和４（２０２２）年に改訂された、生徒指導提要では「生徒指導上の取り組みの留意点」として、「児童生徒の権利の理解」をあげています。児童の権利条約に示された四つの一般原則（差別の禁止、児童の最善の利益、生命・生存・発達に関する権利、意見を表明する権利）、こども基本法を理解したうえで、教師が生徒指導を行うことを重視しています。そもそも生徒指導の目的とは「児童生徒一人一人の個性の発見とよさや可能性の伸長と社会的資質・能力の発達を支えると同時に、自己の幸福追求と社会に受け入れられる自己実現を支えること」であり、この目的が正しく教職員に理解されることが、学校現場から不適切指導や体罰をなくしていくことや、校則見直しやその他の学校生活のさまざまな場面で、児童生徒の意見表明や参画が実現されていく学校となるためにも重要です。こども家庭庁の作成するこども大綱にも、質の高い公教育の実現、いじめ防止、不登校のこどもへの支援、校則の見直しなどの教育政策において取り組むべき事項が明記されています。

こどもの権利利益の擁護や実現は、ひとつの政策分野だけでなく、多くの政策分野の連携が必要です。また、こどもの意見表明や参画する権利は、より良い教育を実現するために、教育振興基本計画や生徒指導提要でも重視しています。こどもたちの教育を受ける権利をより良く実現するために、文部科学省も、多くの省庁やこどもたち、大人たちとの連携や対話を大切に、教育政策に取り組んでいきます。

第10章

多様な学びプロジェクトの挑戦

街を学びの場に

生駒知里

はじめに

2023（令和5）年10月4日に発表された文部科学省の「令和4年度 児童生徒の問題行動・不登校等生徒指導上の諸課題に関する調査結果」によると、不登校児童生徒は、過去最多の30万人弱と急増し（前年比22％増）、約38・2％の子どもが相談や支援を受けていないとされている。

非常に高い増加率から、支援の充当の必要性がマスコミを通じて声高に叫ばれる中、不登校の子どもを育てる保護者という立場を持つ筆者は、支援現場という箱（容れ物）の足りなさだけでなく、支援の中身そのもの、不登校施策の多くが当事者の実態やニーズに沿っていないという課題を常々感じてきた。

その背景には日本の社会がマジョリティ中心でマイノリティの声が奪われ、その存在がないものとして「透明化」されてきたことにあるのではないか。「透明化」されたマイノリティの声は当然のように聞かれず、「あなたの自己責任で本来は解決すべきことだけど、これくらいなら与えてあげられるよ」というかのような押しつけの支援がまかり通っていないか。子どもの権利が軽んじられやすい日本だからこそ、それがより顕著なのではないか。そんな課題意識を感じてきた。

1 活動を始めた背景

私は今、3歳から18歳まで、6男1女の7人の子を育てる母親であり、NPO法人多様な学びプロジェクトという団体を立ち上げた代表理事でもある。

私が活動を始めたきっかけは、現在18歳の長男が小学校1年生の秋に突然「半年行ってみて学校が自分に合わないところだとわかった。やめることにした」と言ったことからだった。晴天の霹靂《へきれき》だった。

戸惑い、はじめは学校にしかできないことがあると伝える私に、「僕と弟の○○くんも違う人だよね。学校に行かなくてもそれはわかるよ」「勉強はどこでもできる」と筋の通った説明をする彼を説得する言葉を、私は持てなかった。

会社勤めの夫には彼の選択は当初理解しづらく、肩に担いだり、自転車に乗せて学校に無理に連れていこうとした。それに対しても、走る自転車から飛び降りるなどをして彼は必死に抵抗した。それでも無理をして小学校に通う日が続くと、まだ暖かい9月上旬だったにもかかわらず、彼は長袖を着ても「寒い、寒い」と言うようになった。「来ればなんでもありませんよ」と担任の先生から言われるが、朝は行き渋り、帰ってからは泣きじゃくった。そんな日々の中、学校から帰ってきたある日、台所から包丁を持ってきて「僕を刺してくれ」と彼は私に言い放った。

この世から生まれてわずか7年しか経っていない我が子の言葉に、私はようやく「この子を守ろう」と肚《はら》の底から決めた。彼に「今日から『おうち学校』をはじめよう、ママは先生だよ」と伝え、親が育て合う「自主保育」に下の子たちと一緒に連れて行き、ほぼ毎日、公園やプレーパークなどの野外で過ごした。好奇心の強い彼は、庭にある石をトンカチで割ったらシマシマなのはどうしてだろう？　と、そこから地層や鉱石、金属などへ興味を広げるような子だった。1ダースのジュースのパックの表示からかけ算を発見し、磁石を持って家中のあらゆるものがくっつかを試し、いろんな形で折った紙飛行機でリビングを埋め、雨が降れば水たまりで世界地図をつくり、風が吹けば幼児の車にスーパーの袋をくっつけて、袋の数が変わると走る速度が変わるのかを試した。同じ年の冬。そんな彼が「学校に行っていない僕は脳が退化して大人になれないんだ」と言った。同じ頃、「高速道路を周りの車がビュンビュン走る中、自分は車から降りて轢《ひ》かれる夢をみた」とも語った。子育てはまた順調に回り始めたと思っていた私は再度、脳を鈍器で殴られたような衝撃を受けた。

いくら家庭で守ろうとしても、社会の空気が不登校の子どもをダメな子、劣った子というまなざしで見れば、敏感な子はそのまなざしに反応して自分は大人になれないとさえ思ってしまう。

その時の衝撃と、彼の五月雨登校が始まった頃に預け合いに参加できなくなり、自主保育をやめたことで、地域のコミュニティからもママ友コミュニティからも外れて孤立して子育てしてきた4年間の経験が、数年後の2017年「FUTURE DESIGN（NPO法人多様な学びプロジェクトの前身団体）」を立ち上げるきっかけになった。

2 当事者運動としての多様な学びプロジェクト

小学校1年生だった長男は小学校5年生になった。我が家の4人だった子は5人になり、2歳と4歳下の弟たちも学校には馴染《なじ》まず、家庭やフリースペースに通うようになった。我が家のおうち学校（海外では「ホームエデュケーション」「ホームスクール」と呼ばれる）も落ちついた頃、何かを始めたくなった私は長男に相談してみた。「いいんじゃない？　やってみれば」と彼が背中を押してくれ、一緒にやってくれると言う。SNSで発信したところ、驚くほど多くの人が反応し、集まってくれたことで「何かを」始めてみることにした。

詳細は割愛するが、それからさまざまな出会いによって、平日昼間に学校外で育つ子どもたち（不登校ではなくて私たちはこういう呼び方をした）が立ち寄れる場所に、鳥ととまり木のマークのステッカーを張って、ウェブサイトで紹介するという活動からまず始めた（写真10－1）。鳥と木は暗喩で、鳥は「鳥のように自由な魂をもった子どもたち」と不登校の子どもたちの再イメージを図り、とまり木は「鳥がとまり木を選ぶように、学ぶ場も、生きる場も、子どもが自由に選んでいい」という意味を込めた。また学校外で育つ子の旧来からの居場所のフリースクールやオルタナティブスクールだけでなく、児童館や図書館やカフェ、プレイパーク、放課後の習い事教室などさまざまな場所を「とまり木」とし、社会資源の再デザインを試みた。マークは本職のデザイナーさんがデザインしてくれ、ウェブサイトは最初は無料のブログから始め、その後協力者が現れてGoogleのマイマップ機能を使った「とまり木マップ」ができた。活動を始めてすぐにＮＨＫで番組と番組の間のスポット番組として取り上げていただく機会を得たこともあり、口コミで登録は瞬く間に100か所を超えた（その後2020年度に助成金を得て検索サイトにもなり、現在は500か所以上の居場所や相談先を掲載できるようになった）。

写真10-1　多様な学びプロジェクトのロゴ

2017年当時も中学校ではクラスに1人以上の不登校の子が統計上はいた。しかし不登校の子どもや家庭があることが地域の中で見えなくなっている。不登校の子どもたちも保護者も、地域の中でひっそりと存在を消すように、まるで透明人間かのように住まざるを得ない。そのことが私には不合理に感じた。私たちは身を隠さないといけない存在ではない。街の中で胸を張って、自由に学んだり、遊んだりしていいはずだ。地域の人にはそれを見守ってほしい。本来、日本の地域社会にはそんな大らかさがあったとも聞く。そういう想いがこの事業のスタートだった。

その当時、協力してくれた街の人にとったアンケート調査からは、不登校の子どもたちをネガティブだと感じている人が、実際に会ってみるとポジティブに反転したこともわかった。

次に「とまり木に行ってみたいけど1人ではいけない」という声を受けて、埼玉と川崎で「街の好きを生きる大人」から授業をしてもらう「街の先生プロジェクト」を2017年の秋から始めた。農家、ウェブデザイナー、プログラマー、革作家、雑誌記者など、さまざまな大人たちが子どもたちに生きた学びを届けてくれた。

街の先生プロジェクトを行っていると次は、「地方でとまり木がない」「孤立している」「フリースクールを設立したが運営が厳しい」という声が届き始めた。その声に押されて、コロナ禍前の2018年からZoomを使った子どもたちへのオンライン授業や保護者へのオンライン講座にも取り組み始めた。単発ではあったけれど、集まってくる人たちからニーズを感じるようになり、2020年4月からオンライン講座とピアカウンセリングやピアラーニングの交流の場（保護者、支援者それぞれ）に毎月参加できる大人向けの「とまり木オンラインサロン」と、クローズドなオンライン掲示板でそれぞれのおうちの活動が交流できる子ども向けの「フリーバードキッズ」を始めた。助成金を得ての活動だったが、なんと同年3月の全国一斉休校で、日本全国の小中学生がいる家庭が突然「不登校家庭」になった。それもあり、またNHK「ウワサの保護者会」で急遽ホームエデュケーション家庭を紹介させてほしいと「フリーバードキッズ」の様子が全国放送で紹介され、毎月のオンライン講座も「とまり木オンラインサロン」も大きな反響を呼ぶ形でスタートできた。

そうした活動を通じながら大切にしてきたのは、「サービスを受ける側、与える側」「支援をする側、される側」という固定した関係性に閉じないことだった。もともと子どもにも、大人にも、その人が本来持っている力がある。また人は不完全だからこそ、つながりあうことができる。だからこそ最初は被支援者としてつながった保護者や子どもたちも、心からホッとして安心できる場で落ちついたら、「誰かのための活動がしたい」と願った時、その知見が得られたり、相談や仲間ができるような設計に配慮した。また支援者である私たちも、いつでも相談する側にもなれるように。そんなフラットな場づくりにも心を配った。

そうした背景もあり、2022年度には「とまり木オンラインサロン」の1人の保護者の声から、学校と不登校家庭のやりとりをスムーズにする「学校への依頼文フォーマット」も生み出された。NHK「あさイチ」で紹介されたり、活用する自治体が出たりなど、これもたくさんの保護者に利用されるフォーマットになった。プロジェクトリーダーを務めたKさんは「これは当事者研究なんです」と言った。その言葉が象徴するように、私たちは最初から一貫して当事者運動であり続けた。けれどまた当事者に閉じず、当事者以外の協力者が「楽しく」協力してくれる団体にもなった。

3 不登校当事者実態全国ニーズ調査

そして2023年10月6日から12月末までの期間、助成金を得て「不登校のこどもの育ちと学びを支える当事者実態ニーズ全国調査」▼1を行った。

WEBによるアンケート調査は、さみだれ登校や不登校の子ども、不登校経験者、保護者を対象に、子ども、不登校を経験した大人たち、保護者それぞれと何度も会議を重ねて設問をつくってきた。2024年1月に早速NHKスペシャルで紹介されるなど、新聞、ウェブ、テレビ等のメディアにも取り上げられ、大きな反響を得た（以下、数値はいずれも速報値）。

(1) 不登校のきっかけ：文科省調査とのギャップ――現代の不登校のきっかけの変化

今回の調査で私が感じたポイントは大きく三つある。一つ目は不登校のきっかけについての文科省調査とのギャップだった。

文部科学省発表の「令和4年度 児童生徒の問題行動・不登校等生徒指導上の諸課題に関する調査結果」（教員回答）では、不登校のきっかけの1位「（子ども自身の）無気力・不安（51・8％）」であり、これは毎年大きく新聞テレビなどで報道される。

しかし私たちの調査によれば、「不登校のきっかけ」に関する子ども回答の1位は「勉強はわかるけれど授業が合わない（授業はわかるけどつまらない、読み書きがにがて、グループワークが苦手など）（36・3％）」、2位が「先生のこと（先生と合わなかった、先生がこわかったなど）（35・2％）」、3位が「学校のシステムの問題（価値観が古い、時代に合わない、風土に合わないなど）（28・3％）」と文科省の教員回答の調査と大きく異なる。保護者回答も、1位は「先生との関係（43・5％）」、2位は「学校システムの問題（32・6％）」、3位が「勉強はわかるけど授業が合わない（27・0％）」で子どもたちと順位に多少違いはあるが、上位3つが同じ結果になった。では不登校経験者はと見てみると、1位の「先生との関係（42・5％）」に近似して「友達との関係（いやがらせやいじめがあった）（42・3％）」が2位と、「友達との関係（上記以外）（29・4％）」とともに、友達との関係の割合が、現役の子どもや保護者に比べて高かった。これを年代別に見てみると、30代から50代までは「友達との関係（いじめやいやがらせがあった）」が1位だが、10代・20代になると「先生との関係」が1位になる。つまり、近年の不登校のきっかけに変化が起きている可能性がある。

目立つのは三つの調査共通で「先生との関係」が上位に上がっていることである。これはこれまで一般的に流布されていた不登校の要因が本人や家族起因という見方とは異なる。私たちの調査だけでなく、文科省が行った令和2年度不登校児童生徒の実態調査でも小学生本人にきいた「学校に行きづらくなったきっかけ」の1位は「先生とのこと（29・7％）」だった。先に紹介した文科省調査では「教職員との関係」という回答は1・2％にとどまる。複数回答ではなく単一回答という調査方法に違いはあるとはいえ、当事者の子どもや保護者と教員との認識のずれが起きていることは見逃せない。課題認識がずれれば、対策となる施策が変わる。文科省令和4年度「公立学校教職員の人事行政状況調査」では、精神疾患を理由に病気休職した公立の小中高校、特別支援学校などの教職員数は、過去最多の6，539人（全教育職員数の0・71％）にのぼっている。教員の忙しさが不登校要因の背景にあるのではなかろうか。

また「学校システムの問題」や「学び方が合わない」という回答も保護者、子ども共通して多かった。私たちは子ども、保護者、不登校経験者との会議を何度も重ねてこの調査の設問をつくってきたが、子どもたちとの会議で、子どもたちから「学校は謎ルールが多すぎる。なぜだめなのかの理由を説明してほしいけど、理由は説明せずにいいから守れと言われることに納得できなかった」「小学校低学年の頃に、些細なことで長時間叱責された。私たちは先生の八つ当たりの道具にされていると思った」「先生が働き方を変えて、先生のストレスを減らしてほしい」と口々に述べた。これには現場の教員からも「謎ルールや学び方が変わらないことは自分たちも困っている。もっとゆとりがあればルールを変えることも新しい学び方を工夫することもできると思うが、ゆとりがなく、学校現場は前例踏襲の場になっている」という声が聞こえた。

(2) 現在の施策と当事者実態・ニーズとのギャップ

また、次に注目されたのが、行政が行っている施策と当事者が望む施策のギャップについてだった。まず、保護者が「行政に望むもの」の1位は「フリースクールなど学校以外の場が無料や利用料減免(72・8%)」、2位は「フリースクールなど学校以外の場に通った場合の家庭への金銭的支援(72・7%)」と民間施設に通う際の公的支援へのニーズが高かった。3位が「学校教員への研修(70・7%)」、4位が「学校が変わってほしい(69・8%)」と公教育への要望も多かった。この背景には子どもの不登校をきっかけに世帯年収が減った/ほぼゼロになったと回答した保護者は合計36・9%と4割近くいた一方で、95・0%の保護者が子どもの不登校をきっかけになんらかの支出が増えたと回答、働き方に何らかの影響があったと回答した保護者も7割いたことが背景にあるのではないかと考えられる。

また、支援施設・サービスの利用状況を問う設問(図表10−1、図表10−2)をみると、「教育支援センター(適応指導教室)」の利用状況に関する設問では、「利用して助けになった/なっている」と回答した保護者が17・0%だった一方で、「利用したが助けにならなかった(15・6%)」「利用できるところはあるが利用していない(42・8%)」の合計が58・0%にものぼった。子どもも同様に、「利用して助けになった/なっている」が14・5%と拮抗する割合で、「利用したが助けにならなかった」が12・3%もあった。「利用できるところはあるが利用していない」も26・2%と高いが、「知らない」も36・8%あった。親の段階で利用しづらいため、子どもに

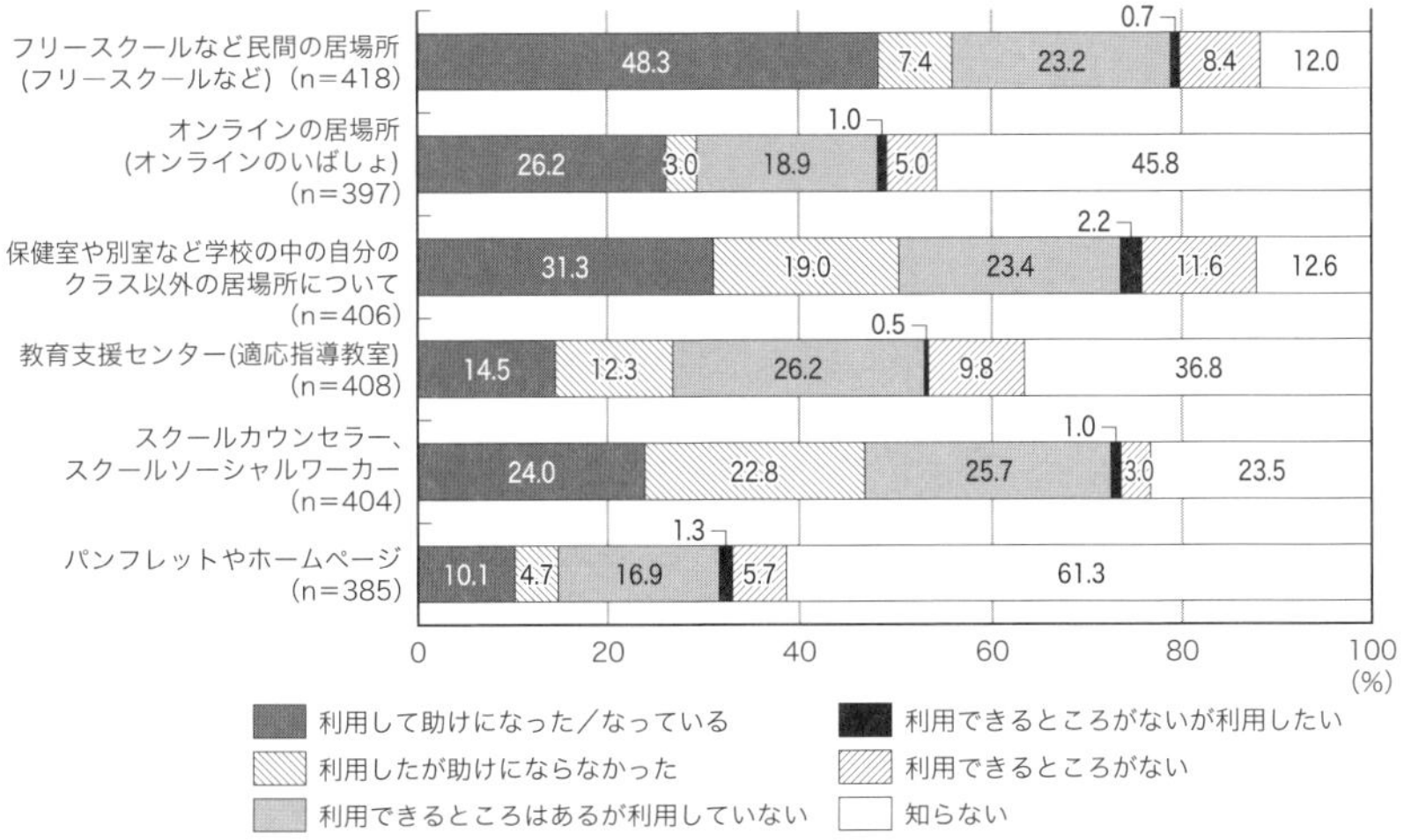

図表 10-1　子どもの支援施設・サービス利用状況

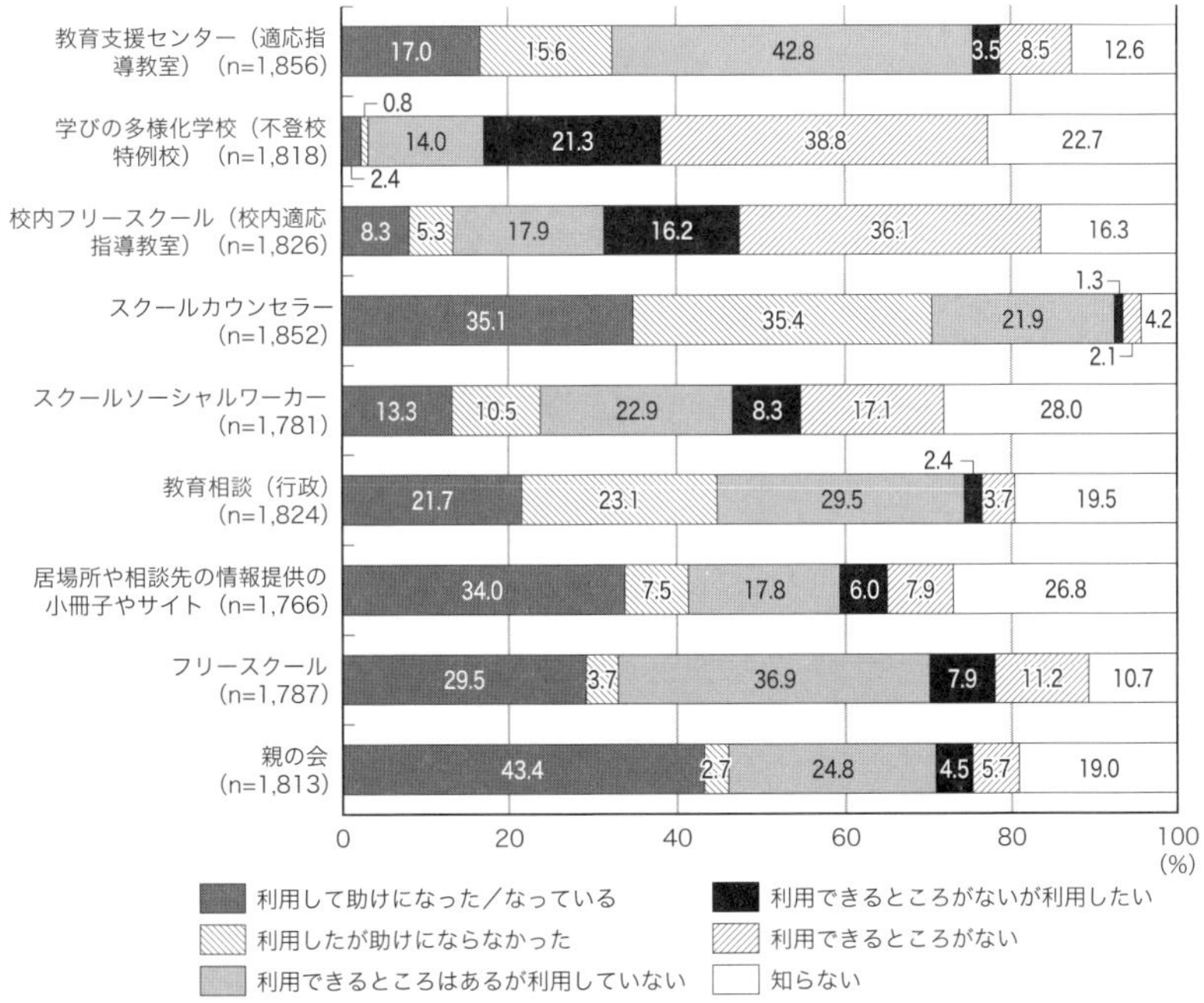

図表 10-2　保護者の支援施設・サービス利用状況

情報が伝えられていない事が推測される。「利用したが助けにならなかった」や「利用できるところはあるが利用していない」理由として多かったのは「勉強ができないと来てはいけないと言われた」（14才男児）、「学校へ戻れるようにという空気感がありしんどい。場所が近くの中学校内で不安、居心地が悪い」（12才男児）、「自学自習ができないと入れませんと言われ申し込みもできない」（40代・小4、小2児童の母）」、「支援者が元教員の方が多いからか学校に戻ろうとさせる空気感を感じて行かないと本人が言っています」（40代・中2生徒の母）など、不登校になった後の支援現場でもまるで第二の学校のような雰囲気だったり、学校復帰を前提とした場で通いづらい、という声が多かった。

また、「スクールカウンセラー」の利用状況においては、保護者は「利用して助けになった／なっている（35・1%）」よりも、「利用したが助けにならなかった（35・4%）」が多い結果となった。子どもも「スクールカウンセラー・スクールソーシャルワーカー」の利用状況について「利用して助けになった／なっている（24・0%）」に近似して、「利用したが助けにならなかった（22・8%）」も多かった。その理由として「楽しくお話はできるけれど、それだけで終わってしまう」（8才女児）、「相談した内容について『先生に言っておくね』としか言われなかった。当事者の気持ちがわかる人がほしかった」（12才女児）、「スクールカウンセラーに話した内容が担任に漏れていて嫌なことを言われた」（15才男児）、「話を聞くだけで、何もしてくれない。すでにこちらの知っている位のことしか情報を持っていない。下手をすると、法令についてこちらが教えるようなこともあり、そんな時は何のためにこの時間を使ったのかと虚しく思い、孤立を感じてしまう」（50代・小5児童の母）、「傾聴のみでアドバイスがなく意味がなかった」（高2・中1生徒の母）など、不登校についての知識や支援スキルに欠けるというものが多かった。

「保健室や別室など学校の中の自分のクラス以外の居場所」については、子どもたちの回答は「利用して助けになった／なっている（31・3％）」よりも「利用したが助けにならなかった（19・0％）」「利用できるところはあるが利用していない（18・9％）」の合計のほうが高い。その理由として「学校という場所が不安、安心できる場所ではないから」（12才男児）、「自分の学校の中に入りたくない。他の生徒と違う行動をしているから、目立つだろうから、見られるのが嫌。」（13才男児）、「保健室で休んでいても、授業に出よう？　と言われる」（12才女児）など、学校の中では利用できないという声が多かった。

文科省は校内教育支援センターやスクールカウンセラー、スクールソーシャルワーカーを増やす施策を出しているが、当事者の願いとは異なる部分が多い、あるいは運用の改善が必要なことがわかった。

(3) 休養の大切さ／大人の良かれが子どもの迷惑の時も

三つ目は子どもたちの支援ニーズが明らかにされたことだ。「あなたの今の気持ちに近いものをすべてチェックしてください」という設問に対し、「社会全体で不登校の偏見をなくして（44・5％）」が1位、「学校が変わってほしい（36・9％）」が2位だった。「安心して休みたい（36・5％）」、「登校刺激をしないでほしい（34・2％）」、というニーズも次いで高かった。

特に休みたいというニーズについて、不登校経験者に休み始める前のさみだれ登校期から一度家で休み、外とつながるまでを六つの期に分けたところ、期によって支援ニーズに変化があることがわかった。特に不登校になったばかりの時期（休養期）にほしかった支援については、「休養、ありのままの自分を認めてそっとしておいてくれる」が全体の3割を超えダントツで高く、家でしっかり充電し、回復した後から学びや他者との交流のニーズが増えてくることがわかった。大人は良かれと思って学びへの接続や他者との関係を子どもたちに求めることが多いが、子どもたちがまず求めていることは、不登校への偏見をなくし、学校を安心して通える場所に変え、「いつになったら学校に来るの？　行くの？」と問うことなく、安心して彼らの休む権利を保障することだ。

おわりに

不登校実態ニーズ全国調査は調査を行ったから終わりではない。むしろここからがスタートになる。マジョリティ優位の日本社会の中で「透明化」されてきた不登校の子ども・若者・保護者の意見を丁寧にすくい取り、それを社会に「見える化」し、政策や社会全体の意識変化につなげていくこと。私たちの旅路はまだ続く。

注

1　調査概要
・調査タイトル：「不登校のこどもの育ちと学びを支える当事者実態ニーズ全国調査」
・調査方法：インターネット調査
・調査対象：さみだれ登校や不登校のこどもを育てている保護者／元保護者（回答数：1935件　分析対象データ数：1935件　うち、子どもについての回答数2529件）
さみだれ登校や不登校のこども／不登校経験者（18歳以下）（回答数：475件　分析対象データ数：474件）
不登校経験者（19歳以上）回答数：402件　分析対象データ数：395件
・調査期間：2023年10月6日～12月31日
・主催：特定非営利活動法人多様な学びプロジェクト

・共同研究調査機関：東京学芸大学教育学部特別ニーズ教育教授 加瀬進
・協力学識経験者（50音順）
朝倉景樹（TDU－雫穿《てきせん》大学代表）
伊藤美奈子（国立大学法人奈良女子大学教授）
末冨芳（日本大学教授）
・調査協力機関：一般社団法人学術・教育総合支援機構
・助成：令和5年度 独立行政法人福祉医療機構 社会福祉振興助成事業（WAM助成）

第11章

日本の性教育の歴史からみた課題と展望

こども家庭庁スマート相談保健室／まるっと！まなブックの取り組みを通して

高橋幸子

1　はじめに――スマート保健相談室：若者の性や妊娠などの健康相談支援サイト

スマート保健相談室は当初、厚労省子ども家庭局母子保健課ですこやか親子21の取り組みとして制作されました。こども家庭庁の創設により、現在はこども家庭庁成育局に移管されています（図表11－1）。ホームページを訪れると、

　スマート保健相談室では、からだや性・妊娠などの健康に関する正しい情報や専門家に相談できる窓口を探せます。このサイトは、内容やデザインなどについて、高校生の意見を聞きながら作成しました。

とあります。相談窓口・正しい知識Q＆A・インタビュー・コラム・関連する情報や普及啓発資料がまとまっています。

若者たちにスマート保健相談室がどのくらい普及しているかは不明ですが、こども家庭庁のサイトとしてネット上に性に関する情報があるということは大変に意義深いものです。学校では子どもたちを性的な存在であると認めることができないために、正面から性教育に取り組むことが困難な状況です。後述の性教育の歴史にもありますが、文部科学省は性教育にうしろ向きです。一方、厚生労働省・こども家庭庁では妊娠した若年女性についての統計も持っていますから、堂々と「子どもに性教育が必要である」という声を上げることができます。

スマート保健相談室のポスターのイメージキャラクターには、若者に人気のインフルエンサーカップル「しゅ

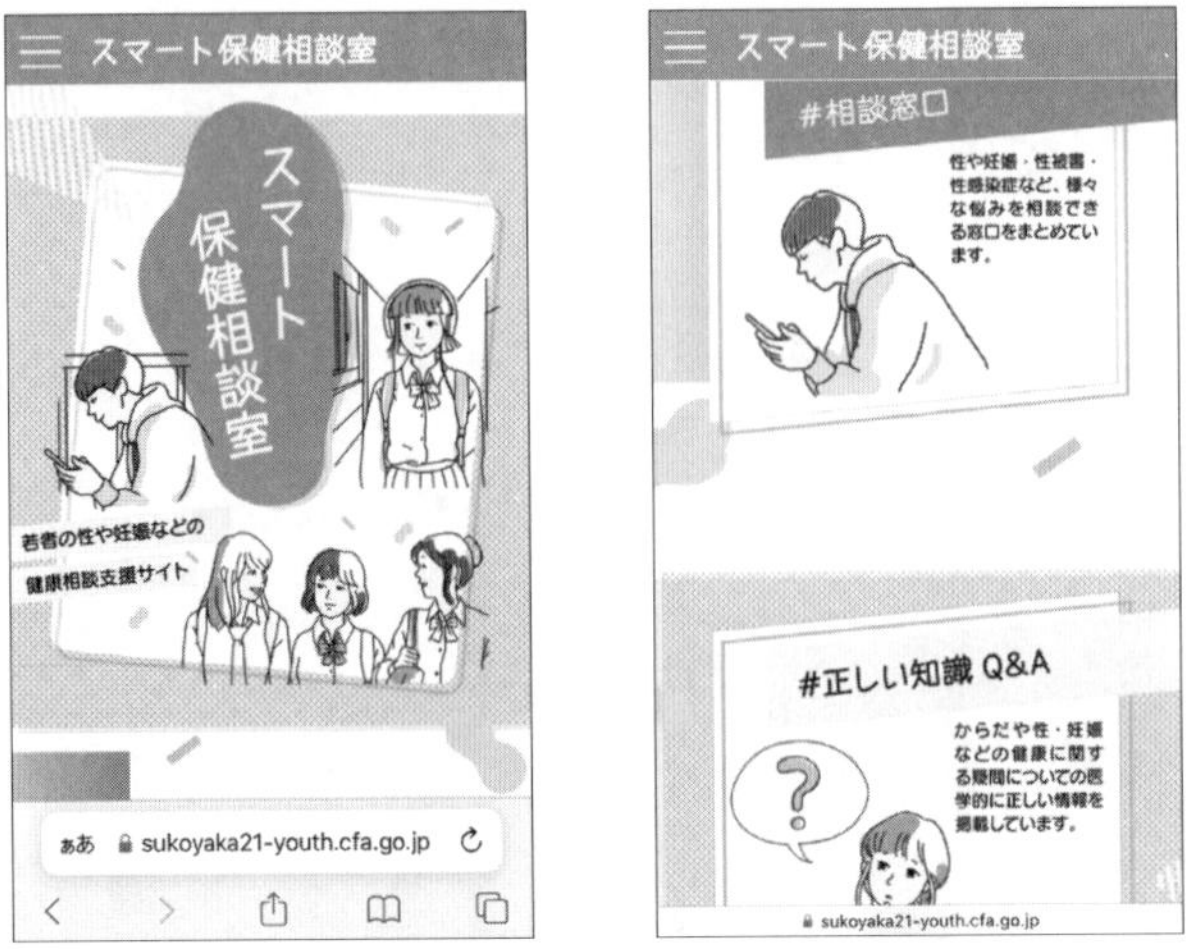

図表 11-1　スマート保健相談室のホームページ
https://sukoyaka21-youth.cfa.go.jp/

んまや」の重川茉弥さんが起用されました。茉弥さんは16歳の時に妊娠し、17歳で出産した経験を、育児の様子も交えながらポジティブに発信しています。ポスター用のデータは自由にダウンロードすることができます。同年代に向けて、性について語ることができるタレントさんは実は大変に貴重です。起用する側にもある種の勇気が必要だったのではないかと思います。

スマート保健相談室の「インタビュー・コラム」には、10代の若者に届くインフルエンサーを起用して、若年出産した当事者目線のメッセージと、それを見た大人に「温かい目でサポートしてほしい」というメッセージを込めた対談動画（対談相手は筆者）がありました▼1。

以下では、高校生の声を反映して作成されたスマート保健相談室に掲載されている情報の中から2点について、本章の目的に合わせ、現時点の状況とこれからの展望を述べたいと思います。具体的には、①緊急避妊薬へのアクセスに関する情報と、②まるっと！まなブックについてです。

また、スマート保健相談室のホームページには各種相談先が掲載されています。都道府県・相談内容・相談方法（対面・電話・SNS等）などをチェックすると当てはまる相談先が紹介されます。適切な相談先につながることができるのは非常に重要なことで、さらに選択肢がたくさんあることも重要なことです。そのうち、緊急避妊薬について、まずは現在起きていることをご紹介したいと思います。

2　アフターピル（緊急避妊薬）にたどり着けない若者たち

先日、高校生からアフターピル専門のオンラインサービスで緊急避妊薬を買ってみたが、大丈夫か？　と相談を受けました。そのサイトにはアフターピルはレボノルゲストレル（8000円）もしくはウリプリスタール酢酸エステル（1万2000円）の2種類が販売されていました。8000円のほうを、送料や手数料込みで9955円で申し込んだと言います。厚労省によるオンライン診療のルールの通り、音声電話を用いて医師との診察がありました。その後半日したところで、「システム不具合で先ほどの料金に追加料金が必要になった」と、さらに4000円請求されたそうです。もしキャンセルするならキャンセル料もかかる、と。また、レボノルゲストレルも国内製造の承認薬ではなく、海外のジェネリック品で、しかも他のネット販売のサイトでは495円で販売されているものでした。

緊急避妊薬は72時間以内に内服することで、性行為の事後に80～90％の避妊をすることができる飲み薬です。月曜日が祝日のある土曜日の午後に、アフターピルを手に入れることができないか？　という教え子の大学生から相談を受けたことがありました。友人から「金曜日の夜にコンドームがとれてしまったので緊急避妊をしたい」と相談されたとのことでした。この時点ですでに1日経過してしまっています。私の教え子は日頃から性教育的な話を友人たちとしていたので、彼女の顔を思い出した友人が相談することができたとのことでした。何人かで手分けして、土曜日の午後から日曜・祝日にかけて緊急避妊薬を処方してくれるクリニックの情報をネットで探しました。実は、処方できます、というクリニックのホームページはたくさん見つかりました。しかし、いざ電話してみると「当院は予約制で、予約がいっぱいで今日は対応できません」というところばかりでした。若者だったら1～2回電話して断られたら、もう心が折れてしまうでしょう。大人だとしてもそうです。次のクリニックを探す気力もなくなってしまうかもしれません。ただでさえ2万円近くかかる、そして、身近な大人にも相談しづらいこんな状況では、たとえラブラブなカップルだとしても、ましてや性暴力の被害者であればなおさら、もう二度と誰にも相談できないと感じてしまうでしょう。

そんなことがあり、2020年のGW（ゴールデンウィーク）、コロナ禍において緊急避妊薬が必要になった人たちが、以前よりなおさらアフターピルにたどり着けないということが起こるのではないか、と私は気づきました。

全国の性教育に関心のある産婦人科医の仲間たち（避妊教育ネットワーク）に声がけをし、「GWに緊急避妊薬が必要になった時に対応することができる病院のリスト」を作成しました。ここに電話すれば一発で対応してもらえるよ、安心して連絡してね、という情報が必要だと痛感したからです。

最初は10件程度だったクリニックのリストでしたが、リストに参加してくれる産婦人科クリニックが日に日に増えてGWの最終日には全国に30件を超えました。連休だけど外出もできないし、クリニックの近くにいるから緊急避妊だったら対応するよ！　という温かい産婦人科医の仲間たちでした。この取り組みの経験がもとになって「ピルにゃん」（https://pillnyan.jp/）というサイトの立ち上げのお手伝いをさせていただきました。

今ではオンライン診療で緊急避妊薬を処方できるという選択肢が増えたのですが、前述のように詐欺まがいのサイトが出てくる始末です。また、オンライン診療ではなく、薬を販売するだけのネット販売という形態で入手することができる緊急避妊薬もあります。海外の薬を販売していることも多く、その成分が正式なルートで入手できるものと同じなのかどうかは、保証できません（例えば、２０１６年に調査されたある薬において、ネット販売の４割が偽物でした。https://www.nippon-shinyaku.co.jp/file/download.php?file_id=125）。

補足になりますが、現在実験的に各都道府県で２～７か所の薬局で緊急避妊薬を医師の処方箋がなくとも購入できる仕組みが始まっています。緊急避妊薬を多くの薬局で手に入れられるようになれば、アクセス改善のみならず、「薬が偽物なのではないか」という不安を解消することもできます。すでにこのようなオンライン上の詐欺的な販売ルートがあるのですから、若者を守るための方法として、信頼できる産婦人科での対面処方という方法とともに、緊急避妊薬の薬局での販売という選択肢が広がることを願います。

3　世界の性教育のスタンダードへ　まるっと！まなブック

スマート保健相談室のホームページには関連する情報や普及啓発資料のコーナーがあり、リンク集にまなブック（まるっと！女性の健康教育）が掲載されています（図表11－２）。

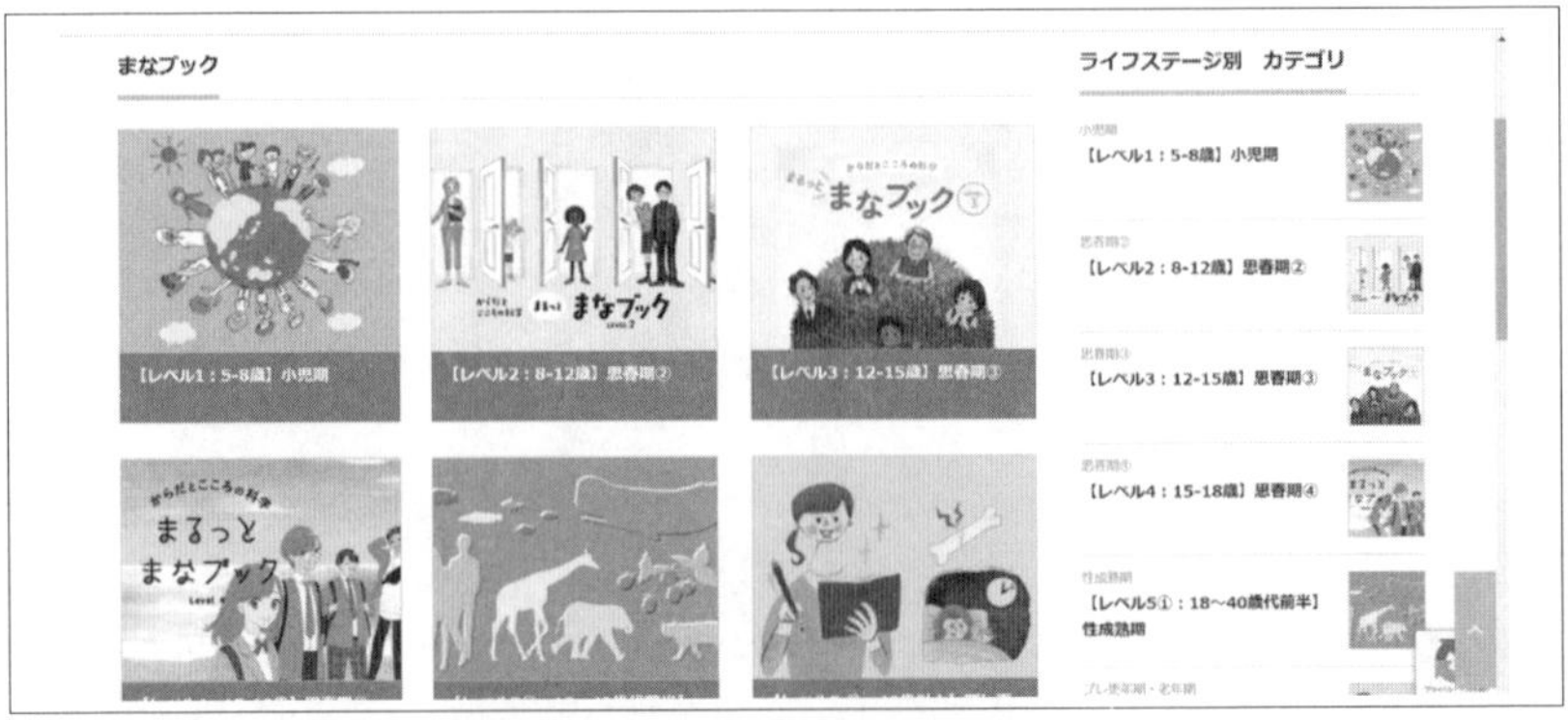

図表11-2　まるっとまなブック

出所：スマート保健相談室「関連する情報や普及啓発資料」
https://marutto-woman.jp/product/

「まるっと！女性の健康教育プログラム」はプレコンセプションケアの厚労省科学研究班（荒田班）により制作されました。プレコンセプションケアとは将来の妊娠を考えながら女性やカップルが自分たちの生活や健康に向き合うことで、次の世代のベビーの健康にもつながるという概念です。プレコンセプションケアのその前に、性の健康を育む包括的な性教育が必要であるとの考えからつくられたのが、まなブックです。

まるっとまなブックは、世界の性教育のスタンダードとされているユネスコ等が発行した『国際セクシュアリティ教育ガイダンス【改訂版】』と日本の学習指導要領を比較・検討し、私たち研究班が考える「現在の日本で求められる性教育」として制作されました。レベル1（5〜8歳）レベル2（9〜12歳　本冊・別冊）レベル3（12〜15歳　本冊・別冊）レベル4（15〜18歳以上）と分けられ、レベル2にはふりがな版も作成されています。2024年3月31日にホームページ上に公開されましたので、どうぞご覧ください。

本冊・別冊の違いは、学習指導要領に収まる内容を本冊、学習指導要領に当てはまらないが『国際セクシュアリティ教育ガイダンス』ではこの年齢段階で扱われているものを、必要に応じて対象年齢のレベルを上げて（例：レベル2→レベル3）、さらに別冊での扱いとしています（現時点ではオンラインでの別冊閲覧にはパスワードが必要です。ホームページからお問い合わせください）。

最終的な目標としては、学校で先生方が授業で活用できるものを目指しています。今回の研究班では学校での検証事業において、私立の学校では校長先生や教科の先生方の裁量により、工夫して活用できることが示唆されました。公立の学校でもさらに使いやすいものへのブラッシュアップが必要だ、という結論に至り、2024年度も研究を継続いたします。

今回発表されたものは、地域や家庭、学校で、1ページから自由にダウンロードしてご活用ください。

4 日本の性教育のこれまでとこれから

最後に、性教育の歴史を振り返ってみたいと思います（図表11－3）。

1992年、エイズパニックを経て、学習指導要領にHIV/AIDSが掲載されました。この頃学校での性教育は盛り上がりをみせていたと聞いています。日本に性教育がなかったという訳ではないのです▼2。

そんな中、1998年に学習指導要領に歯止め規定が追記されました。小5理科「受精に至る経過は取り扱わないものとする」、中1保健体育「受精・妊娠を取り扱うものとし、妊娠の経過は取り扱わないものとする」、つまり性行為については扱わないとする歯止め規定が制定されました。すべての教科に歯止め規定が制定された、

1992年	学習指導要領にHIV/AIDSが入った
1998年	歯止め規定（学校で性交を教えない）
2002年	ラブ＆ボディブックが回収された
2003年	七生養護学校事件
2005年	国会で性教育バッシング
2013年	七生養護学校側が名誉棄損で勝訴
2018年	再び足立区の中学校性教育バッシング
2020年	性教育の出版ラッシュ
2023年	「包括的性教育」「トランス女性」に対するバックラッシュ

図表11-3　日本の性教育の歴史

Q　**学習指導要領の「基準性」という考え方に変更はありますか。**

A

変更はありません。平成15年に、学習指導要領はすべての子どもに対して指導すべき内容を示す基準であること（基準性）を明確にし、各学校は子どもたちの実情に応じ、学習指導要領に示していない内容を加えて指導できることがはっきりしました。今回の改訂においては、さらなる明確化のために「…は取り扱わないこと」とするいわゆる「はどめ規定」の見直しを行うこととしています。

図表11-4　歯止め規定の見直しについて（平成20・21年改訂の際）

出所：文部科学省「学習指導要領改訂の基本的な考え方に関するQ&A」

https://www.mext.go.jp/a_menu/shotou/new-cs/qa/kihon.htm

ゆとり教育への一環だったとも聞きます。この時の経緯は明らかにされていません[3]。

2002年には財団法人母子衛生研究会により作成された中学生向けの性教育冊子ラブ&ボディBOOKが衆議院で議論され、回収されるという事態に至りました[4]。

2021年に発表された「#つながるBOOK」(https://www.jfpa.or.jp/tsunagarubook/tsunagarubook.pdf) は、ラブ&ボディBOOKへのオマージュの気持ちが込められています。

性教育が決定的に委縮していくきっかけとなったのは2003年の都立七生養護学校事件です。現在は特別支援学校と呼ばれる、教育現場で行われていた性教育が都議会議員や教育委員会によって問題視されました。さらに週刊誌に「まるでポルノ」と取り上げられ、つるし上げられました。この時一番困り果てたのは、性教育をできなくなった教師たちではなく、保護者たちだったと言います。人前で性器に触れることを防いだり、性暴力の被害から身を守ることなど、日々の生活の中で非常に重要な教育活動であったことが改めてわかったとうかがいました。

そして2005年には国会において性教育バッシングが起こりました。伝統的な家族のかたちを守る価値観による揺り戻し、バックラッシュです。

2008年に他の教科にもあった歯止め規定は見直されましたが、小5理科と中1保健体育にはそのまま残され、現在もそのままです。当時どのようなやり取りがあったなどは明らかにされておらず、義務教育のうちに避妊を学ぶことはできないままです（図表11−4）。

2013年には七生養護学校側が名誉棄損として最高裁で勝訴しています。なお、筆者自身は2007年から外部講師として埼玉県内の小・中・高校で性教育を行っていました。なんとなく性教育バッシングという言葉は知ってはいたけれど、この時点で性教育バッシングの意味をやっと理解しました。ここからまた少しずつ、全国で性教育が行えるようになってきました。

2018年には再び、七生養護学校の時と同じ都議会議員が足立区の中学校の性教育現場に乗り込んできました。しかし2018年には性教育の必要性を感じる保護者が増えていたこともあり、このことは否定的に報道され、「学校では性教育ができていないの?」という認識が広がるきっかけにもなりました。「学校では性教育をしてくれないのなら、保護者がわが子に教えよう。でも、保護者も教わっていないので、どう教えたらよいかわからない」と2020年からの性教育の本の出版ラッシュにつながります。

保健体育がご専門だったある元校長先生がおっしゃっていました。「昔は保健体育の教員が読む雑誌にはたくさん性教育の話題が載っていたのに、ある時を境にパタッと載らなくなった。こんな経緯があったからだったんですね」。

２０２４年現在、今は再び「包括的性教育」そして「トランス女性」に対してバックラッシュが起こり始めています。「伝統的な家族のかたち・家父長制を守りたいという価値観の人」と「トランスジェンダーの権利が守られると女性の権利が奪われると思いこまされてしまった人たち」が性の多様性を含む「包括的性教育」をバッシングしている、と私の目には映っています。

「子どもたちの豊かな性の健康の発育」。この目標が共通のゴールになれば、どの立場の人たちも協働できるのではないでしょうか。まずは共通のゴール設定を行う場が持てたらいいな、と思います。18歳の時点でどんな行動ができる大人になってほしいのか。そのためにはどんな性教育が必要なのか。子どもに関わる私たち一人ひとりが考えていきたいです。

注

1　２０２４年5月現在、スマート保健相談室からのリンクは消えていましたが、動画自体はこちらから見ることができます。https://www.youtube.com/watch?v=WKSfN9wqVZg

2　堀川修平（2023）『日本に性教育はなかったという前に――ブームとバッシングのあいだで考える』柏書房

3　ＮＨＫ首都圏ナビ「学校の性教育で〝性交〟を教えられない『はどめ規定』ってなに？」https://www.nhk.or.jp/shutoken/wr/20210826a.html

4　教材『思春期のためのラブ&ボディＢＯＯＫ』の配布計画とその後の指導に関する質問主意書　https://www.shugiin.go.jp/internet/itdb_shitsumon.nsf/html/shitsumon/a154096.htm

第12章

なにものでもない、ありのままのいのち

教育の未来へ開かれた眼差し

菊田隆一郎

はじめに

僕は20年の人生で、不条理だな、と思いつづけてきたことがある。今の教育では、子どもがなにものでもない、ありのままの自分でいることが難しい。大人は、僕ら子どもたちのなにものでもない、ありのままのいのちを肯定する前に、教育という手段で、いつも僕らをなにものかに育て上げようとするんだ。だから僕らは、次のような、なにものかにならなければならない生きづらさを抱えながら、今日も生きている。

- 一人ひとりの心身の発育スピードは本来異なるにもかかわらず、日本の教育制度下では、僕らは年齢に応じて自動的に「小学生」「中学生」「高校生」になることを求められる。
- 「生きる力」「思考・判断・表現力」など、ここ30年の教育改革で代わる代わる唱えられてきた「〇〇力」（能力の指標）によって、僕らは常に測られ、能力を向上し成長することを求められる。
- 学びのエージェンシー（主体性）を生徒に担わせようと、授業では僕らが主体的になることを求めておきながら、学校の中でどのような生徒であるべきかについては、校則で厳しく管理される。
- 大人だって未来を言い当てられないのに、進路面談で僕らは、将来なにものになるかを説明することを求められる。一方、その未来は、確からしさの度合いで、模擬試験や成績をもとに優劣をつけられる。
- 以上のような不条理を抱え、僕らが暮らす学校空間は、その設計によって、「前を向いて座る」「教室から勝手に出ない」「授業中は静かにする」生徒になることを、気づかぬうちに要求する。

こども大綱は、僕らが「ありのままの自分を受け容れて大切に感じる（自己肯定感を持つ）ことができ、自分らしく、一人一人が思う幸福な生活ができる」▼[1]社会を目指す。なぜなら、子どもは「心身の発達の過程にあっても、乳幼児期から生まれながらに権利の主体」▼[2]だからである。僕らは生まれた時点で、すでに「いのちあるなにものか」であるのだ。それなのにどうして大人はいつも教室で、僕らになにものかになることばかり求めるのだろう？　こども大綱が、僕らをなにものかに「教育」しようとする大人と対峙するとき、そこには僕らが「教育」と決別する未来はあるだろうか？▼[3]

1　なにものでもない、ありのままの自分と出会う

僕は教育に興味があるわけではない。身近な不条理を見逃せない性格なだけで、そんな僕が人生ではじめて出会った不条理が教育だっただけだ。それは小学校3年生の時、誰もいない昼休みの音楽室でのことだった。「先生みたいにピアノを弾きたい」と鍵盤に手を置いた。即座に、「生徒は勝手に楽器を触ってはいけません」と先生に叱られた。僕はピアノが好きで、音楽の先生の上手な伴奏にあこがれていた。しかし先生は、生徒に音楽の楽しさを教えるよりも、校則を守らせることを重視すると知った。

校則を守ることと、好奇心に素直になることは、どちらが重要なのだろう？　答えのない問いが、僕の頭のなかに浮かぶ。先生は、その問いに向き合うのを許さず、僕を校則に従わせようとした。そんな不条理▼[4]が続く

毎日に風穴を開けたい。だから僕は教室を出た。追いかける担任の先生が、昇降口で僕のランドセルをつかむ。「菊田くん、行かないで！　教室に戻って、一緒に勉強しましょう」。その声は聞こえていたが、届いていない。視線の先の校門が、わずかに開いている。ランドセルを大きく左右に振って、先生の手を払いのけ、僕は一気に駆け出した。これが最後の登校だった。

それから終わりのない夏休みを迎えた。ある日僕は母に連れられて、近所の丘の上のロッジへ行った。「ここは、学校に通えないフトウコウの子が集まるんです」と施設の人は言う。その後ろで、子どもたちは互いに会話し、おもちゃを自由に組み合わせながら、自分たちの遊び世界を創り上げている。その眼が僕には輝いて見えた。学校に通うことをやめ、なにものでもない、ありのままのいのちの輝きを取り戻した子どもたち。それを周りの大人は「フトウコウの子」と呼ぶのだと、この時僕ははじめて学んだ。

そんな僕をある日笑顔で迎え入れてくださったのが、カリタス小学校の内藤貞子先生だった。案内されたのは、階を超え、すべての学年の教室が環状につながる校舎。気づいたら僕は、内藤先生や同行してくれた母親より一歩前を率先して歩いていた。音楽室を見つけると、その前で思わず立ち止まった。扉が半開きで、中から授業の様子が聞こえたのだ。昼休みになると、共用スペースに置かれた一台のピアノの周りに子どもたちが集まるのが見えた。そこで奏でられた音は、吹き抜けを通って校舎全体に鳴り響く。この学校では、誰かが奏でた「音」は、学校の全員が聴いている。僕にもその「音」が聴こえた時、この学校の一員になれた気がした。

カリタスの金曜午後は「総合」の時間。毎年クラスごとにテーマを決め、そのテーマを1年間かけて問いつづける。その過程は担任の先生がすべて詳細に記録をとり、成果発表会では、誰が、いつ、どのような行動をして、それに対し誰がどう思い、どういう対話がなされたかが一つひとつ書かれた「あゆみ」が黒板いっぱいに展示される。僕が転校して途中参加した4年生では、「楽器」をテーマに全員がスチールパンを自作して演奏した。5年生では皆で博物館にいって江戸の文化を学び、時代劇を書いて演じた。6年生では、脚本・撮影・編集まで、クラスのそれぞれが強みを活かした一本の映画づくりに挑んだ。

カリタスの「総合」は、生徒をなにものかに育て上げる教育の道具ではない。それは、生徒がなにものでもない、ありのままの存在でいることが受け入れられ、それぞれの存在が出会い成長する過程が、ケアされることが約束された場である。「総合」で起こるさまざまな出来事を通して僕は、互いの存在を認め合う自分と出会った。今、この瞬間、共に教室で生きる仲間。それが「総合」の出発点だった▼5。しかしこのように、子どものありのままの存在を肯定することが、日本の教育では全く約束されていないことに、僕は後の人生で気づいた。

2 なにものでもない、ありのままのいのちは測れるか

高校の制服は、セーターで隠すように。弁護士の方にそう言われたのは、文科省記者クラブ会見室へ向かうエレベーターの中。到着すると、40人の記者と7台のテレビカメラが僕を捉えた。高校から電車に乗って2時間。僕は大学入学共通テスト・国語記述式問題導入案に対する政策評価の記者発表をはじめた。

2年後。記述式問題の導入見送りが決まり、大学入試のあり方に関する検討会議が開かれた時、僕はそこへ次のようなコメントを送った。「入試改革問題に向き合って思考し、判断した上で声を上げて表現した複数の高校生がいたことは、今、学校教育において育成評価するべき思考・判断・表現の力とは何かを検討する上で、無視

すべきではない事実だと思います」▼6。

ここ30年の教育の議論で、「〇〇力」という、能力の指標を定義する言葉がたくさん生まれた。しかしこの「〇〇力」という能力指標は、あくまで教員が現場でその能力を育成・評価するのを正当化する道具でしかなく、生徒の本質的な能力とは関係がない。なぜなら、この能力指標によって、ある能力が新たに可視化される以前に、僕らの中にはすでに能力が多様な形で存在しており、そこには定義された能力も含まれるからである。大人たちはきっと、姿は違えどその能力がすでに眠っている、僕らの中の、不定形で複雑な、能力の生態系の存在を忘れているだけなのだろう。僕らは、それぞれが生まれ落ちた場所の周縁世界との関わり合いの中で、一人ひとりが異なる能力の生態系を育んでゆく。ここで大人が「いまの子どもには『〇〇力』がない」と言い、僕らのためにと働きかけようとすればするほど、大人は僕らのかけがえのない能力の生態系を、時には回復不能なほどに、破壊してしまうのである▼7。

そうした不条理の構造を思考し、自分の行動を判断して表現する僕らは、思考力・判断力・表現力が十分ある。文科省前でデモを起こした高校生を見て、僕はそう確信したんだ。だからこそ「受験生がかわいそう」と感情で訴えず、ここは政策論理の破綻を突き、胸を借りて大人と正々堂々対話したい。そこで僕は記述答案の採点体制に着目した。文科省は、マーク答案と同時に記述答案の採点を終えるために、記述答案を評価するルーブリックを定め、採点を民間業者に委託しようとした。しかし僕は、答案を速く採点しようとすればするほど採点者が増え、採点判断にばらつきが出ると考え、実験した。事前に発表された記述式問題の例題から、答案を三つ作成。それをルーブリックとともに、100人の採点経験者（予備校講師や教員等）と、100人の未経験者（高校生等）に採点を依頼した。すると、採点体制に不備がある可能性を提示するのに十分な結果が出た。僕はそれを持って記者発表に挑んだ。２０１９年の秋。僕は高校2年生だった。

3 なにものでもない、ありのままのいのちに気づく

雨が降った日こそ、教室を飛び出して泥遊びができるように。千葉県南流山市にある保育園は、天井に空く大きな穴から雨が中に降ってきて、下の砂場を濡らし、子どもたちはそこで泥遊びをする。その姿が映った一枚の写真を僕が見たのは、高校を卒業して間もない頃だった。教師でも政策形成者でもなく、建築家という立場から、どのように教育をつくれるだろう。興味が湧き、学校建築の世界を学んでみたいと思った。その時、北海道安平町・早来小中義務教育学校の設計に携わる皆さんが、高校を卒業したばかりのなにものでもない僕を、設計の現場に迎え入れてくださった。基本図を受け取ると、まずは図面の読み方から自分で勉強すべく、図書館で手当たり次第本を探した。

教壇や黒板が、教室の向きを定めないように。ロッカーを背にする、アジアの教室の定石も再考した。月に一度の会議では、教育行政関係者・現場の先生が集まり、子どもたちや地域住民とワークショップを行って意見を集めた建築家も参加。アイデアを、学校で暮らすあらゆる人の視点から議論した。

給食を気持ちよく食べれるように、ランチスペースを設けた。本が身近になるように、児童生徒玄関の目の前に図書館がある。地域の大人の背中を見て子どもが学べるように、地域に開放された図書室・家庭科室・図工室は、学校のどこからでも見通せる。子どもが主役になるように、学内のサインは子どもたちの手書きだ。想いが

「かたち」に変身して、空間が立ち上がる。授業中は前を向いて静かに座るように、教室から勝手に出ないように、廊下は走らないように。日本の子どもたちは、学校空間にも毎日叱られているのかもしれない。

一方で、設計者として想いをかたちに込めること自体も、子どもになにものかになることを求めてしまっている気もする。空間を区切り、名付け、壁や家具を配置する行為そのものが。その行為を子どもたちに手渡し、可変的な空間をつくるのも一つの答えだろう。ただそれ自体もまた、学ぶ空間を自らつくりあげることそのものを、子どもに課してしまっているようにも思えてくる。例えば僕は最後の会議で、廊下と階段に囲まれた、教室一つ分ほどの吹き抜けに、可動式の三角形のテーブルと椅子だけを配置する提案をした。その空間には名前がない。だから場に子どもが集まって、自由にテーブルを動かすことで機能を見出し、子ども自身で場にさまざまな名前をつけてほしいと願っている。しかし僕は、その空間を子どもたちに与えることしかできず、名付けるためのあらゆる過程を見取ることができなかった。自分と他者の姿があらゆるところで見え、見られているこの学校で、子どもたちが自分はなにものなのか、自分はなにものになりたいのかという問いの答えを探索する過程を。そのための空間を自ら創造する過程を。そして、そのただ中にある子どもたちは、なにものでもない、ありのままの存在なのだと自ら気づく過程を。

その過程を見取るためには、僕はいったいなにものになればよいのだろう?

4 なにものでもない、ありのままのいのちと未来

僕らはいったいなにものなのか？　僕らはこれからなにものになるのか？　それを問い続ける過程を見取ることこそが、問いの前提となる、僕らのなにものでもない、ありのままのいのちの存在を肯定することなのかもしれない。一方教育はいつも、僕らがなにものになるべきなのかというのを定め、そのために遠い先の未来をわざと悲観する。グローバル化社会やデジタル化社会を悲観し、英語でのコミュニケーションができたり、ITリテラシーの高い人材に成長することを求めたりする考え方は、その一例と言えるだろう。このように、単一で悲観的な未来像に僕らを従わせることで、教育は僕らに未来へ備えある人材へ成長することを求め、先生にその人材を育て上げるのにふさわしい教師になることを求める。だから生徒も先生も、悲観的な未来に従おうとしすぎて、なにものでもない、ありのままのいのちの存在に目を伏せざるを得ない。その存在に、生徒や先生が気づくためには、今の教育が前提とする悲観的な未来を疑い、まずは想像する未来の幅を拡張することから始める必要があるのではないか。そのための学びの時間を、僕らは「未来科」と名付けた。そして現役の高校教師5人と、この架空の科目の授業案をつくり、100人の高校生に届けた。

3歳の娘を持つA先生の未来科は、娘が大きくなったらどういう学校に通わせるか悩んでいると、生徒に打ち明けることから始まった。教育の現場で勤務し、その課題をよく認識しているゆえに悩む。A先生はそこで生徒に意見を求めた。高校生として教育を受けながら、学校の未来がどうなるか想像してほしい。すると、教育がいつも想定する、デジタル端末に囲まれた学校とは異なる、多くの未来像が出た。高校生の時、『スラムダンク』に青春を教わったB先生は、自分の好きなアニメキャラクターを生徒に熱心に語りはじめた。生徒にアニメの登場人物になりきって自分のキャリアを想像するよう問いかけ、彼らは自分の潜在的な価値観から解放された進路選択肢を次々と想像した。教育の不条理を探究する僕の未来科では、人権活動家ローザ・パークスを例に、誰も気づかない身近な不条理に気づくことこそ社会変革のきっかけだと語り、学校に隠れる小さな不条理を見つけ、それが解決された未来を想像しようと生徒に提案した。

「未来科」の授業では、未来について考えることを通じて、あらゆるものを、変化や成長の兆しのある「未来あるもの」として捉える。A先生は、勤務する学校を「未来あるもの」として捉え、生徒と想像した。B先生は、自分の進路を「未来あるもの」として捉え、自分に潜在する価値観の外側で、ありうる進路を考えようと提案した。僕は日常の学校生活を、不条理からより良く改善できる「未来あるもの」と考えた。

生徒を「未来あるもの」と考え、悲観的に未来に従わせようとせず、むしろ子どもたちがなりうる未来の自分の幅を拡張する。それは、生徒や先生が、自身のなにものでもない、ありのままのいのちの存在に目を向ける最初の一歩になりうるかもしれない。

5 なにものでもない、ありのままの僕と友達

大学に入学して最初の1週間。僕は、同じ人種や民族の人同士は友達になりやすいと学んだ。学期の最初は、まず同じ人種や民族同士で友達グループができる。図書館は、母語が同じ人同士で机を共有する。新入生歓迎会は人種や民族ごとのサークルばかり。アジア人で中国語も韓国語も話さず、英語を外国語として話す日本人の僕は、人種や民族の肩書きなしに、なにものでもない、ありのままの姿で一緒に居れる友達を探し続けた。

比較国際教育学の課題で、自分の大学内でインタビュー調査をすると、映画や舞台など、共通の趣味でつなが

る友達関係は、人種の力学を超えやすいとわかった。僕も、教育や建築、フランス語を共に学ぶ仲間と友達になった。ランダムにルームメイトが決まる寮生活も、同様の効果があるという論文も読んだ▼8。確かに僕も寮で出会った、専攻も生まれも異なる友達と、夜の映画館でミニオンシリーズ最新作を観た思い出がある。

そんな中、ミラドとの出会いは忘れられない。机でアフガニスタンの地図を広げる僕を見つけた彼が、「それは、僕の生まれた国の地図だね」と声をかけてくれたのだ。僕は同国の就学率向上を目指し、地域のマドラサ（イスラム教の教会モスクに附属する教育機関）で識字教育を行う支援についての論文を読んでいた▼9。彼は僕の地図を指差しはじめる。「首都カブールはここ。僕が生まれ育ったのはここ。中学校はここで、学校まで毎日3時間かけて、バンで通ったんだ。日本車だったよ。あれ、君、日本から来たの？　それはクールだね。僕は日本食も好きなんだ。僕の名前はミラド。よろしくね」。

僕は彼を夕食に誘った。夜のマンハッタンに吹き付ける風が吹雪になりそうな気配を感じながら、僕らはラーメン屋を目指した。カウンターに腰掛け、豚骨ラーメンを二つ頼んだ。彼は器用な箸使いでラーメンを口に運びながら、過去について語ってくれた。「祖父は字が読めないんだ。そうすると、道端で野菜や果物を売る仕事しかできない。だから父さんには、教育を受け、社会の階層を上がりなさいと言って聞かせたんだ。おかげで父さんは医者になった。だから父さんは僕にも、とにかく勉強しなさいと、家から遠い、国で一番優秀な学校に通わせてくれた。僕の国では、多くの子どもが通学中に、自爆テロや、政府軍—反政府勢力間の戦闘に巻き込まれ命を落とす。僕も同級生を亡くした。それでも父さんは、教育の可能性を信じたんだ。だから僕は今、君と同じ大学で学んでいるよ」。

6 なにものでもない、ありのままのいのちの尊厳

ミラドの言葉を解釈するためにも、僕は一度専攻を変え、社会学や人類学など学問の枠組みを定め、その枠組みから教育を捉えようとしたことがある。しかしある教授に相談すると、彼女はこう言った。「社会学や人類学などの学問に奉仕するなら、その学問を専攻しなさい。でも、教育をとりまく子どもたちに奉仕するなら、あなたは学問の枠組みをむしろ外し、ありのままの眼差しで世界を観察するべきだわ」と。

小学校の不条理からはじまった僕の歩みは、子どもたちのなにものでもない、ありのままのいのちを捉える眼差しそのものだったのだと、気付いた瞬間だった。

子どもは、それぞれが生まれ落ちた環境を認知し、強みや弱みを背負いながら、人生を力強く歩みはじめる。本書の中には、その存在が著しく傷つけられている子どもの現状も書かれている。しかし、日本の教育を広く捉えると、そもそも子どもの生まれながらに、ありのままのいのちの存在を受け止める約束が全く果たされていない現状もある。一方、これは我が国に限ったことでもないようだ。教育が、子どもをなにものかに育て上げることを前提とすると、それが人種・民族・能力主義など、現存する差別の構造と共犯関係を持ち、それが、日々の大人の言動・学校空間・教育政策によって覆い隠される。こども大綱を起点に、子どもたちのありのままの存在を肯定する世界を創作するならば、なにものかにならなければならない社会を加速させる機構となっている「教育」そのものも疑わなければならない。

なにものでもない、ありのままのいのちの尊厳を捉える私たちの眼差しは、今、ここから開かれるのである。

注

1 こども家庭庁「こども大綱」https://www.cfa.go.jp/policies/kodomo-taikou/
2 前掲資料
3 ここでの「教育」とは、「大人が子どもをなにものかに育て上げようと働きかける行為」を指し示しており、本稿はその行為に批判の眼差しを向ける。一方で、今日では「教育」の意味が多様化しており、ここではそのあらゆる意味においての「教育」との決別を想像しているわけではない。例えば、寺崎弘昭や白水浩信のように、〈教育(education)〉の由来をラテン語動詞educare(養い育てる)に見出すと、「教育」を「子どものなにものでもないいのちを、ありのままに養い育てる行為」と解釈できるのかもしれない。
4 校則が不条理なのだろうか? それとも、校則について考えるのを許されないことが不条理なのだろうか?
5 カリタス小学校の総合教育活動は、松木健一と小林宏己により、長きにわたって科学的な観察と検証がなされ、その成果が学校活動にも還元されてきた。松木(2001)『共同で物語る総合学習――自分をみつめる・自分をみつける』や、カリタス小学校(2018)『問いつづける子が育つ――協働で学び合う授業の創造』も合わせて参照されたい。
6 文部科学省「大学入試のあり方に関する検討会議(第28回)議事録」(2021年6月)https://www.mext.go.jp/b_menu/shingi/chousa/koutou/103/gijiroku/mext_00036.html?fbclid=IwAR0npi02rn7bgxmaMcpqTcnzdcAKhyzU0jQGdD8vzEaOgA24yJ7i7fJpS3U
7 この段落は、河合隼雄『子どもの宇宙』の冒頭「子どものなかの宇宙」を参照した。
8 Stearns, Elizabeth. Claudia Buchmann. and Kara Bonneau. 2009. "Interracial Friendships in the Transition to College: Do Birds of a Feather Flock Together Once They Leave the Nest?" *Sociology of Education* 82: 173-195.
9 Burde, Dana and Leigh L. Linden. 2013. "Bringing Education to Afghan Girls: A Randomized Controlled Trial of Village-Based Schools," *American Economic Journal: Applied Economics*. 5(3): pp.27-40

おわりに

1　「教育への権利」は、ほんとうに子ども若者の権利なのか？

教育を受ける権利は、ほんとうに子ども若者の権利なのだろうか。学校こそが子ども若者の権利を侵害しているのに。1994年、子どもの権利条約（児童の権利に関する条約）を日本政府が批准した時に、大学生だった私はそう思ったことを覚えている。

教育を受ける権利は、日本国憲法第26条に明記されている文言に過ぎず、子どもの権利条約（児童の権利に関する条約）での表現は異なる。

国際連合原文では"the right of the child to education"と「子どもの教育への権利」という表記がされており（子どもの権利条約第28条）、子ども若者たちを教育を「受ける」だけの主体としてのみ規定しているわけではない[1]。外務省は同条について「児童の教育についての権利」と訳出している。

子どもの権利条約第28条そして第29条は、締約国が「子どもの教育への権利」を認め、子ども若者に実現すべき教育への取り組みを規定する条項である。

第28条には国家が、教育への機会の平等、無償の初等中等教育、能力に応じすべての者への高等教育の機会の保障を実現すること（子どもの権利条約の規定に従えば、障害を持つものやマイノリティも機会保障の対象である）、教育だけでなく職業に関する情報と指導の提供、定期的な登校及び中途退学率の減少に取り組むべきことが書かれている。

子どもの権利条約第28条第2項には「締約国は、学校の規律が子ども若者の人間としての尊厳を実現するに相応しいマナー（思想・行動・振る舞い）でこの条約に従って運用されることを確保するために、すべての適切な措置をとる」とも規定されている。

第28条第3項には、「全世界における無知及び非識字の廃絶」のための国際協力が規定されている。日本においてすら、教育を受ける権利や日本語の識字の権利が未だに保障されていない人々がいる。

子どもの権利条約第29条には、子ども若者が「その人格、才能並びに精神的及び身体的な能力をその可能な最大限度まで育むことができること」に国家が取り組むことを規定している。

子どもの権利条約に40年以上先立ち、１９４７年に成立した教育基本法の諸規定とも重なる規定である。

教育とは何か。学校に行かせること、秩序維持と称して子ども若者の人格を尊重せず隷属させるために理不尽な校則・ルールで支配すること、テストを受けさせ序列化した成績をつけること、そのようなことが教育であるとは教育基本法にも子どもの権利条約にも規定されていない。

まず子ども若者の人格を育むこと、性別、障害の有無、生まれた国がどこかにかかわらず、子ども若者一人ひとりの才能、精神的及び身体的な能力をその可能な最大限度まで育むことができることが、「子どもの教育への権利」を保障するために、国家が、大人たちが取り組まなければならない教育であることを、第29条の規定は明らかにしている。

子どもの権利条約第29条には「子ども若者が人間の権利と人としての根源的自由を尊重できるよう成長すること、国際連合憲章に規定される原則を尊重できるよう成長すること」もまた締約国の責務として規定されている。国連憲章は世界の平和と安全の維持のための共通ルールであるが、わが国の学校教育で国連憲章の内容を学んでいる子ども若者は（大人も）ごくわずかではないだろうか。

第29条はわが国の大人たちが時折口走る、義務を果たした子どもにしか権利が認められない、ということが完全な誤解であり、子ども若者を支配し隷従させようとする思想であることが理解される条文でもある。

自由のみが権利に先行する。自由は人間の根源的な尊厳を支える理念である。

また日本国憲法に明らかなとおり、国民に義務を課せるのは、憲法に基づき人間の自由と権利を尊重し実現する国家のみである。

第29条はまた、子ども若者自身のアイデンティティを尊重し、異なる文化・文明を尊重できるよう子ども若者に教育を保障すること、子ども若者が自由な社会における責任ある生活を送ることができるように成長とともに準備していくことができるようにすること、この際に、子ども若者が、平和・寛容・両性の平等、そしてすべての人々の間での友好の精神を理解できるよう成長すること、すなわち民族・国家・宗教的集団の間での理解、先住民族の人々との間の友好の精神が理解できるよう成長すること、子ども若者が自然環境を尊重できるように成長するための教育への取り組みも規定している。

子ども若者の教育への権利と、国家の（大人の）責務を改めてこのように把握したうえで、私たちは改めて、問いを共有することができる。

「教育への権利」は子ども若者の権利なのか。

日本国の大人たちは、子ども若者の権利と根源的自由を尊重し、だからこそ子ども若者が自分自身や異なる他者の権利と自由を尊重できるような「教育への権利」を保障できているだろうか。

日本国の学校の大人たちは、子ども若者の人間としての尊厳を実現するに相応しいマナーを体現できているだろうか。

子どもの権利条約の批准以降も、私たちの公教育システム・教育行政・学校は子ども若者の権利侵害を続けているのではないだろうか。

こども基本法を契機に、子ども若者の権利を尊重し実現できる学校、公教育システムに変化していけるのだろうか。

本書はこれらの問いに対し、道なき道を切り拓き、子ども若者とともにより良い学びを創ろうとしている人々の論稿を通じて、読者それぞれが解を見出し行動するための「挑戦の書」である。

2 第3巻の概要

ここで、第3巻の概要をたどっていこう。

「第I部　子どもの権利とその保障」は4つの章で構成される。

本書は、大阪市立学校の校長である木村幹彦さんによる第1章「子どもの権利を守り・最善の利益をもたらす『「生きる」教育』――子どもの権利を守る学校運営・カリキュラムとは」から始まる。

「子どもも大人も安全安心に学ぶ権利」の実現こそ、子ども若者の「教育への権利」の基盤である。困難をきわめた大阪市の学校の中で、模索され実現されてきたのは、子どもたちが安全安心に学ぶ権利である。しかし、それに留まらない「教育にしかできない挑戦」を知ることから、本書がスタートすることの意義は大きい。

子どもたち自身が子どもの権利を学び、大人も子どもも相互に尊重し合う場を実現していくための、小学校の挑戦がコンパクトにかつ濃密にまとめられている。「生命（いのち）の安全教育」のひな形となった、とも称される同校の取り組みであるが、その本質にあるのは、教育を通じた子どもたちと教員の尊厳と権利の実現である。激しい暴言暴力、器物損壊、教員への反抗など、学校崩壊状態であった大阪市立生野南小学校の再生へのプロセスにおいて、「法の支配」と、子どもたち一人ひとりの「人権」を徹底して守ることが実現されている。

児童生徒や保護者にも共有される「大阪市学校安心ルール」は全国的に導入されるべきと私自身が考えている「学校の安全保障」の基礎となるルールである。それは学校内での「法の支配」を実現するためのアプローチでもある。

人権を正しく学ぶこともできなかった日本で、一方的な権利を主張するごく一部の人々によって、学校の秩序や安全が脅かされている今、学校が自ら法治国家のルールを捨て去る「部分社会の法理」はもはやリスクでしかない。

しかし、それだけではない。子どもたちの心を育てる「国語科教育」、負の連鎖を断ち切る「『生きる』教育」のカリキュラムや実践は、子どもたちが、自分も他者も等しく自由と権利を持つ存在であることを学び、学校内外の生活の中でも実践していくための二つの柱である。

学校にいても、卒業した後も、子どもたちが人間らしく育つ、困難があっても自分自身が人間らしく主体的に生きることを実現する、社会に生きる人としてこの日本の仕組みを利用しながら、より幸せに生きるための力を育む、それが「『生きる』教育」である。現在は田島南小中一貫校やそれ以外の学校でも、小学校6年間・中学校3年間の系統性があるカリキュラムとして実践されている。「『生きる』教育（生野南小学校教育実践シリーズ）」（日本標準・全4巻）として出版されており、教員には必読の書といえる。

「道徳の授業はフィクションだけど、『生きる』教育はノンフィクション」「生きるうえで絶対必要な人生の教育」、このような子どもたちの言葉に、私たちの公教育には進化の可能性が大きくあることを気づかされる。

「生きるうえで絶対必要な人生の教育」を、道徳の授業でも、どの教科・活動でも実践していくのが、民主主義国家である日本国の学校であるはずだ。

第2章は、NPO法人カタリバで不登校支援の現場で子どもたちと日々関わっておられる池田隆史さんが、教員としての経験も踏まえながら、学校やそこに生きる大人の姿を振り返り、「おんせんキャンパス」（島根県雲南市の教育支援センター）の不登校支援で大切にしておられることを示される章である。

子ども若者を権利の主体として大切にする、こども基本法・子どもの権利条約でも繰り返し強調されるこの理念と行動のルールは、教育基本法・学校教育法の世界では実現不可能なのだろうか。「子どもを人として観ていますか？」、学校において子どもたちを「便利な道具」として利用したり、「邪魔者」として排除したり、無視する教員には耳の痛い言葉だろう。実際に、今の日本の学校は、子どもも大人（教員・保護者・地域住民）も「便利な道具」でなければ、迷惑な存在としか見られない、人をモノとして扱う悪しき文化に満ちてしまっている。

不登校30万人・長期欠席46万人・学校にいられない子ども若者が5％に迫るこの状況は、「子どもをモノとして観る」教員がマジョリティ化し劣化した学校のもとで起きている。子どもたち一人ひとりの家庭の状況や発達の特性、学校の活動の中で苦手なこと（私もかつて学校給食の時間に苦痛を感じる子どもであった）を見ないこととし、一律の宿題やルールを課すだけでなく、罰を子どもたちに押し付けることで成立する「秩序」なるものは、暴力であり人権を無視した一方的な支配である。そうした教員による子どもたちへの一方的な支配が横行する学校では、子どもたちも不安を感じたり、子ども同士の相互監視に疲れ果てるのは当たり前のことである。

だからこそ、「子どもの人権・権利」の保護と「子どもを尊重する」ことを、池田さんや「おんせんキャンパス」に関わる人々は大切にしている。

池田さん自身も、教員として精神疾患で休職された過去を共有されているが、「人を人として大切にする」まっとうな気持ちを持つ教員が耐えられない学校現場も増えている。増加しつづける精神疾患による休職者数は、そうした状況をとらえる指標でもある。

「おんせんキャンパス」での日々はあたたかい。それは「人を人として大切にする」行動指針を、大人たちも共有しているからだ。

①安心・安全な場をつくる、②自信につなげる、③共に一歩踏み出す、④楽しんでいる姿や背中を見せること、⑤笑顔で挨拶し感謝を伝えること、⑥隣に相手がいると仮定して話をすること。

これらのルールは「人が人を大切にする」学びの場では、どれも当たり前のことであろう。しかしその当たり前が、学校ではなく学校外のフリースクールや居場所でこそ尊重され実現される実態をわれわれは直視しなくてはならない。

日本の学校の教員は、子どもや保護者がいない場所で、「支援」「対応」の名のもとに、その人たちの尊厳を傷つける言葉を簡単に放つ。それが、子どもたちを教える専門職として相応しい態度であるだろうか。

「人を人として観る」こと、それこそが今の学校でもっとも大切にされなければならないことなのではないだろうか、それが、子どもも大人も尊厳と権利が回復され実現される公教育を再生していくことになるのではないだろうか、そうした問いを心に根付かせる章である。

第3章「多様な子どもの権利を保障するためのインクルーシブ教育」は、研究者として支援者・実践者として、障害がある子どもたちも、多様な全ての子どもたちも包摂できる教育への挑戦を続けておられる野口晃菜さんの章である。

日本の学校には、排除されやすいマイノリティ性のある子どもたちが少なくないにもかかわらず、日本で生まれ育ち、障害がなく、家族全員が健康で、家族関係も良好で、セクシュアリティが男か女で異性愛者である、などのマジョリティを前提としすぎた学校制度となっている。

そして障害を持つ子どもたちは「自己の生活する地域の学校で学ぶこと」「学びにアクセスする」ことの権利すら十分に実現されていない。

こうした日本の状況は、国連子どもの権利委員会と障害者権利委員会の共同声明や勧告の対象となってきた。「インクルーシブ教育は、教育システム自体を改革するプロセス」であり「多様な子どもたちに合わせて教育システムそのものを変革することが求められる」(p.61)、野口さんのこの指摘は、子ども若者と、教育に関わる大人たちが共に挑戦しなければならないことである。

"Nothing about us without us"(私たち抜きに私たちのことを決めないで)は、障害者権利条約の策定の過程において、すべての障害者の共通の思いを示すものとして使用されている。日本の省庁でも、広く共有されている。子どもの権利を実現しようとする世界中の人々の共通のスローガンでもある。

しかし、私たちの公教育システムは、障害を持つ子どもたちや、マイノリティの子どもたちの声や参画を実現してきただろうか。

義務教育の就学指定に際してすら、子どもの意見表明やアドボケイトの手続きは法定化されていない。

中学校、高校と進学するにつれ、公教育制度は排除の度合いを高めていく。障害を持つ受験生に対する定員内不合格の問題は２０２０年代においても解消される気配すらない▼2。高等学校においても、障害を持つ生徒も受け入れられるよう、例えば文部科学省は2018年に「学校教育法施行規則の一部を改正する省令等の公布について（通知）」（28文科初第1038号）として、「高等学校における通級による指導の制度化」を打ち出しているが、地域の普通科高校への進学を希望しながらも、中学校教員と高校入試制度によってその希望と権利を奪われた若者は私の身近にもいる。

そうした差別的で排除的な公教育システムを変革するための丁寧なアプローチを続けておられるのが野口さんだ。

日本の教育システムは、特別支援学校や特別支援学級を維持しつつ、「交流及び共同学習」をもって障害のある子どもと障害のない子どもが可能な限り共に育つことを目指していることも明らかにされている。一方で、特別支援学校・特別支援学級の在籍者は増加しつづけ、通常の学級に在籍する権利と一人ひとりのニーズに応じたカリキュラムで学ぶ権利とが両立できない、トレードオフとなってしまっている構造的課題が指摘されている。

このような公教育システムを変革するためにこそ、「自分自身が学ぶ場はどのような場であったらいいのか」、障害を持つ子どもたちも、多様な子どもたちも意見表明や対話に参画する機会の提案で締めくくられている。

文部科学省やすべての設置者教育委員会、学校法人において、障害を持つ子ども若者も意見表明や参画の権利を実現することが、インクルーシブ教育を実現していくために、大切なことである。

"Nothing about us without us"（私たち抜きに私たちのことを決めないで）、実現するのは大人の責任である。

第4章は、長年、日本における外国児童生徒の課題改善に取り組んでこられた清水睦美さんによって、こども基本法の意義に光が当てられ、制度的排除と「能力」理解による排除が起き続けている困難な現状をいかに変革していくかについての考察が行われている。

日本政府（文部科学省）も、2019年、教育機会確保法の施行を契機とし、「外国人の子供の就学状況調査」を実施し、約2万人の子供に教育を受ける権利が保障されていない実態を明らかにした。「長らく『制度的排除』によって『恩恵』とされてきた外国籍児童生徒の教育を受ける権利が、日本国籍の児童生徒と同様に認められることになった」（p.85）。

一方で「能力」理解による排除は、より根本的な公教育システムや学校の改革によって改善されるべき課題である。

「人をモノとして観る」学校では、外国ルーツの子どもたちの「能力」は日本語ができるかどうかによってしか測られない。どのような言語環境で暮らしているのか、母語環境のもとでは、どんな教科や活動が得意だったり苦手だったりするのか、どんなことが好きなのか、その子ども自身を把握しようとする努力が行われている教育現場は少ない。

その要因は、日本国憲法第26条に定める「能力」が、あまりにも不自由な形でしか実現されていない日本の公教育システムの構造的課題に見出せる。

本田由紀（2020）のフレームワークに基づき▼3、「垂直的序列化」（相対的で一元的な「能力」に基づく選抜・選別・格付け）と「水平的画一化」（特定のふるまい方や考え方を全体に要請する圧力）の中で、複数言語環境・複数文化環境で育つ子どもたちこそ、自己肯定感を剥奪され、アイデンティティクライシスにすら陥る経験を余儀なくされていることが、過去の研究蓄積と多くの人々の語りから、描出される。

「垂直的序列化」と「水平的画一化」とは「人をモノとして測定し選別し、排除する」公教育システムと学校のありようそのものである。多様な子どもたちが、歪んだ能力主義のもとで一元化されてきた日本の公教育システムは、ここから抜本的な変化を遂げることができるのだろうか。

子どもたちが「複数言語環境のもとにあることを最大限に生かそうとする方向性」が清水さんが示す道の一つである。子どもが「話す」ことと「語る」ことを大切にし、聞き手となる支援者を多く配置することで「対話」の関係の中で、子どもたちが日本語を獲得するプロセスである。

第1章の生野南小学校の挑戦も、言葉の力を対話につなげ、言葉を通じて自他を尊重する国語科教育を基盤としている。

「対話」こそ、「人が人に向き合う」「人を人として大切にする」、人類が生み出し、民主主義の基本ともなっているコミュニケーションの手法である。

こども基本法の精神が、公教育システムや学校のありようを変化させていく未来が「ほのみえている」状況の中で、外国ルーツの子どもたちにも、「次代の社会を担う全てのこどもたち」にも、「人が人に向き合い大切にする」当たり前の「能力」を育んでいくことが変革の起点となることが改めて共有される章である。

「第Ⅱ部　専門職による支援と連携」は3つの章から成る。

第5章「スクールロイヤーができること――子どもの権利の視点から」について、スクールロイヤーとして子どもに関する事案の弁護士として豊富な経験をお持ちの鬼澤秀昌さんが「スクールロイヤーが子どもの権利の実現のために果たすべき役割は何か」という問いに対して、現時点での答えを示されている章である。

スクールロイヤーの役割のポイントを支援者支援（子どもの支援者としての教員の支援）に置かれる鬼澤さんの視点は「学校の安全保障」の視点からも大切だ。学校は、法制への無知から、丸腰と言っても良い状態で、でいじめや不適切指導による児童生徒の自死、教員の性暴力加害などの事案への対応に追われている。

このような状況であるからこそ、子どもの教育を受ける権利及び意見表明権を保障するために、学校現場にソフトロー（法的拘束力のない社会規範）を形成していくスクールロイヤーの役割が提案されている。大阪市学校安心ルールとも通底する、予防的かつ多様な利害関係者に共有されやすいソフトロー形成や、その普及や実践のための研修において、今後、スクールロイヤーの活躍はますます期待される。

子どもを支える教員こそ、忙しい中でも、わかりやすいソフトローに基づき、子どもの権利を実現できるように、鬼澤さんの学校現場にも寄り添うあたたかい姿勢を見出すことができる。

前半部は、文科省及び日本弁護士連合会の方針の整理のもとに、スクールロイヤーとは「専ら教育行政に関与する弁護士」であって「助言アドバイザー業務を担う弁護士（当該弁護士が代理人業務を担うかどうかは問わない）」と整理されている。学校にかかる問題の利害関係者は多様であり、例えば子ども、保護者や教員からも事情を聴く場合に、スクールロイヤーが教育行政側の代理人とならず、将来的に訴訟で争う可能性がないことを明らかにするほうが多様な利害関係者たちは安心して事情を共有しやすくなることは確かである。

文部科学省「教育行政に関わる法務相談体制構築に向けた手引き」と、日本弁護士連合会２０１８年意見書『スクールロイヤー』の整備を求める意見書」の二つに依拠しながら、スクールロイヤーが助言アドバイザー業務を担う一方で、教育委員会・学校側の代理人を担うことが、子どもの権利の実現の観点から望ましいのかどうかについての見解が丁寧に整理されている。

スクールロイヤーと子どもの権利救済機関（いわゆる子どもオンブズパーソン）との比較、そして実務的な役割の整理も重要である。「スクールロイヤーは、特に学校における問題について子どもの権利の観点から学校（教員という子どもの支援者）に対して法的助言をすることで、子どもの権利を実現するという役割が求められる」（p.111）のである。

教職員が身につけるべき法的知識について、教員養成カリキュラムや任命権者教育委員会における教職員研修の基準や内容についての検討と実施は今後の課題である。

こども基本法のもとに、こども性暴力防止法が成立し、今後も子どもの権利を尊重し実現するこども法制・教育法制が整備され続けるであろう日本社会の中で、子どもの権利と最善の利益を実現するスクールロイヤーの国・自治体の政策形成への参画も期待される。

第6章「子どもを中心とした専門職連携を行うための取り組み――スクールソーシャルワーカーの視点から」は、スクールソーシャルワーカー（ＳＳＷ）として活動を蓄積されてきた田中佑典さんによる章である。

私自身も子ども若者の課題改善に際して、ＳＳＷをコア専門職とする連携・協働の重要性を強調することがよくあるが、連携と協働の異同を、社会福祉学の理論的整理に基づき、田中さんは明確にしている。

連携とは「主体性を持った多様な専門職間のネットワークが存在し、相互作用性、資源交換性を期待して、専門職が共通の目標達成を目指して展開するプロセス」であり、協働とは「各専門職の役割や限界を明らかにしたうえで、ともに新しいものをつくり出すという視点をもって活動すること」（pp.127-128）である。

スクールソーシャルワークの理論・実践における「共通の目標達成」とは、子ども若者自身の権利と最善の利益の実現であることは、すでによく知られている。

子どもたちが「自分が大切にされるという実感」を持ち、成長できる自治体では、必ずＳＳＷが活躍しているはずだ。

学校だけでの支援には限界がある、２０１６年度当時の大東市教育委員会のこの認識は正しい。学校で子どもの学びを支える専門職である教員には見えない仕組みや、福祉行政が可能なアプローチは多い。そこに子どもと家族のためのネットワークをつくるのが、ＳＳＷである。

大東市のＳＳＷは小学校を中心に活動している。「小学校に入学し生活が変ったことにより、複雑化・多様化してしまう課題を早期に発見し、様々な角度から早期に支援が行われるきっかけ」がつくられるような地域づくり（p.131）にも、専門性を発揮している。

コミュニティソーシャルワーカー（ＣＳＷ）やネウボラ、障害者の相談支援事業、地域保健事業とも、ＳＳＷは連携している。「全ての親・子ども」を対象とし、「親子の育ちをまち全体で応援する」自治体は、ＳＳＷの活動領域が、自治体行政・教育行政によって狭められることはないのだともわかる。

大東市のＳＳＷは市教委によって増員され、その活動の質量を着実に広げ、子どもたちのために豊かにしているように思う。

全ての自治体で、ＳＳＷが常勤の専門職として、正当な処遇を得て子ども若者の権利利益実現のために活躍する日を私は願ってやまない。

第7章「困難な状況の若者を支える高校――大阪・西成の取り組みから」は、大阪府立西成高校で困難な状況の高校生自身が自らの権利を学び実現するための反貧困学習、それを支える校内組織や、インフォーマルな地域ネットワークである「わが町にしなり子育てネット」などの取り組みの全体像が示された肥下彰男さんによる論稿である。

都道府県立高校の教員が地域の子ども若者のためのネットワークに参加する事例は、西成区を除いては東京都足立区のみが私が把握する事例である。市区町村の子ども若者のためのネットワークに高校教員が参加して何の意味があるのか、そう鼻で笑う高校教員も少なくない中で、肥下さんは、真剣に若者たちと向き合う高校教員たちが「高校生の幼少期やその後の支援者との長年にわたる関わりを想像できるように」なり、高校への「入学前からどのような受け入れ準備が必要かを考えることができるようになった」(p.146) ことを指摘する。

西成高校は、全国的な広がりを見せる学校内居場所カフェの発祥の地でもある。教員ではない専門職や支援者と連携することで、高校生たちは安全・安心な居場所だけでなく、大人との信頼関係（社会資本）を蓄積したり、家と学校で生きるだけでは触れられない文化資本を蓄積することができる。

居場所カフェについては、『学校に居場所カフェをつくろう!――生きづらさを抱える高校生への寄り添い型支援』（明石書店、2019年）に、西成高校に「となりカフェ」ができた経緯や、その活動の様子が詳しく記されている。

反貧困学習については、困難を抱える高校生が多く通う高校だからこそ、高校生自身が自分の権利を知り、行使する手段を学ぶことは重要である。反貧困学習を通じて、第1期生の生徒たちの中には、社会権としての労働基本権を学び、労働基準監督署にアルバイトの不当解雇を通報することで、解雇予告手当を受け取った者もいる。

派遣労働にしか従事できない家族の苦しさや、西成という地域への差別が、自己責任ではなく、国や社会の構造的課題に起因することを学び、ライツ・ベース・アプローチ（人権基盤のアプローチ）の中で、自らの権利を主張し、行動する力を育むことを西成高校は重視してきた。大阪府立西成高校『反貧困学習――格差の連鎖を断つために』（解放出版社、２００９年）もぜひ参照されたい。

反貧困学習では「新たな社会像」を描くという視点も重視している。シングルマザーに関する支援が、先進国の中で異常に冷淡で厳しい日本国であることを学んだ生徒たちは、２０２２年参議院議員選挙に際し、主要政党に対し政党アンケートを実施、その回答を比較して考察するという教育活動を行っている。意見表明の行使に留まらない、主権者教育である。

コミュニティから、行政・政治に意見表明や参画をし、対話し、構造自体を変えていける主体となっていく若者も、現れてくる未来があるだろう。高校を専門職や支援者、地域との連携に開くことで、困難な高校生を支え、社会に送り出す学校となっているのが西成高校である。

教員は教育の専門職であるからこそ、高校生たちが学校でより良く学ぶことに注力することが理想である、そのためには、スクールカウンセラー、スクールソーシャルワーカー、キャリアコーディネーター、居場所カフェを運営するＮＰＯ、地域連携コーディネーターの存在が欠かせない。

困難高校でなくとも、公立高校でなくとも、18歳成年を控えるすべての高校生が、社会人としての自らの権利を学び、行政制度を利用し自分自身の権利を守る仕組みや、政治に意見表明を行うことで、民主主義の重要性を実感し、社会の変革につなげる教育が保障される日本になるにはどうすれば良いか、そうしたことも考える章となっている。

「第Ⅲ部　教育の未来と学びの環境」は5つの章から成る。

第8章「生徒の自由を実現する学校——日本の校則、入試制度は子どもたちを幸せにしているか」は、日本若者協議会代表でこども基本法成立に共に取り組んできた室橋祐貴さんによる問題提起の章である。日本の学校は、子ども若者を幸せにしているのだろうか。明らかに子ども若者の権利が尊重され実現されている「ヨーロッパの子ども若者のほうが元気であり、幸せそう」（p.154）である。この指摘に、私も全面的に賛同する。

子ども若者も教職員も、子どもの権利を学べず、相互に尊重しあう民主主義のルールを知らない国で、子どもが幸せになれるはずはない。

人権侵害そのものであるブラック校則を見直せない教育委員会・学校も少なくない、公立学校の場合、教育委員会が責任あるルールを整備せず校長の判断に一任してしまう実態もある▼4。

内申書で子ども若者の行動も心も縛り、テストや宿題などによる「評定」で序列化する学校の日常をためらいなく継続する、今の公教育システムの歪みに、日本の大人たちはあまりにも無自覚ではないだろうか。

室橋さんの指摘は、第4章で清水さんが、本田（2020）のフレームワークに基づき指摘した「垂直的序列化」（相対的で一元的な「能力」に基づく選抜・選別・格付け）と「水平的画一化」（特定のふるまい方や考え方を全体に要請する圧力）の中で、全ての児童生徒が制度的な抑圧と搾取の対象となり、自由も権利も奪われている実態を端的に明らかにするものである。

韓国での、子どもの権利を重視した条例整備、体罰の減少だけでなく、生徒—教師関係が相互尊重的なものに変化しつつある現状、国家人権委員会による「個性を表現する権利、一般的な行動自由権などの基本権を侵害している」という校長への勧告は、日本にとっても重要である。

私たちがここで注意しておくべきは、韓国でも、室橋さん自身も子ども若者の「自由」の重要性を強調している点である。なぜ権利とともに自由が重要なのか。

子どもの権利条約の基盤ともなっている世界人権宣言第一条にもその意味は明記されている。

世界人権宣言第一条

すべての人間は、生れながらにして自由であり、かつ、尊厳と権利とについて平等である。人間は、理性と良心とを授けられており、互いに同胞の精神をもって行動しなければならない。

権利に先立つのは、人間の自由のみである。自由こそが、人間の尊厳を根源的に支えている。相互の自由を承認し大切にし合うための概念が権利である。だからこそ、子どもの権利の実現は、子ども一人ひとりの自由をまず尊重することから始めなければならない。

学級・学校で共に生きる子どもたちの自由と権利、相互の権利尊重をどのように実現するかということに、教育に関わる大人たちこそ心を配らねばならないはずだ。

「公共の福祉」の実現のために国民に義務や制約を課すことのできる政府は、一人ひとりの自由と権利を保障する前提によってしか成り立たないことは、日本国憲法上も明らかである。もちろん憲法・教育基本法上の規定によって成り立つわが国の公教育システム・学校も同様である。

第9章「シティズンシップを育む学校教育」は、主権者教育に取り組んでこられた林大介さんによる「子どもは主権者」となるための学びを実現するための章である。〝忖度する主体性〟(p.183)を育てるのが、主権者教育ではない。教育基本法第1条に定められる「平和で民主的な国家及び社会の形成者」を育み、子どもが一人の人間として尊重され、安心できる環境で自分の考えや意見を伝えることが重視される主権者教育はいかにして可能なのか。

多くの学校が表面的な理解で、「公職選挙法や選挙の具体的な仕組み」ばかりを重視し、選挙の時期にあわてふためいて主権者教育なるものを実施しようとしても、多忙な選挙管理委員会は協力できないし、政治家も協力すれば事前運動(公職選挙法違反)ともなりかねない。

日本の学校の、特に高校教員の「政治オンチ」、主権者教育の理解が問われる事態であるが、日本の学校をあまりにも長く支配してきた政治的中立性＝政治の実際を何も教えず政治的活動を児童生徒に一切させないという、隠れたカリキュラムによる支配を考えればやむを得ないことである。

すでに廃止された1969(昭和44)年文部省通知▼5では「生徒の政治的活動が望ましくない」と断定されていた。高校紛争を受けての通知ではあるが、学校と教員・生徒から政治を引き離したことのデメリットは、主権者教育が高校で開始されても若い世代の低投票率が続いていることからも明らかである。

18歳成年に伴う主権者教育の開始に際して2015(平成27)年文部科学省は「高等学校等における政治的教養の教育と高等学校等の生徒による政治的活動等について」を発出した▼6。憲法・教育基本法の規定に従い、学校で生徒たちが、民主主義を尊重し、推進できるように、政治的中立性に配慮しながらも、多様な意見を尊重し合い「学校における政治的事象の指導においては、一つの結論を出すよりも結論に至るまでの冷静で理性的な議論の過程が重要であることを理解させること」を重視する方針は、子どもの権利条約第29条における「子ども若者が自由な社会における責任ある生活を送ることができる」ようになる権利を実現するための方針としても評価される。

一方で学校現場では、その方針の理解と実践がまだ不足する現状がある。

どうすれば、子どもたちが安心して議論し、社会をつくるための「主権者」となるための「主権者教育」ができるのか、論点となる「政治的中立性」について、明確な整理がされており、学校現場での実践の助けとなる。ドイツの中立原則（ボイステルバッハコンセンサス）、スウェーデンの市民社会庁の教職員向けガイドラインでも、学校の教員自身が民主主義的な価値観（教員が生徒の意見を一方的に圧倒しないことを含め）を尊重し、生徒たちから発せられる多様な意見を尊重しながら、政治に参加できるような教育活動が重視されている。

自戒を込めていうならば、日本の教員は、民主主義の視点から不適切と思われる発言をする子ども若者に対し、冷静な議論を回避し、一方的な伝達に留まることも少なくない。

わが国でも子ども若者たちによる、議会への請願や陳情、複数議員・政党関係者との意見交換を実現している自治体・学校がある。「すべてが通るわけではないが、きちんと説明されれば納得できなくても理解できる」「（政治に）もっと肩の力を抜いていいんだなとわかった」という子ども若者たちの声は、学校と政治、子ども若者と政治がもっと信頼関係を結べる主権者教育が一層必要とされている実態を示している。

第10章「多様な学びプロジェクトの挑戦——街を学びの場に」は、お子さんの不登校をきっかけにNPO法人多様な学びプロジェクトを立ち上げ、代表理事として、不登校の子どもたちの居場所を街につくる活動を展開されてきた生駒知里さんによる章である。

NPO法人多様な学びプロジェクトでは、不登校当事者実態全国ニーズ調査（以下、不登校当事者調査）を実施している。不登校のきっかけについて文部科学省の不登校・問題行動調査（学校が回答）では「（子ども自身）の無気力・不安（51・8％）」が最多の理由となっているが、不登校当事者調査では「勉強はわかるけれど授業は合わない（36・3％）」「先生のこと（先生と合わなかった、先生がこわかったなど）（35・2％）」となっている。

文部科学省による「令和2年度不登校児童生徒の実態調査」▼7でも、文部科学省委託事業「不登校の要因分析に関する調査研究（令和6年3月公表）」▼8でも、不登校当事者の回答からは、教員が最大の不登校要因であることが把握されている。

これほどまでに、教員と子どもたち自身の認識が乖離している状況は、子どもたちにとって幸せな状況とはいえない。

小学校1年生の子どもが学校に行かせようとする家族に対し、台所から包丁を持ってきて「僕を刺してくれ」と言わざるを得ない、日本の学校に対しそれほどの忌避感と苦痛を覚える子どももいる。そして不登校になった時に、それを許さない社会の空気が子どもも保護者も追いつめるのだ。

行政が設置した教育支援センターですら「勉強はできないと来てはいけないと言われた」など不登校の子どもたちの居場所とはなっていない実態がある。スクールカウンセラー・スクールソーシャルワーカーも「話を聞くだけで何もしてくれない」という状況も少なくないのだ。

誰が、不登校の子どもや保護者のための問題解決に動くのか、学校・行政は「無責任の体系」をつくり、責任を果たしたフリをしているだけではないのか。

置き去りにされている不登校の子どもたちも保護者も、「地域の中でひっそり存在を消すように、まるで透明人間かのように住まざるを得ない」(p.215)。

これが憲法に「教育を受ける権利」を定める国家が、子ども若者に対してすることだろうか。

こうした状況を変革する生駒さんたちの言葉に、子どもたちの権利を実現しようとする人々の尊厳と誇りを私は見出す。

「私たちは身を隠さないといけない存在ではない。街の中で胸を張って、自由に学んだり、遊んだりしていいはずだ」

子どもたちの学ぶ権利は、遊ぶ権利、地域の人々と共に大らかに生きていく権利とともに実現されることが可能だ。NPO法人多様な学びプロジェクトの実践はそのことを示している。

子どもたちの休む権利を保障することが、不登校の子どもたちの回復と、学びや他者との交流へのニーズを生むことも、不登校当事者調査からは把握されている。

「学校が変ってほしい」、当事者たちのこの願いも、生駒さんはじめ多様な学びプロジェクトの旅路の中で実現される未来に、私も貢献したいという決意を新たにする。

それとともに、今のような有様の学校を前提とせざるを得ない日本で、学校以外の場で教育を受ける自由と権利を、もっと積極的に子ども若者に保障することの重要性にも改めて気づかされる章である。

第11章「日本の性教育の歴史からみた課題と展望——こども家庭庁スマート相談保健室／まるっと！まなブックの取り組みを通して」は、産婦人科医の高橋幸子さんから、こども家庭庁での若者の性や妊娠などの健康相談支援サイトの取り組みと、日本の性教育のこれまでとこれからについて、発信をいただいている。

２０２３年末に閣議決定されたこども大綱では「こどもや若者が、発達の程度に応じて、性と生殖に関する健康と権利、性情報への対処や互いを尊重し合う人間関係などを知る機会や場を充実していく」（p.13）とされている。

一方で、実際に子ども若者が受けられる性教育や、性に関する相談支援体制は貧弱である。その背後には、自由民主党宗教右派の妨害活動があったことは、今では広く知られている。

今、私たちに必要なのは、特定の政治勢力への批判や糾弾ではない。

必要なのは子ども若者が適切な性教育を学校で受けられない状況を改善し、自らの心身の健康を実現し、望まない妊娠、性感染症感染から子ども若者たちを守ったり、適切な治療や相談につなげることである。また性別にかかわらず、性的同意を大切にし、性暴力の加害者とならないことである。文部科学省も「生命（いのち）の安全教育」で、性暴力の加害者にも被害者にも傍観者にもならない教育を進めているが、同時に科学的に正確な医学的知識に裏付けられた性教育も、子ども若者たちを守り、望ましい考え方や行動を実践するために不可欠である。

こども家庭庁スマート相談保健室の取り組みは信頼できる相談窓口、性に関する正しい知識が主要コンテンツとなっている。

性や妊娠などの悩みについての相談窓口、緊急避妊のための診療を受けられる産婦人科の医療機関一覧、性犯罪・性暴力・配偶者からの暴力（ＤＶ）について、感染症・予防接種などの厚生労働省電話相談窓口、などがある。

また、性に関する正しい知識は、性行為（セックス）について、月経に関する悩み、性感染症に関する悩み、男性に多い性の悩み、女性に多い病気について、避妊について（正しいコンドームのつけ方を含む）など、保護者たちも教えきれないからこそ、子ども若者に学校でこそ学んでほしいコンテンツがわかりやすく発信されている。厚生労働省科学研究班によって作成された「まるっと！まなブック」という教材も▼9、年齢別の教材となっており学校現場での活用が可能である。

学校の教員が性教育を行うには、保護者の同意が必要であるが、オンラインやＳＮＳを通じて子ども若者が性暴力にさらされやすい現在の社会状況を考えると、すべての子ども若者に正しい性教育が保障されることが急がれる。

また学校の教員がすべての性教育を行う必要はなく、高橋幸子さん自身が多くの学校で性教育を医師として展開されているように、産婦人科医として、あるいはユースクリニック等で子ども若者の性の悩みに向き合ってきた専門家がゲストティーチャーとして、性教育を担当する授業方式も広がりを見せている。

七生養護学校事件という、日本の性教育を委縮に導いてしまった、政治家の介入の事件があったが、判決は学校側の勝訴となっている。２０１８年にふたたび同じ政治家の圧力があっても、障害を持つがゆえに性暴力被害に遭いやすかったり、妊娠に関する知識が必要な子ども若者や、保護者のニーズが支持される形で、必要な性教育への政治的介入に否定的な報道も広がったという。

一人ひとりの子ども若者が、性について正しい知識を持ち成長することは、性暴力や望まない妊娠や性感染症拡大も防げる、安心して生きられる日本の実現のためにも重要である。

何よりも、自分自身の身体と心を健やかに保ち、性暴力というもっとも卑劣な人権侵害を引き起こさないためにも、人間と尊厳の権利の実現のためにも、子ども期からの性教育は必要不可欠であるといえる。


第12章「なにものでもない、ありのままのいのち――教育の未来へ開かれた眼差し」は菊田隆一郎さんによる本書の締めくくりとなる章である。

「教育への権利」が、子どもの権利であるならば、その教育とは、今の日本の学校教育という形のままでいられるはずはない。

菊田さんが「人生ではじめて出会った不条理」である教育、人間一人ひとりが「生まれながらに、なにものでもない、ありのままのいのちを持っていることを肯定」できない学校教育という方法と決別する未来がありうるのか。

菊田さんの言葉が私たち読者に寄り添いつつ、思考が旅を始め、変革への扉をそっと開いていく、そのような言葉が紡がれている。

「子どもの生まれながらの、ありのまま」でいることが受け入れられ、それぞれの存在が出会い成長する過程が、ケアされることが保障されている学びの場が実現される日本に。学びの場で互いの存在を認め合う自分と出会うことができ、遊び、休むことも、すべての子ども若者に保障される日本に。


菊田さんの紡ぐ言葉、そしてすべての論稿を通じて、子ども若者の権利としての教育とはどのようなことか、その問いへの解が読者それぞれに見出されるだろう。

コラムには、子どもの権利を学び、実現される学校づくりに取り組まれてきた佐藤修司さん、中学生の時から「全国校則一覧」のサイト開発に取り組まれている神谷航平さん、教育政策とこどもの権利について文部科学省初等中等教育局長（執筆当時）の矢野和彦さんの寄稿をいただいた。

佐藤さんが指摘するように、「学校も会社も含め、誰かが犠牲になる社会、沈黙する社会では、子どもは未来への希望を持てません。子どもの権利は大人を映し出す鏡のようなものなのです」(p.43)、だからこそ自分の権利が大事にされ、他者の権利を大事にすることが、学校から実現される必要があるのだ。

若者たちも文科省も、子ども若者たちが自分自身の生きる学校のルールを変えるためのエンパワーメントを進めていることは、子ども若者の「教育への権利」がより積極的に実現される方向に進んでいることを示している。

子ども若者の「教育への権利」に、多様な立場から真剣に取り組む人々が、この本を世に送り出してくださったことに心から感謝申し上げる。

3 「教育への権利」を、子ども若者の権利とするために

最初の問いに戻ろう。

「教育への権利」は、子ども若者の権利なのか。

子ども若者の「教育への権利」（the right to education）を、日本において十分に実現するために、私たちは、どの

ように前に進んで行けば良いのか。

すでに本書を通じて、その解を得た読者も少なくないだろう。本書を締めくくるにあたって、私からは、「子ども若者が権利を知る権利」「教育に参画する権利」「安全・安心に学ぶ権利」の３つの権利の実現が、「教育への権利」を子ども若者の権利とするための中心的なアプローチとなっていくであろうことを指摘しておく。

まず、「子ども若者が権利を知る権利」がすべての子ども若者、大人たちにも実現される必要がある。子ども若者自身の自由と権利、それを相互に尊重しあうという、人権思想への共通の知識と理解がなければ、学校の中でも外でも、民主主義は正しく機能しない。

第2章で池田さんが指摘するように「子どもを人として」大切にする、「人が人として大切にされる」教育を当たり前のものとするには、すべてのステークホルダーが人権思想を共有し、実践への意思を持っていることが前提条件となる。

こども基本法第15条には、「国は、この法律及び児童の権利に関する条約の趣旨及び内容について、広報活動等を通じて国民に周知を図り、その理解を得るよう努めるものとする」とある。すなわち、国が「子ども若者の権利を知る権利」を国民に実現することが規定されている。

広報活動「等」の中には、もちろん学校教育において子ども若者が自らの権利を学ぶことも含まれることも期待したい。日本国憲法に定める国民の自由と諸権利に基づき成り立つ教育基本法は第1条に「教育は、人格の完成を目指し、平和で民主的な国家及び社会の形成者」を育むことを目的として定めている。

子どもの権利条約第29条にも「子ども若者が自由な社会における責任ある生活を送ること」ができるように教

育を行う締約国の責務が示されている。
教育基本法の趣旨を、これまで以上にわが国において実現するためにも、まず、子ども若者も、そして教職員や保護者も、子ども若者の自由と権利、それを相互に尊重しあうという、人権思想の基本を学ぶことが必要である。

それは子ども若者の「教育への権利」の保障の基盤でもある。

次に、子ども若者に「教育に参画する権利」を保障することが、「教育への権利」を実現するうえで不可欠である。「教育に参画する権利」とは、校則見直しのように、共に相互の自由と権利が尊重される、より良い学校をつくる実践に留まらない。

こども基本法第3条第4項に規定される、子ども若者の「最善の利益が優先して考慮」される学校づくりのためにも、参画する権利の実現は不可欠である。

校則見直しに留まるのではなく、民主主義諸国では当たり前の学校運営協議会への子ども若者の参画を通じ、学校運営全体を大人たちとより良いものにしていくことも可能である。

大学運営や教育政策への意思決定への参画も同様である。

子ども若者も大人も相互の自由と権利を尊重することを学ぶことで、共により良い社会や学びの場を、平和的で対話的なアプローチでつくることが可能になる。

「教育に参画する権利」は、外国につながる子ども若者、障害を持つ子ども若者、不登校の子ども若者、いじめや不適切指導の被害者の子ども若者、教育から排除されやすい子どもたちへの学びの保障にも新たな視角を与えると考えている。

第3章で野口さんが指摘する「地域の学校・通常の学級に在籍する権利と、自分に必要な学びを得る権利」が、当たり前に両立することも、子ども若者が「教育に参画する権利」を通じて実現できる。

第4章で、外国につながる子ども若者たちの教育を受ける権利が、日本語能力に矮小化された「能力に応じて」という運用になってしまっている日本の学校の現状を、子ども若者の一人ひとりの願いや悩みにも寄り添いながら「ひとしく教育を受ける権利」として実現される学校へと進化させることも可能になるはずだ。

第9章で林さんが述べられた〝忖度する主体〟しか育たない学校教育ではなく「民主主義を体現する学校教育」の実現、第11章で高橋さんが指摘してくれたように、「子どもたちの豊かな性の健康のための教育」への機会も、どの学校でも保障されるようになっていくだろう。

どのような学びの場が良いのか、どのように「人として大切にされたいのか」、どのような知識やスキルが将来に向けて自分に必要なのか。子ども若者が「教育に参画する権利」を実現することは、どのような子ども若者も意見表明をし、大人たちのサポートも得ながら、学びの機会や場を増やし、豊かにしていくことにつながるだろう。

第10章で生駒さんたちが取り組んでおられる、街で大人と子どもが学び合う「多様な学びプロジェクト」や、学校外での学びでも、子ども若者の参画を通じもっと豊かな制度的・政策的位置づけが行われていくことができるはずである。

第8章で室橋さんが指摘してくれたように、排除的な入試制度、歪んだ能力主義についても、子ども若者たちと考えながら、よりましな選択肢を実現していくこともできるはずだ。

自分自身の今の最善の利益と、将来に向けての最善の利益をどう実現したいのか、休む権利や遊ぶ権利をどのように学びの場でも実現したいのか。

声を聴かれにくい子ども若者ほど、さまざまな方法でその意見や意思を聴き、大人とともに実現できることを増やしていくことで、参画を保障し、「教育への権利」から排除される子ども若者をゼロにする道筋が開ける。学ぶのは子ども若者自身である。その学びの場を共につくる権利こそ、公教育システムの変革に際してもっとも重要な権利となると私は考えている。

学校だけではない。教育支援センター、就学前教育機関、フリースクール、学童、放課後デイサービスなど、子どもたちが学びうるあらゆる場で、「教育に参画する権利」が共有され実現されていく時、教育の意味もまた進化していくだろう。

「安全・安心に学ぶ権利」は特に学校における実現が急がれる。日本の学校は、子ども若者たちも教職員も安全・安心に学ぶ権利が保障されていない。いじめ、不登校、性暴力、教員による不適切指導、これらに対し、民主主義の法治国家のルールで対応せず、「部分社会の法理」に基づき、教育行政内・学校内の独自ルールで対応してきてしまった。

この結果、学校が法治国家のルールで自らを守るための法制と手段が確立されておらず、子ども若者や教職員の権利利侵害が頻発し、丸腰といっても良い状態で、教職員が多くの課題に立ち向かい疲弊する実態がある。

暴言・暴力という人権侵害行為（いじめ、という括りには留まらない）を繰り返す子ども若者、教職員から子どもへの性暴力や虐待・パワハラなどの加害行為（教職員間でも同様の事件は起きている）、保護者からの学校への過度な要求とそれに伴う教職員の搾取などの問題に、迅速かつ適切な改善措置が行われないので、学校は多くの子ども若者にとっても、教職員にとっても安全・安心な場ではないのだ。

第1章に示された大阪市の「『生きる』教育」の挑戦、それを支える「大阪市学校安心ルール」、そして第5章で法制に基づくソフトロー（子ども若者、保護者や教職員など学校の利害関係者が共通理解する学校における法の運用ルール）をスクールロイヤーが形成していくこと、いずれも「安全・安心に学ぶ権利」を学校においても実現するために重要な民主主義のルールである。

実は英国では「学校安心ルール」と類似の仕組みが法制化され政府によってガイドライン化され運用されている。「子ども若者の安全保護（Children and Yong People's Safeguarding）」と呼ばれる法制の一貫である。

子ども若者の権利利益を実現し擁護するための英国こども基本法・教育基本法と関連法制を基盤とし、大人から子ども若者への加害・虐待だけでなく、子ども同士のいじめ、性暴力、差別発言なども、加害者が懲戒の対象となる。懲戒となりうる事案と、学校が持つ権限が明確にされており、保護者の意義申し立て手続きも保障される仕組みとなっている。教職員も保護者も、民主主義のルール、法治国家のルールのもとで、等しく法の支配を受けることにより、学校というコミュニティでの「安全・安心に学ぶ権利」を実現しようとするアプローチなのである[10]。

法の支配を免れ、学校と教職員の権限があいまいなままに、子どもへの人権侵害を容認し、保護者の不信を招き、すべてのステークホルダーの「安全・安心に学ぶ権利」の実現を遠ざけてきた「部分社会の法理」は、法治国家のわが国に相応しい法制の整備により早晩に過去の遺物とされなければならない。

学校で子ども若者と教職員が「安全・安心に学ぶ権利」が保障されてこそ、学校は一人ひとりの子ども若者の自由と権利が認められ、相互に尊重しあえる場となる。

こうした「学校安心ルール」こそ、子ども若者の「教育に参画する権利」も保障しながら実現されることが望ましい。日本でも、将来的には国が何らかの基準を整備するとしても、一つひとつの学校で子ども若者を含むステークホルダーが、「安全・安心に学ぶ権利」を実現する際には、それぞれの学校で、安全が脅かされると感じる場面を共有すること、それを予防するために言葉や行動で気持ちを伝えたり、友達や教職員に相談できるスキルを育むことも重要である。大阪市の「『生きる』教育」においてすでに実現されており、いじめ自体が減少する効果を生んでいる。

また繰り返し加害をする児童生徒も社会的に排除されないように、ケアの取り組みが必要である。加害行動を社会モデルの視点でとらえるならば、加害をする児童生徒は家庭やそれ以外の場で、加害する手法を学んでしまっているからそれが可能なのであり、その環境自体を改善していくことが必要になる。

第7章の田中さんたちが活躍する大東市では、就学前からの地域と福祉・学校・園の連携で、心配な家庭を子どもが幼少期から見守り、子ども若者自身の課題が深刻化しても、スクールソーシャルワーカーがつなぐ協働で、寄り添い続けられる。

こども基本法により、ようやく2024年6月19日にこども性暴力防止法が成立した。性暴力については、文部科学省が開発し全国の学校での学習を推奨している「生命（いのち）の安全教育」、性暴力の加害者にも被害者にも傍観者にもならないための教育は、「安全・安心に学ぶ権利」を実現するための重要な取り組みであるといえる。

性暴力以外のあらゆる人権侵害についても、「安全・安心に学ぶ権利」を実現するための法制やソフトローが構築され運用されていくべきである。法の支配のもとで「学校の安全保障」「子ども若者の安全保護」を実現することは、こども基本法と教育基本法が相互に支え合う日本だからこそ可能になっているはずだ。

子ども若者が「安全・安心に学ぶ権利」は、突き詰めていえば、加害を未然に予防し、被害があっても早期に発見・相談され改善できる「教育への権利」の基盤でもある。

すべての学校、学校外の場も含め、大人たちが今責任をもって実現していかなければならないのはまず子ども若者の「安全・安心に学ぶ権利」であると考える。

最後に、子どもの権利条約に改めて向き合い、本書の12章と3つのコラムを旅してきた私は、教育についての思いも新たにした。

子ども若者と大人がお互いを大切にし、共に日々を生き、共に未来に向けて歩む思考と実践こそ、教育である。生駒さんが伝えてくれるように「もともと子どもにも大人にも、その人が本来持っている力がある。また人は不完全だからこそ、つながりあうことができる」(p.216)。

菊田さんは学校の空間を創るプロセスで「子どもたちが自分はなにものなのか、自分はなにものになりたいのかという問いの答えを探索する過程」(p.244)を共にしたかった思いを、私たちと共有してくれている。「教育はいつも、僕らがなにものになるべきなのかというのを定め、そのために遠い先の未来をわざと悲観する」(p.245)、そう子ども若者に思わせる大人たちの行為は、子ども若者の「教育への権利」からはとても遠い。

池田さんは「子どもを中心に考え、尊重することは、例えばケース会議に子どもが同席した際、子どもは自分は大切に思われていると感じられるようにすることであると思う」(p.56)と指摘してくれている。

第1章での「『生きる』教育」の実践は、子ども若者と大人がお互いを大切にするためには、言葉の力、知識の力を子どもたちに与えること、その中で、子どもたちが「人間らしく生きる権利」を取り戻し、教師や子どもたち同士で育みあう営みである。それぞれがより良く生きるための教育が浸透し、子ども若者自身の力となって旅立っていく、それが教育の力なのだ。第7章の西成高校での実践も同様である。子ども若者が自らの権利を学び、行動し、よりよくする力は教育によってこそ育まれるのだ。

教育にしか実現できない子ども若者の力がある、それは子ども若者と大人とが大切にし合う、人の自由と権利を尊重しあう民主主義の基盤からこそ、生まれるのだ。

「教育とはバケツに水を満たすことではなく、火を興すこと」

イギリスでは学校の内外で日常的に耳にする詩人・政治家でノーベル文学賞受賞者のウィリアム・バトラー・イェーツの言葉である。

本書を読み終えた読者の心に宿るのは、子ども若者と共に日々と未来をより良く生きるために歩もうという意思のはずである。

それこそが人と人とが大切にし合う人権という思想、子ども若者の自由と権利を実現するための火があなたの心に灯った証左である。

2024年8月7日

末冨　芳

注

1　子どもの権利条約は第28条・第29条に教育に関する規定を置いている（国際連合英語原文と外務省訳をもとに末冨訳）。

子どもの権利条約第28条

子どもの権利条約の締約国は、教育についての児童の権利を認めるものとし、この権利を漸進的にかつ機会の平等を基礎として達成する。

そのため締約国は特に以下のことに取り組むものとする。

（a）初等教育を義務的なものとし、すべての者に対して無償のものとする。

（b）様々な形態の中等教育（一般教育及び職業教育を含む。）の発展を奨励し、すべての子ども若者に対し、これらの中等教育が利用可能であり、かつ、これらを利用する機会が与えられるものとする。例えば、無償教育の導入、必要な場合における財政的援助の提供のような適切な措置をとる。

（c）すべての適切な方法により、能力に応じ、すべての者に対して高等教育を利用する機会が与えられるものとする。

（d）すべての児童に対し、教育及び職業に関する情報及び指導が利用可能であり、かつ、これらを利用する機会が与えられるものとする。

（e）定期的な登校及び中途退学率の減少を奨励するための措置をとる。

2　締約国は、学校の規律が子ども若者の人間の尊厳を実現するに相応しいマナー（思想・行動・振る舞い）でこの条約に従って運用されることを確保するために、すべての適切な措置をとる。

3　締約国は、特に全世界における無知及び非識字の廃絶に寄与し、科学上及び技術上の知識、最新の教育方法の利用を容易にするため、教育についての国際協力を促進し、及び奨励する。これに関しては、特に、開発途上国の必要を考慮する。

子どもの権利条約第29条

1　締約国は、子ども若者の教育が次の方針を実現していくべきことに同意する。

(a) 子ども若者が、その人格、才能並びに精神的及び身体的な能力をその可能な最大限度まで育むことができること。

(b) 子ども若者が人間の権利と人としての根源的自由を尊重できるよう成長すること、国際連合憲章に規定される原則を尊重できるよう成長すること

(c) 子ども若者が、自身の父母、文化的アイデンティティ、言語及び価値観、居住国及び出身国の国民的価値観並びに自己の文明と異なる文明を尊重できるよう、成長すること。

(d) 子ども若者が自由な社会における責任ある生活を送ることができるように成長するとともに準備していくことができるようにすること。この際に、子ども若者が、平和・寛容・両性の平等、そしてすべての人々の間での友好の精神を理解できるよう成長すること、すなわち民族・国家・宗教的集団の間での理解、先住民族の人々の間の友好の精神が理解できるよう成長すること。

(e) 自然環境を尊重できるよう成長すること。

2　この条約のいかなる規定も、個人及び団体が教育機関を設置し及び管理する自由を妨げるものと理解してはならない。ただし、常に、第1項に定める原則が遵守されること、当該教育機関において行われる教育が国によって定められる最低限度の基準に適合することを条件とする。

2　朝日新聞「公立高校『定員内不合格』　ダウン症の男性らが人権救済申し立て」２０２４年７月12日の報道が本書の執筆時点でも行われている。

3　本田由紀（2020）『教育は何を評価してきたのか』岩波書店

4　日本大学文理学部教育学科 校則見直し検証プロジェクト（2024）「校則見直しに関する自治体状況調査 報告書」、p.28　https://researchmap.jp/multidatabases/multidatabase_contents/detail/1045613/e74791a55375254be6dc38067cc51e6?frame_id=1836213

5　「高等学校における政治的教養と政治的活動について（昭和44年10月31日　文部省初等中等教育局長通知）」https://www.mext.go.jp/b_menu/shingi/chousa/shotou/118/shiryo/attach/1363604.htm

6 「高等学校等における政治的教養の教育と高等学校等の生徒による政治的活動等について（平成27年10月29日 文部科学省初等中等教育局長通知）」 https://warp.ndl.go.jp/info:ndljp/pid/11373293/www.mext.go.jp/b_menu/hakusho/nc/1363082.htm

7 文部科学省（2021）「令和2年度不登校児童生徒の実態調査 結果の概要」 https://www.mext.go.jp/content/20211006-mxt_jidou02-000018318-2.pdf

8 子どもの発達科学研究所（2024）「文部科学省委託事業 不登校の要因分析に関する調査研究」 https://kohatsu.org/20240325research-report/

9 厚生労働省科学研究班（荒田版）監修「まなブック」 https://marutto-woman.jp/product/

10 Department for Education（2024）"Behaviour in schools: sanctions and exclusions" https://www.gov.uk/school-behaviour-exclusions/exclusions

佐藤修司（さとう・しゅうじ）【コラム】
秋田大学大学院教育学研究科教授、秋田大学教育文化学部附属小学校前校長。専門は教育行政学・教育法学。著書に『教育基本法の理念と課題』（学文社、2007年）、共著『現代教育法』（日本評論社、2023年）など。

神谷航平（かみや・こうへい）【コラム】
2005年、群馬県高崎市生まれ。「全国校則一覧」の企画、構成立案に携わる。「全国校則一覧」の活動は多方面で注目され、全国高校生MY PROJECT AWARD 2022 文部科学大臣賞、Forbes JAPAN 30 UNDER 30 2023「世界を変える30歳未満」など受賞。現在はNPO法人Change of Perspective代表理事を務める。

矢野和彦（やの・かずひこ）【コラム】
文部科学省初等中等教育局長。1989年文部省入省、文部科学省初等中等教育局児童生徒課課長補佐（命）生徒指導室長心得、在イタリア大使館一等書記官、初等中等教育局初等中等教育企画課長、文部科学省大臣官房審議官（初等中等教育局担当）、大臣官房長を経て、2023年より現職。

肥下彰男（ひげ・あきお）【第7章】
大阪府立西成高等学校教員。学生時代から海外協力NGOで活動。ブラジルの教育学者パウロ・フレイレの理念をもとに反貧困学習を考案。著作に『〈働く〉ときの完全装備』『地球市民の人権教育』（ともに解放出版社）など。

室橋祐貴（むろはし・ゆうき）【第8章】
日本若者協議会代表理事。慶應義塾大学経済学部卒。同大政策・メディア研究科中退。文部科学省「高等教育の修学支援新制度在り方検討会議」委員。Yahoo!ニュースエキスパート、日本経済新聞Think!エキスパート、月刊潮、教育新聞などで連載中。著作に『子ども若者抑圧社会・日本――社会を変える民主主義とは何か』（光文社、2024年）など。

林 大介（はやし・だいすけ）【第9章】
浦和大学社会学部現代社会学科准教授。総務省主権者教育アドバイザー等。専門は子どもの社会参加論、子どもの権利論。著作に『「18歳選挙権」で社会はどう変わるか』（集英社、2016年）、『声をあげよう、社会は変えられる――子どもが政治参加する方法』（監修、PHP研究所、2023年）、『どうぶつせんきょ』（監修、アンドレ・ホドリゲス他著、大型絵本、ほるぷ出版、2021年）など。

生駒知里（いこま・ちさと）【第10章】
NPO法人多様な学びプロジェクト代表理事。6男1女の母。「街を学び場に！」をモットーに、学校外で育つ子どもたちも含めた、すべての子どもたちが豊かな子ども時代を送ることのできる社会の実現をビジョンに、そのための心理的・物理的な社会インフラを整えることをミッションに活動。

高橋幸子（たかはし・さちこ）【第11章】
産婦人科医。埼玉医科大学医療人育成支援センター・地域医学推進センター助教。一般社団法人 彩の国思春期研究会代表理事。年間180件の性教育講演を施行（2023年）。著作に『12歳までに知っておきたい 男の子のためのおうちでできる性教育』（日本文芸社、2024年）ほか。ホームページ「サッコ先生の性教育研究所」を運営。

菊田隆一郎（きくた・りゅういちろう）【第12章】
21歳大学生。ニューヨーク大学（教育人類学・建築都市デザイン学専攻）。16歳で、大学入学共通テスト記述式問題の導入政策案について、当事者として政策の有効性を実証実験し、文部科学省に提言、後に政策の導入見送り判断に影響を与えた。高校卒業後、北海道安平町早来学園の設計に携わる。（rk4078@nyu.edu）。

◉執筆者紹介（【　】は担当）

木村幹彦（きむら・みきひこ）【第1章】
1985年、大阪市立港南中学校に社会科教諭として入職。全特活研究大阪大会では生徒会活動について基調提案。2011年生野南小学校へ教頭で異動。のち、校長となる。現在、南市岡小学で実践を継続中。著作に『生野南小学校教育実践シリーズ第1～3巻』（共編著、日本標準、2022～24年）など。

池田隆史（いけだ・たかふみ）【第2章】
2001年4月より新潟県中学校教諭として、県内の3つの学校で勤務。担当教科は数学、担当校務分掌は数学主任、教育相談、サッカー部顧問など。校外から教育に関わり、より良い教育機会を学校とともに子どもたちに届けたいと考え、2014年2月に新潟県教員を退職。同年3月、認定NPO法人カタリバへ転職し、岩手県大槌町にて震災復興支援として被災地の放課後学校「コラボ・スクール」にて教務業務を担当する。2015年4月に雲南市へ移り、教育委員会と協働し雲南市教育支援センター「おんせんキャンパス」の運営に携わる。

野口晃菜（のぐち・あきな）【第3章】
一般社団法人UNIVA理事。博士（障害科学）。学校、教育委員会、企業などと共に、インクルージョン実現のために研究と実践と政策を結ぶのがライフワーク。文部科学省「新しい時代の特別支援教育の在り方に関する有識者会議」委員など。著作に『差別のない社会をつくるインクルーシブ教育』（学事出版、2022年）などがある。

清水睦美（しみず・むつみ）【第4章】
日本女子大学人間社会学部教育学科教授。専門は学校臨床学・教育社会学・移民の子どもに関する研究。著作に『ニューカマーの子どもたち』（勁草書房、2006年）、共著に『いちょう団地発！ 外国人の子どもたちの挑戦』（岩波書店、2009年）、『日本社会の移民第二世代』（明石書店、2021年）など。

鬼澤秀昌（おにざわ・ひでまさ）【第5章】
司法試験合格後、教育系NPO法人の常勤スタッフとして勤務。その後、大手法律事務所を経て、教育・NPO分野に注力するため2017年に「おにざわ法律事務所」を開業。第二東京弁護士会・子どもの権利委員会、日本弁護士連合会・子どもの権利委員会などに所属。2020年から文部科学省スクールロイヤー配置アドバイザーも務める。

田中佑典（たなか・ゆうすけ）【第6章】
2020年に大阪府立大学人間社会システム科学研究科人間社会学専攻社会福祉学分野（修士：社会福祉学）を修了。現在、同分野の博士後期課程で教育福祉の理論研究を行っている。また、大阪公立大学の非常勤講師として、SSW実習に関する授業科目を担当している。大学院入学と同時に実践活動を開始し、多くの教職員等の協力を得ながら、子どもたちが「自由」に生きられるように、研究を活かした実践を行っている。

◉編著者紹介（【　】は担当）

末冨 芳（すえとみ・かおり）【おわりに】

日本大学文理学部教育学科教授。専門は教育行政学、教育財政学。京都大学教育学部卒業。同大学院教育学博士課程単位取得退学。博士（学術）。こども家庭庁こども家庭審議会分科会委員。文部科学省中央教育審議会臨時委員、経済産業省産業構造審議会教育イノベーション小委員会委員等を歴任。衆議院内閣委員会参考人（こども基本法・こども家庭庁設置法案）、こども基本法の成立を求めるPT（プロジェクトチーム）呼びかけ人。著作に『一斉休校　そのとき教育委員会・学校はどう動いたか？』（編著、明石書店、2022年）、『子育て罰「親子に冷たい日本」を変えるには』（桜井啓太氏との共著、光文社新書、2021年）、『教育費の政治経済学』（勁草書房、2010年）など。

◉監修者紹介

末冨 芳（すえとみ・かおり）

日本大学文理学部教授。専門は教育行政学、教育財政学。

秋田喜代美（あきた・きよみ）

学習院大学文学部教授、東京大学名誉教授。専門は保育学、教育心理学、学校教育学。

宮本みち子（みやもと・みちこ）

放送大学名誉教授・千葉大学名誉教授。専門は生活保障論、若者政策論、生活保障論。

子ども若者の権利と政策　3
子ども若者の権利と学び・学校

2024年9月15日　初版第1刷発行

編著者　末冨　芳
監修者　末冨　芳
秋田喜代美
宮本みち子
発行者　大江道雅
発行所　株式会社　明石書店
〒101-0021　東京都千代田区外神田6-9-5
電話　03（5818）1171
FAX　03（5818）1174
振替　00100-7-24505
https://www.akashi.co.jp/

装丁　清水肇（プリグラフィックス）
装画　今日マチ子
組版　朝日メディアインターナショナル株式会社
印刷　株式会社文化カラー印刷
製本　協栄製本株式会社

（定価はカバーに表示してあります）　ISBN978-4-7503-5803-1

子どもアドボカシーQ&A
30の問いからわかる実践ガイド
栄留里美編著
◎2200円

子どもアドボカシーと当事者参画のモヤモヤとこれから
子どもの「声」を大切にする社会ってどんなこと?
栄留里美、長瀬正子、永野咲著
◎2200円

子どもアドボケイト養成講座
子どもの声を聴き権利を守るために
堀正嗣著
◎2200円

子どもアドボカシーの基本原理
子ども主導の意見形成・表明・実現のために
堀正嗣編著
◎4500円

子どもアドボカシー　つながり・声・リソースをつくるインケアユースの物語
畑千鶴乃、菊池幸工、藤野謙一著
◎2200円

子どもコミッショナーはなぜ必要か
子どものSOSに応える人権機関
日本弁護士連合会子どもの権利委員会編
◎2600円

子どもの権利ガイドブック【第2版】
日本弁護士連合会子どもの権利委員会編著
◎3600円

子どもの虐待防止・法的実務マニュアル【第7版】
日本弁護士連合会子どもの権利委員会編
◎3200円

子どもの貧困対策と教育支援　より良い政策・連携・協働のために
末冨芳編著
◎2600円

子どもの貧困と地域の連携・協働　〈学校とのつながり〉から考える支援
吉住隆弘、川口洋誉、鈴木晶子編著
◎2700円

多様な学びの場をつくる　外国につながる学習者たちの教育から考える
移民・ディアスポラ研究12
駒井洋監修　田巻松雄、吉富志津代編著
◎3200円

外国人生徒と共に歩む大阪の高校
学校文化の変容と卒業生のライフコース
山本晃輔、榎井縁編著
◎2600円

学校版スクリーニングYOSS実践ガイド
児童生徒理解とチーム学校の実現に向けて
山野則子監修　三枝まり、木下昌美著
◎1800円

スクールソーシャルワーク実践スタンダード【第2版】
実践の質を保証するためのガイドライン
馬場幸子著
◎2200円

18歳成人社会ハンドブック　制度改革と教育の課題
田中治彦編著
◎2500円

「国際セクシュアリティ教育ガイダンス」活用ガイド
包括的性教育を教育・福祉・医療・保健の現場で実践するために
浅井春夫、谷村久美子、村末勇介、渡邉安衣子編著
◎2600円

〈価格は本体価格です〉